일반과정(초급편)

초고속전뇌학습법

ⓒ 김용진, 1998

새로운문화사

▲초고속전뇌학습법 방송강의를 하고 있는 저자.

▲ 제5회 세계속독경진대회에 참가한 외국선수들과 초고속정독법에 대해 토론하고 있는 김용진 회장.

▲1980년대초 초고속정독의 열풍이 전국적으로 불자, 각 매스컴에서는 초고속정독법의 권위자인 김용진 회장을 초청, 초고속정독법을 소개했다. 사진은 KBS 청소년 프로그램 「얄개시대」에 나가 초고속정독법에 대한 소개를 하고 있는 장면.

◀「KBS 뉴스파노라마」에서, 초고속정독법을 배운 학생이 단 몇 분만에 책 한 권을 읽어내는 모습을 소개하고 있는 장면.

◀TV 인터뷰를 통해 김용진 회장이 초고속정독이 되는 원리와 초고속정독의 필요성을 강조하고 있다.

▲ 「KBS 뉴스센타」에서 김용진 회장의 초고속정독법 강의 장면을 취재하고 있다.

◀ 「KBS 뉴스센터」에 출연하여 돌풍을 일으키고 있는 초고속정독법에 대해 소개하고 있는 저자.

한국에서 초고속정독을 배워간 일본은 전국적으로 초고속정독 열풍이 불고 있다. 일본에서 초고속정독 강사를 하려면 한국의 초고속전뇌학습연구회에서 강사 자격증을 받아야 한다. 사진은 일본의 초고속정독 여교사가 초고속전뇌학습연구회에서 교육받고 있는 것을 「KBS 뉴스센터」에서 인터뷰하고 있는 장면.

◀일본 NHK TV에서 한국의 초고속정독법을 소개하고 있다.

일본의 후지 TV에서 초고속정독법을 배운 나가에 다미꼬양이 초 ▶ 고속정독 시범을 보이고 있다. 4백82쪽의 책을 4분52초만에 읽고 내용을 정확히 기억해 냈다.

일본 나고야 중경 TV에 출연하여 초고속 ▶ 정독법으로 초고속정독을 하는 일본의 초고속정독가들.

현대를 살아가는 사람이라면 누구에게나 ◀ 필수 불가결한 초고속 정독법. 사진은 모군부대의 초고속정독왕 선발대회에서 심사를 하고 있는 김용진 회장.

초고속전뇌학습법은 ▶ 초·중·고등학생의 학습에 매우 효과적인 방법이다. 입시학원을 비롯한 여러 공개 세미나를 통해 저자가 초고속전뇌학습법을 통한 효율적인 학습방법에 대해 설명하고 있다.

세계속독협회 김용 ▶ 진 회장은 1987년부터 매년 세계속독경진대회를 개최했다. 초고속정독의 열기는 세계 곳곳에 퍼져 각국에서 선발된 초고속정독왕들은 실력을 겨루고 한국의 세계속독협회에서 인정하는 합격증을 받기 위해 참가한다.

제3회 세계속독경진 ▶
대회에서 초고속정독
왕으로 선발된 학생들
에게 합격증을 수여하
고 있는 김용진 회장.

제5회 세계속독경진
대회에 참가한 캐나다
◀ 대표 LINDA WILKIWS
가 시상식에 앞서 초
고속정독으로 읽은 책
의 독후감을 발표하고
있다.

제5회 세계속독경진
◀ 대회에서 영어부문 최
우수상을 수여하고 있
는 저자.

▲ 전뇌(全腦) 즉 좌뇌, 우뇌, 간뇌를 모두 활용하는 전뇌학습법에 관련한 필자의 저서들.

◀ 1980년 ≪새생활 속독법≫의 초판 발행이후, 일본과 중국에서는 김용진 회장의 성을 따서 "キム式" 또는 "KIM式" 속독책으로 출판 계약을 맺고, 각각 일본어판, 중국어판을 출간 했다.

▲ 한국의 ≪새생활 속독법≫이 일본 열도에 폭발적인 인기를 일으키자, 일본에서는 이 책의 속독원리를 그대로 담은 유사한 속독책들이 무려 37종이 쏟아져 나왔다.

서   문

    21세기는 다이아몬드빛 시대다. 초고속 정보와 더불어 다기능, 다원화된 시대로서 우리는 고속에 앞서 초고속 시대를 맞이한 것이다. 이러한 초고속 시대에 걸맞게 이제는 최신의 정보를 보다 많이, 보다 빠르게 획득하는 사람들이 앞서가는 시대가 되었다.

    21세기를 맞아, 세계는 점점 좁아지고 새로이 습득해야할 지식과 정보는 가히 첨단적이다. 이처럼 획득해야할 지식이나 정보가 넘쳐남에도 이를 효율적으로 받아들일 수 있는 학습법에 있어서만은 몇 세기 동안 이렇다할 발전을 보여오지 못했다. 변화된 시대에 부응해 우리가 학습해야 할 것들이 점점 많아지고 있는 현 시점에서, 미래를 선도하고 앞장서 가기 위해서는 초고속화 시대에 맞는 학습법과 정보 획득에 있어서도 특별한 방법이 필요하다.

    필자는 30여 년을 학습법 연구 개발과 보급에 전념, 전세계 약 58억 인구가 인종, 언어에 관계없이 학습할 수 있는 세계 통일학습법인 초고속전뇌학습법을 완성했다.

    이의 보급을 위해 한글을 비롯해 영어·중국어·일어·독일어·불어·러시아어·산스크리트어·베트남어·헬라어·이집트어·에스페란토어·아르메니아어·아랍어·시리아어 등의 16개 문자를 통한 훈련을 개발, 실행해 왔다.

    특히 전뇌(全腦)의 활성화로 인한 전뇌계발과 논리적인 창조력, 풍부한 상상력이 계발되도록 하는데 중점을 둔 반면 건강 유지를 위한 건강독서법이 되도록 했다.

    인간의 두뇌는 계발하기에 따라 잠재 능력을 무한히 발휘할 수 있다. 이런 전뇌를 이용한 전뇌학습은 인간의 우뇌, 좌뇌, 간뇌 등을 통한 학습이며, 창조력, 사고력, 이해력, 상상력, 논리력, 판단력, 분석력, 종합력, 기억력까지 계발될 수 있을 뿐 아니라 인간의 모든 지수(7Q) IQ(지능지수), CQ(창조지수), EQ(감성지수), AQ(활동지수), HQ(건강지수), SQ(영적지수), MQ(도덕지수) 등이 현재보다 향상될 수 있다고 확신한다.

특히 이 학습법은 전뇌의 활발한 운동을 통해 두뇌의 신경이상으로 생기는 치매등을 퇴치할 수 있으며 인간의 건강유지에도 많은 도움이 된다.

요즘처럼 바쁘기만 한 세상에서 짧은 시간의 투자로 보다 많은 지식과 정보를 습득할 수 있는 방법을 터득하고 있다는 것은 매우 획기적인 일이며 앞으로는 누구나 습득해야만 하는 학습방법이 될 것이다.

초고속전뇌학습의 원리를 뇌에 익히면 시간의 단축과 심도 있는 지식의 수용이 이루어져 학생들의 학습이나 수험생, 직장인들의 잠재능력 계발에도 놀라운 변화를 가져다준다.

시대적으로도 시간을 효율적으로 지배한 사람만이 성공했다는 것은 주지의 사실이다. 이제 시간을 보다 보람있고 값지게 활용하는데 초고속전뇌학습법이 일조하기를 바라는 간절한 마음으로 이 책을 독자 제위께 드린다.

끝으로 초고속전뇌학습법의 보다 쉬운 이해를 위해 본서에서는 초고속전뇌학습법과 초고속정독이란 용어대신 기존의 속독이나 초고속 읽기의 표현이 그대로 사용됐음을 밝힌다.

1998년 12월

김 용 진

'초고속전뇌학습법'의 효과

I. α파 상태의 뇌기능 활성화로 집중력이 좋아진다

우리 인간의 두뇌는 훈련하기에 따라서 무한한 회로를 형성할 수 있다. 초고속전뇌학습법은 뇌의 집중이 가장 효과적으로 이루어질 수 있는 뇌파 상태에서의 초고속정독법을 실험으로 입증하고 있다. 초고속정독을 하면 사용하지 않던 새로운 뇌세포가 계발돼 집중력이 좋아지고 두뇌회전이 빨라지며 두뇌의 모든 지수가 높아지게 된다.

2. 초고속전뇌학습법의 세 가지 독창적인 영상화 훈련으로 전뇌가 계발된다

첫째로 잠자기 전 10분 동안 편안한 자세로 하루일과를 영상으로 자세히 그려본다. 이때 무슨 일이 있었던 가를 대충 생각하지 말고 그 사람이 입었던 옷이라든지, 시간 등을 구체적으로 떠올린다. 단 부정적인 일이나 생각, 기분 나빴던 일은 생각하지 않는다.

둘째, 수업시간의 강의내용 그리고 그날 공부했던 부분을 하나하나 뇌 속에 영상으로 떠올려 기억해 낸다.

셋째, 교양도서를 읽고 그 책의 줄거리를 영상화시킨다.

　매일 꾸준하게 위 세 가지의 영상화 훈련을 실시함으로써 우리의 뇌에 영상으로 저장된 메시지들은, 글자나 숫자로 저장된 정보보다 훨씬 오래 기억된다. 또 전뇌를 활용함으로써 종합적인 사고능력이 향상된다.

3. 집중력으로 '글 전체에 대한 이해와 기억력'을 길러준다

　현재 초·중·고의 모든 교육은 단순한 암기나 단편지식의 습득이 아니라 종합적인 이해력과 판단력 향상을 목표로 하고 있다. 초고속전뇌학습법은 높은 집중력으로 글을 빨리 읽고 전체의 줄거리를 정확히 이해하고 요지를 확실히 기억하는 능력을 키워준다.

4. 수학능력시험을 대비해 높은 사고력을 키워준다

　과거와는 달리 현재의 대학 입학시험은 대학 교육과정 이수에 필요한 필수적인 교양과 사고력을 측정하는데 중점을 두고 있기 때문에 사고력 중심의 능력배양이 무엇보다 중요하다. 30분 안에 교양도서 한 권을 독파하고 그 책에서 주장하는 내용과 문제의식을 분석, 자기 나름의 생각으로 표현할 수 있는 사고력 배양이야말로 초고속전뇌학습법의 핵심이다.

5. 논술시험을 대비하는 1:1 논리적 작문훈련으로 실제적인 서술능력을 높인다

    기존의 주입식 교육에 길들여진 학생들이 가장 곤란을 겪는 대입 시험과목이 바로 논술시험이다. 논술은 직접 몇 번이고 꾸준히 써봐야만 실력이 향상된다.

    초고속전뇌학습연구회에서는 1,000여 권의 교양도서를 비치해 놓고 하루에 5권 이상 책을 읽고 반드시 독후감을 쓰도록 훈련하고 있다.

    매일 꾸준하게 논리적인 표현능력을 기르는 1:1 작문훈련을 하기 때문에 수험생들은 논리적 사고와 서술능력을 요구하는 논술시험에 효과적으로 대비할 수 있다.

초고속전뇌학습법 100% 활용하기

1. 된다는 확신을 가지고 하라

초고속전뇌학습에 임할 때는 된다는 확신과 긍정적인 사고방식을 가지고 해야된다. 과연 초고속전뇌학습이 될까라는 의문을 가지다보면 부정적인 사고가 길러져 그 만큼 진도가 늦어지게 된다.

초고속전뇌학습은 집중력의 결과라 할 수 있으므로 10~30분 안에 400쪽 분량의 책 한 권을 완전히 읽고 이해하고 기억해 낼 수 있다는 자신감을 가지고 하면 놀라운 결실을 맺을 수 있다.

2. 각 단계의 훈련은 철저히 집중해서 하라

책을 손에 들고 내용이 이해될 때까지 오래 책상에 앉아 있는다고 해서 효율적인 공부가 되는 것은 아니다. 문제는 얼마만큼 집중해서 빠른 시간에 많은 내용을 효과적으로 이해하고 기억해서 실전에 사용할 수 있느냐는 것이다.

초고속전뇌학습법의 각 단계를 철저히 집중해서 훈련 하다보면 현재보다 몇 배 짧은 시간에 책을 읽고 확실하게 내 것으로 만들 수 있다.

3. 책을 읽고 반드시 독후감을 써라

책을 아무리 빨리 읽어도 이해하지 못하면 초고속전뇌학습법이 아니다. 초고속전뇌학습법은 책을 읽은 뒤 반드시 독후감을 쓰도록 하고 있다. 책의 내용을 100% 이해하고 줄거리와 자신의 생각을 논리 있게 표현할 수 있으려면 독후감을 쓸 수 있어야만 된다. 또 그래야만 제대로 된 초고속전뇌학습이 되는 것이다.

4. 확실한 목표를 세워놓고 매진하라

초고속전뇌학습법을 시작하기 전, 자신의 1분간 독서속도를 재고 시작한다. 그리고 초고속전뇌학습법을 배우면서 1분간 몇 자(최고 150,000자 이상)까지 독서 속도를 높이겠다라는 목표를 정하고 훈련하면 훨씬 빠르게 도달할 수 있다. 구체적인 목표가 있으면 스스로 동기유발이 되기 때문이다.

5. 실제학습에 임할 때 초고속전뇌학습법을 적용하라

습득한 초고속전뇌학습법을 실제에 사용해서 그 효과를 알아보자. 많은 과목의 광범위한 시험범위를 초고속전뇌학습법으로 단시간에 소화, 완전히 이해하고 정리 요약해 보자.

시험문제에 긴 지문이 나와도 시간이 모자라 당황하는 일은 없다. 또 많은 교양도서를 짧은 시간에 읽고 싶은 만큼 읽자. 초고속전뇌학습법을 배운 보람을 느낄 것이다.

목 차

제 1 부

「속독(速讀)은
정독(精讀)보다
높은 수준이다」

초고속전뇌학습법 개론 ——————————— 37

精神一致 何事不成 · · · · ·
정신을 한데 모으면 이루어지지 않는 것이 없다는
고사로, 속독에서도 된다는 신념을 가지고 집중하면
누구든지 속독을 성취할 수 있다.

제 2 부 | **이론편** ···································· 73

1장 | **훈련 전 개인 검사** ···························· 75

2장 | **집중력 개발이론** ····························· 83
「속독은
정신집중의
결과라고
할 수 있겠다」

3장

「많은 활자를
눈으로 받아
들여야 한다」

6장

존의 독서방법을
전환, 속독에
적응시키기
위한 훈련이다」

少年易老學難成　一寸光陰不可輕‥‥‥
소년은 늙기 쉽고 학문은 이루기 어렵다.
학문을 이루기란 세월이 흐르는 것처럼 빠를수
없으므로 촌각을 아껴 부지런히 공부에 힘써야 한다.

7장

「현재의 독서능력보다
약30~1,000배
이상까지 충분히
개발된다」

성공하는 자는 중단하지 않고,
중단하는 자는 성공하지 못한다.

제 3 부

훈련편 ··179

1장

「속독은 심신이 맑은
상태에서 그 효과를 최대
한으로 기대할 수 있다」

아무리 유익한 책이라 할지라도
그 가치의 절반은 독자가 창조하는 것이다(볼테르).

초고속전뇌학습법 개론

▶▶▶▶▶▶▶▶▶▶▶▶▶▶▶▶▶▶▶▶▶▶▶▶▶▶▶▶▶▶

1 속독이란

속독이란 문자 그대로 읽기의 행동을 빨리 한다는 말이다.

읽는다는 것은 문자나 낱말을 지각하고 그 뜻을 파악하는 것이므로 내용을 이해하지 못하면 아무리 빨리 읽어도 소용이 없다. 그러므로 이해를 하면서 빨리 읽는 것이 속독이다.

일반적으로 속독이라 하면, 책을 빨리 읽는 것 또는 대충 읽는 것 정도로 인식되어 왔다. 그러나 **속독이란 내용을 충분히 파악하고 이해하며 빨리 읽는 것을 말한다.** 현재까지는 빨리 읽으면 이해가 잘 안되고 천천히 읽어야 이해가 잘 된다고 인식하여 왔다. 그러나 지금까지의 실험 결과, 읽는 속도와 이해도는 서로 정비례할 수 있다는 결론을 얻을 수 있었다. 반면 독서 속도가 느리면 독서에 권태를 느끼게 되고 독서 기능도 낮아진다. 두뇌 기능은 ① 느끼는 일 ② 결정하는 일 ③ 인식하는 일로 크게 나눌 수 있는데 독서는 인식하는 기능에 속한다. 그러므로 두뇌의 기능은 속도가 느려지면 쉽게 권태와 기능저하를 가져온다. 그러나 읽기의 행동을 빨리 한다는 말은 무조건 빨리 읽으면 된다는 것이 아니라 뇌의 독서기능이 계속 개발되면서 독서 능력의 확대와 비례하여 빨라져야 최대의 속독 효과를 가져오게 되므로, 독자의 뇌가 지각할 수 있는 속도와 비례할 만큼 빨리 읽어야 한다.

그렇다면 빨리 읽을 수 있는 속도의 기준이 문제다.

필자의 연구 통계 자료에 의하면 보통사람은 1분 간에 약 200~800자의 글자를 읽고 이해하고 내용을 기억한다. 이 기준의 3배~10배 정도인 2,100자 이상을 읽고 이해하고 내용을 기억할 때 속독을 한다고 말할 수 있다.

2 속독의 필요성

현대는 다변화 시대다. 현대의 문명은 급속도로 발달하여 각종 컴퓨터가 등장하였고, 우주 왕복선이 발명됐으며 전세계는 일일생활권으로 좁혀져 하루하루가 새롭게 변해가고 있다. 이렇게 급변하는 시대적 상황으로 볼 때 각종 정보가 수없이 쏟아져 나오는 것은 지극히 당연한 일이다. 이러한 정보의 홍수 시대에 살고 있는 우리는 매일같이 쏟아져 나오는 각종 도서, 신문, 잡지를 접해야하고, 현 시대에 대처하기 위한 지식의 축적이 필요하다. 지식을 체험으로 다 배운다는 것은 한계가 있는 일이며, 그 중에는 체험으로 배우기에는 위험한 것들이 너무 많다. 바로 여기에 독서가 인생의 스승이 되며, 삶의 길잡이가 될 것은 자명한 일이다. 그러므로 이제는 독서가 어느 특정인의 취미 정도로 되는 것이 아니라 생활 속에 필요한 지식습득을 위해서 필수불가결하게 되었다. 정부에서도 독서 교육의 중요성을 인식하여, 학생들이 교양서적을 많이 읽고 논리적인 사고를 키우도록 적극적으로 교육제도개선을 실시하고 있다. 즉, 대학입시제도가 수학능력시험과 논술고사로 바뀌면서 올바른 독서가 청소년의 논리적 사고력 증진을 위한 지름길이라는 인식이 정착됐다. 또한 효과적인 독서방법으로서 속독법이 수험생과 학부모들에게 관심의 촛점이 되고 있다.

매일같이 쏟아져 나오는 각종 도서, 신문, 잡지를 접해야 하는 현대인에게 짧은 시간에 많은 책을 읽을 수 있는 속독법은 경제적으로나 시간적으로 매우 필요한 것이다.

기존 우리의 독서 습관은 종래의 습관에서 벗어나지 못하고 있기 때문에 그 많은 독서량을 소화시킬 수가 없다. 따라서 기업가가 새로운 아이디어를 개발하듯이, 학문에 있어서도 새로운 차원으로 그 방법을 시급히 모색하던 중 기본적인 요소가 되는 책읽는 속도에 대한 개발,

즉 속독법 개발이 급선무의 과제로 등장하게 되었다. 이러한 시대적인 요청과 국민의식 구조를 개혁하기 위해서 개발된 용진 영상화속독법은 온 국민이 관심을 가지고 2세 교육을 위해 활용해야 한다. 속독법은 현대를 살아가는 사람이라면 누구에게나 꼭 필요한 것이므로 우리 모두 이의 보급에 노력해야하며 널리 관심을 가져야겠다.

이세상에 출판되어 나온 책자의 수는 과연 얼마나 될까?

약 8억이라는 천문적인 숫자, 거기에다 매일매일 늘어나는 책자의 수도 엄청나다.

서기 1500년 한해 동안 늘어난 책자는 1,000부에 불과했다. 그래서 10만부가 발행되려면 1세기가 걸리는 셈이 된다.

그러나 출판물의 홍수 시대라 일컫는 현재 한국 안에서만 매일 60~70권 정도의 책이 발행된다.

컴퓨터 전문 과학자 슈발츠 박사에 의하면 사람의 두뇌가 1초에 읽을 수 있는 능력은 두자리 숫자로 따져서 최고 20개 정도라고 했다. 이에 비해 세계의 신간 출판 속도는 1초당 두자리 숫자 200만개에 해당된다고 한다.

이 정도까지만 얘기해도 독서속도가 현대인에게 얼마나 중요한가를 실감할 수 있을 것이다.

3 속독의 역사

속독법의 역사에 대해서는 정확한 기록이 전래된 바는 없으나 문명의 발달과 더불어 개인적으로 속독법을 익혀 사용한 사람들이 많이 있었다고 전해지고 있다.

그 당시의 속독법이라고 하면 지금같이 체계적으로 연구된 것이 아니고, 개인이 나름대로 속독법을 개발하여 자기 자신만이 활용하여 왔으며 그 근거를 남기지 않았기 때문에 널리 보급되지는 못하였다.

우리나라에서는 지금부터 약 400여년 전 이율곡(1536~1584) 선생이 친구 성혼과의 대화에서 성혼이 '나는 책을 읽을 때 한꺼번에 7~8줄 밖에는 못 읽는다.' 라고 하였더니 율곡 선생은 '나도 한꺼번에 10줄 밖에는 못 읽는다.' 라고 했다는 이야기가 전해오고 있다.

그리고 유정 사명대사가 1604년(선조 37년)에 일본의 사신으로 갔을 때 가마를 타고 성까지 가면서 길 양쪽에 펴놓은 금병풍에 쓰인 시(詩)를 모두 읽고 그대로 이야기하여서 일본 사람들을 놀라게 하고 우리 민족의 우수성을 재인식시켰다는 말이 기록에 남아 있다. 그 외에도 다산 정약용 선생, 신채호 선생도 속독을 하였다고 한다.

외국의 속독가로서는 독일의 히틀러, 프랑스의 나폴레옹, 미국의 케네디 등이 유명했으며 주로 상류사회에서 사용되어 왔다고 한다.

특히 미국의 전 대통령 케네디는 수많은 문서와 신문, 전문서적 등을 속독으로 신속하게 처리하였다고 한다.

그러나 지금과 같이 속독을 체계적으로 연구하게된 것은 20C 초기에 시작되었다. 속독법 연구의 밑거름은 1878년에 프랑스의 파리대학 교수이며 안과 의사인 에밀 제블(Emile Javal)이 독서할 때 눈동자가 어떻게 움직이는가를 확실히 알게 되면 두뇌의 독서활동을 탐지할 수 있으리라고 믿고 1879년 자신의 육안으로 다른 사람의 독서하는 눈을 관찰하기도 하고 거울이나 석고로 된 컵을 만들어서 연구해 보았다. 기대만큼의 큰 성과는 없었으나, 그 후 1908년 미국의 심리학 교수인 에드먼드 휴에이(Edmund B·Huey)는 제블(Javal)이 사용한 석고컵 대신 상아를 이용한 컵을 만들어서 눈동자의 움직임을 연구하여 그 결과를 ≪독서심리와 교육≫이라는 저서에 발표하였다. 이 책은 독서심리에 대한 최초의 중요도서로써 그때까지의 모든 연구 결과를 종합해 놓았다. 휴에이 이후 독서법 연구는 미국에서 활발하게 전개되었으며 특히 오클로포토미터(Ocolo photo meter)라는 특수촬영기는 독서교육에 대한 과학적인 면에서 큰 자극제가 되었다.

여기에 힘입어 미국의 광학회사인 AOC(American Optical Co.,)가 최근에는 더욱 간편한 리딩 아이(Reading Eye)라는 기재로 발전시켰다.

미국의 시카고 대학 교육심리학 교수 토마스 가이 버쉘(Thomas Guy Buswell)은 1922년 눈과 독서에 대한 〈기본적인 독서습관과 그 개발의 연구〉라는 논문을 발표한 다음 독서력 개발연구에 돌입, 1936년 이 결과를 〈성인들의 독서현황〉이라는 논문에 발표하였다.

우리나라에서는 새생활속독연구원에서 1968년 연구에 착수, 1970년부터 78년까지 속독교육에서 나타날 수 있는 여러 임상실험과정을 거쳤다. 1979년 연구결과가 매스컴에 의해 발표되면서 일반인들과 학생들에게 선보이게 되었다. 그리고 우리나라 최초의 속독실전교재인 ≪새생활 속독법≫(본 새로운 문화사 발행)이 1980년 발행되면서 본격적으로 속독이 보급되기 시작했다. 현재 ≪새생활 속독법≫은 계속적으로 내용이 심도있게 보완되어 5차 증보판까지 발간됐으며, 그 기본원리를 토대로 시대적 요청에 발맞춰, ≪용진 영상화속독법≫이 탄생하게 됐다.

한편 본 속독법은 일어판, 영문판, 중국어판으로 번역되어, 세계적으로 확산됨은 물론 새생활속독교육연구원은 현재 세계속독협회 본부로 자리하고 있다.

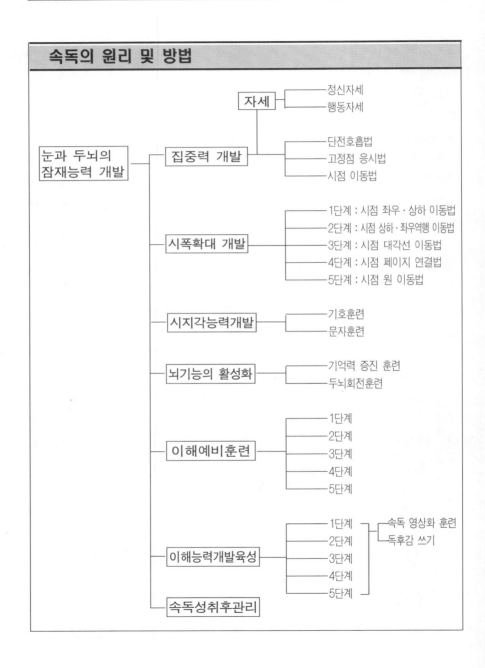

4 속독의 원리 및 방법

1. 현재까지의 독서방법

지금까지의 독서는 어릴 때부터 익혀온 자연스런 말의 학습과정과 과학적 원리에 의해 체계화되지 않은 독서 교육의 영향으로 글자 한 자한 자를 낱낱이 읽던 수동적(受動的)인 독서였다.

이러한 독서태도 때문에 독서 속도는 물론 문단(文段)이나 글자체의 중심 내용 파악에도 많은 지장(支障)이 있었다. 기존의 독서방법에 대해 좀 더 구체적으로 과정을 분석해 보면 다음과 같다.

우리의 눈이 글자 한 자 한 자에 시점을 주면 우리의 두뇌는 그 글자의 발음기호를 먼저 상기하여 글자의 속발음(음독, 묵독)을 한 뒤 속발음의 자극이 뇌에 전달되면 그제서야 단어의 의미를 파악하고 그러한 단어를 연결하여 문장의 의미를 파악해 왔기 때문에 독서 속도가 느려짐은 물론 독해 능력에도 많은 지장을 초래했다.

이러한 독서는 인쇄소의 문선공이나 글의 교정을 보는 이들이 사용하

수동적 독서방법의 과정

글자→빛→눈의 망막(網膜) →뇌의 시각영역(視覺領域)→

시각성 언어중추(視覺性 言語中樞) → 낭독(朗讀) 음독(音讀) 묵독(默讀) →

청각성 언어중추(聽覺性 言語中樞)→뇌(腦)→기록된 정보를 상기→

비교·분석→이해→기억

는 문선공식 독서 방법이다. 이 과정을 알기 쉽게 나타내면 다음과 같다.

보통 사람의 망막(網膜 retina)에 영상이 비치는 시간은 1/50초이며, 1초에 30~40개의 영상을 잡는다고 한다.

그러므로 한 문자를 보고 지각할 수 있는 시간은 약 0.033초~0.025초가 된다. 이와 같은 이론에 의해 책을 볼 수 있는 눈과 책과의 간격 30~40cm에서 책을 읽을 때 1분간 독서 능력 평균치를 구하면 다음과 같다.

1분간 독서속도의 최대능력계산

- 1초 30자×60초＝1,800자
- 1초 40자×60초＝2,400자
- 평균치 4,200÷2＝2,100자

보통사람이 1분간 읽고 이해할 수 있는 최대 능력의 글자수는 2,100자이다. 그러나 1분 동안 읽고 이해할 수 있는 최대 능력의 평균치는 2,100자이지만 실제 보통사람의 독서 속도를 검사하게 되면 1분에 평균 200자~800자 밖에 읽고 이해하지 못한다. 그러므로 인간의 최대독서능력을 발휘하도록 하는 독서속도능력개발이 절실하다는 결론이다.

2. 속독의 원리

속독의 원리를 한마디로 요약한다면 인간의 눈과 두뇌의 잠재능력 개발이다. 눈의 간상세포, 추상세포 및 기타 기능을 개발하고 두뇌의 약 1,000억~1,200억개에 달하는 세포 중 미개발 상태에 있는 뇌신경세포에 자극을 주어 컴퓨터의 전자회로처럼 새로운 회로를 형성시킴으로써 활자를 한 자 두 자가 아닌 두 줄, 세 줄, 그 이상(여러 줄들을 한꺼번에)을 보고도 이해하면서 기억되도록 적용시킬 수 있다.

즉 카메라가 1/500−1/10,000초에 정확히 대상을 포착하듯이 짧은 순간에 많은 활자를 뇌가 처리할 수 있도록 해야 한다. 그러므로 다음과 같이 잠재능력을 개발하면 속독은 가능하다.

① 집중력이 개발되어야 한다.

정신을 고도로 집중할 수 있는 상태이어야 한다.

즉, 우리의 뇌파를 β (Beta)파 상태에서 α (Alpha)파 상태로 낮추어 글을 읽고 이해해야 한다.

속독은 정신집중의 결과라고 할 수 있겠다. 정신집중이라는 것은 뇌파(腦波 : 57page참조)가 β (Beta)파인 외부 의식수준에서 α (Alpha)파 상태인 내부 의식수준으로 된 상태를 말한다.

즉, 독자의 뇌파가 β 파에서 α 파로 낮추어진 상태로 속독을 해야만이 가장 빠른 속도와 정확한 이해가 가능하다는 것이다. 그렇다면 뇌파를 β 파에서 α 파로 낮추기 위해서는 어떠한 방법이 가장 좋은가?

필자의 실험연구 결과 단전호흡(92page)에 의한 정신집중과 암시방법을 함께 병행하는 것이 가장 효과적이었다.

② 시폭이 확대되어야 한다.

망막 후면의 시세포 중 황반부 주변에 있는 막대(rod) 모양의 시세포인 간상세포(杆狀細胞)를 개발하여 동시에 많은 활자를 눈으로 받아들이도록 한다.

(1) 속독과 시력과의 관계

책을 읽는데 시력이 필요한 것은 말할 필요도 없다. 글자를 볼 수 없을 정도의 시력을 가진 사람은 점자책(맹인이 읽는 책) 밖에 읽을 수 없다. 빠르게 읽기 위해서는 책과 거리가 30~40cm거리에서 글자가 보여야 한다. 근시·원시·난시도 안경을 쓰면 교정이 가능하므로 문제가 되지 않으며 특히 눈이 좋지 않은 사람일수록 속독을 배워 책이나 인쇄물 기타 서류를 빨리 읽어서 눈에 부담이 가지않도록 하는 것이 좋다.

미국의 안과 의사 베이츠스 박사의 안근설에 의하면 4개의 직근(直筋) 즉 상직근, 하직근, 내직근, 외직근의 신축(伸縮)에 의하여 어느 방향에로든지 눈을 돌릴 수 있다고 한다. 또 2개의 사근(斜筋) 즉 상사근, 하사근은 안구의 중앙부에 압력을 더해서 그 압력의 세고 약함(强弱)에 따라 다방면에 있는 물체가 잘 보이게 조절되며, 이 사근을 잡아당기는 압력에 안구는 앞뒤로 길어진다. 또 직근을 잡아당기면 안구의 앞뒤 길이가 짧게 되며 중앙부가 커진다. 이러한 작용들을 이용하여 안근운동을 계속하면 근시, 원시, 난시 등 굴절이상(屈折異常) 뿐만 아니라 노안(老眼) 그리고 백내장, 녹내장 등의 안질환(眼疾患)도 안근의 훈련에 의하여 고칠 수 있다고 한다. 용진 영상화속독법은 베이츠스 박사의 학설에 근거를 두고 속독에 의한 눈의 자유자재로운 조절작용을 활발히 훈련함으로써 후천적으로 시력이 나쁜 사람은 속독을 할 경우 시력이 좋아질 수 있도록 하고 있다.

┌─ 시력강화법 (눈을 좋게 하는 방법) ─┐

① 조용한 방 안에 편한 자세로 앉거나, 의자에 앉아서 마주보이는 벽에 직경 1~2cm 정도 흑점을 그린 벽지를 눈높이보다 낮게 붙인다. 이 흑점을 2m~3m 떨어진 거리에서 바라본다.

② 호흡은 자연스럽게 하고 의식은 흑점에다 집중시킨다.

눈은 자연스럽게 하고 의식은 흑점에다 집중시킨다.

③ 최초 1분간 응시하며 차차 시간을 연장해서 5분~10분까지 할 수 있도록 하고 이때도 역시 눈을 깜빡거리지 말아야 한다.

④ 양손을 비벼서(강하게) 열이 나게 한 다음 두 눈을 광선이 들어가지 못하도록 가린다. 이 경우에 손바닥을 직접 눈꺼풀에 밀착시키지 말고 손바닥의 중앙부를 움푹하게 만들어 가볍게 두 눈을 감싸는 것이 필요하다. (5회)

⑤ 두 눈을 뜬 채로 •위·아래, •왼쪽·오른쪽, •비스듬히 X자 모양으로 안구 운동을 매일 20회~30회씩 실시한다.

⑥ 태양을 향해서 두 눈을 감고 머리를 좌우로 흔들어서 약 5분간 실시한다. 절대로 태양을 정면으로 보아서는 안된다.

⑦ 눈을 깜빡거림으로 인해서 눈을 적시는 분비물(눈물)을 계속 공급해 주어 눈의 건조를 방지해 주고 따라서 눈의 피로를 회복시켜 준다. 이 분비액에는 방부성이 있어서 살균 및 정화작용은 물론 눈에 이물이 들어갔을 때 씻어내는 역할도 한다.

⑧ 눈 지압법은 인지·중지·약지 손가락의 지문 부분으로 눈 위·아래·뼈 부분을 눈꼬리 쪽으로 3~5회 지압한다.

⑨ 시점은 가능한 많이 움직이는 것이 좋다.

⑩ 눈을 감고 눈동자를 좌에서 우, 우에서 좌로 원을 그리듯이 회전시켜 준다.

⑪ 탁구, 테니스, 농구, 배드민턴 등의 운동은 시점 이동을 빨리해주는 운동으로 눈에 매우 좋다.

⑫ 독서 후, 또는 눈을 피로하게 사용한 후에는 먼 곳을 바라보며 시점 이동을 하는 것이 좋다.

(2) 속독교육 중 안구 움직임의 유형과 발전

속독 교육을 받는 사람은 누구나가 공통적으로 관심을 가지고 있는 사항이 안구(눈동자)의 움직이는 유형에 관해서다. 안구 움직임의 유형에 대해서는 4가지형, 즉 ① Z자형 ② 역 S자형 ③ 파장형 ④ 방울형

으로 분류하지만 이 4가지형 중 어느 형이 이상적인 형이라고 꼬집어
서 얘기하기는 곤란하다. 그러나 대체적으로 Z자형과 역 S자형이 가장
이상적이라고 할 수 있겠다.

- Z형 : 대부분의 사람들이 Z자형이라고 할 수 있다.
- 역 S자형 : Z자형과 같이 가장 많이 나타날 수 있는 형이다.
- 파장형 : 이 형은 선천적으로는 그리 많지 않은 형이나 후천적으로
  시각훈련 위주로 훈련을 많이 했을 때 나타날 수도 있다.
  이론상으로는 가장 설득력이 있어 보이지만 사실은 그렇
  지 않다. 따라서 속독 교육시에 너무 이 파장형을 강조할
  필요는 없다고 본다.
- 방울형 : 이 형은 보기드문 유형으로 대부분 선천척인 형이라고 볼
  수 있다.

③ 시지각능력이 개발되어야 한다

황반부의 추상세포(錐狀細胞)를 개발하여 많은 활자를 지각할 수 있
도록 한다. 즉, 눈으로 본 순간 뇌에서 판독작용(判讀作用)이 일어나는
목독(目讀)이 되어야 한다.

(1) 속독에 있어서의 눈의 역할

우리는 독서를 눈으로 하는 것으로 알고 있다. 그러나 사실 독서는
눈으로 하는 것이 아니라 뇌(腦)로 하는 것이다. 눈은 뇌(腦)가 시각기
능(視覺機能)을 위해 시자극(視刺戟)을 뇌로 보내주는 통로에 불과하다
는 것이다. 즉, 눈의 동공(瞳孔)은 빛이 지나가는 조그만 창이며, 눈의
가장 안쪽에 있는 망막(retina 網膜)은 동공을 지나온 광파(光波)를
잡아 그것을 시신경섬유(視神經纖維)를 통해 뇌의 시지각영역(視知覺
領域)으로 보낼 뿐이다.

┌ 속독교육 중 안구흐름의 유형 및 발전 ┐

단계＼형태	Z 자 형	역 S 자 형	파 장 형	방 울 형
초기단계				
발전단계				
성숙단계				
완성단계				

그러므로 종래 독서에 있어서 눈의 역할은, 귀에 소리를 전달하는데 필요한 보조기관같은 역할 밖에 못했다.

(2) 눈의 구조와 기능

눈은 그림 1-1과 같이 3층의 피막(被膜)으로 싸여 있으며 6개의 근육(筋肉)에 의해 움직이고 있다.

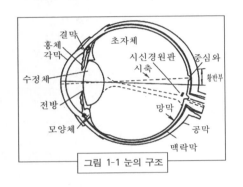

그림 1-1 눈의 구조

안구(眼球)의 가장 바깥층은 불투명한 공막(Sclera 鞏膜 ; 강막(强膜)이라고도 함)과 각막(Cornea 角膜)으로 이루어져 있다. 공막은 안구의 형태를 유지시켜 주며 각막은 빛의 각도를 조절하여 준다.

중간층은 혈관이 많은 곳으로 맥락막(Choroid 脈絡膜), 모양체(Ciriary body), 홍채(Iris 虹彩)의 3부분으로 이루어져 있다. 맥락막은 영양을 담당하며 모양체는 수정체의 두께를 조정한다.

망막(retina 網膜)은 빛에 의해 흥분(興奮)하는 각종 세포가 모인 곳이다.

망막의 가장 안쪽은 색소 상피층(色素 上皮層)이며 색소 상피층 뒤에 보고 읽을 수 있도록 외부의 자극을 받아들이는 시세포가 불균등하게 분포되어 있다.

시세포(視細胞)에는 막대(rod) 모양의 간상체(rod 杆狀體)와 원

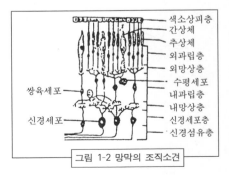

그림 1-2 망막의 조직소견

뿔모양의 추상체(錐狀體) 2종류가 있다.

간상체(rod 杆狀體)는 망막에 약 1억 3천 만개 가량 있으며 추상체가 느끼지 못하는 미약한 광선을 쉽게 받아 들이며 사물의 움직임에 아주 예민하다. 주로 망막에 넓게 퍼져 시야(Visual field 視野)를 이루며 황반부에는 전혀 없는 것으로 알려져 있다.

추상체(cone 錐狀體)는 약 7백만개 가량 되며 중심시력(中心視力 : 읽을 수 있는 범위)을 이루는 것으로써 명순응(明順應) 상태에서 물체의 색채와 빛, 특히 아주 세밀한 형태의 자극을 가장 예민하게 받아들이는 세포다. 이 세포 중 황반부의 추상세포는 다른 세포와는 달리 대뇌에 직접 연결되는 각각의 대뇌 전용 신경선을 갖고 있으며 중심와(1㎟당 15만개)와 황반부에 가장 많이 밀집되어 있다.

우리가 독서할 때 실질적으로 사용하는 세포이기 때문에 독서세포라고 해도 지나친 말은 아니다.

(3) 눈의 잠재 능력을 개발하는 속독법

글을 읽을 때에는 추상체(cone)라는 시세포에 의해 글자를 판명한다는 것을 알았다. 그렇다면 인간의 눈은 본래 지니고 있는 눈의 능력에서 과연 얼마만큼 사용할 수 있을까?

현재까지는 중심와(fovea)에 있는 추상체(약 30~50만개)로 글을 읽었기 때문에 황반부 주위에 있는 다른 추상세포는 거의 사용하지 않은 미개발 상태로 있다. 이러한 **미개발된 추상세포를 개발하여 독서력과 시지각 능력을 월등히 증가되도록 해야 한다.**

황반부에 있는 추상세포는 각각 독립된 뇌에 이르는 전용선(專用線)을 갖고 있다고 하였다. 그렇다면 중심와에 의한 독서에서 아직 사용하지 않고 잠재된 추상체를 개발하여 동시에 사용한다면 시지각 능력과 독서력은 무한히 발달할 것이다.

본 용진 영상화속독법에서는 이러한 미개발된 추상 세포를 본 연구원 특유의 독창적인 훈련 방법으로 개발하여 시지각능력과 독서력 그리고 뇌의 활성화에 응용하고 있다. 즉, 중심시력(읽을 수 있는 범위)을 확대하여 황반부에 있는 각각의 추상체가 잡은 활자를 특유의 전용선으로 뇌에 전달, 뇌에서 각각의 자극을 받아들여 과거의 기억된 정보를 상기하여 동시에 비교, 분석, 종합판단을 유도하는 훈련 과정을 통해 독서 속도는 물론 뇌에 잠재되었던 능력까지 개발한다.

우리의 뇌세포 중 지금까지 사용하고 있지 않던 뇌세포에 자극을 주어 새로운 회로를 형성, 많은 정보를 빠른 시간내 동시처리하도록 한다.

④ 뇌의 기능이 활성화되어야 한다

(1) 뇌의 구조와 기능

뇌는 외배엽성 신경관(外胚葉性神經管)에서 발생하며 중뇌(mid brain) 교뇌(pons), 소뇌(cerebellum), 간뇌(diencephalon), 대뇌반구(cerebral-hemisphere)로 구성된다.

그 중 대뇌반구(大腦半球)가 가장 크며 뇌 전체 무게의 약 80%를 차지한다.

대뇌반구는 대뇌종열(大腦縱裂)이라는 깊은 홈에 의해 좌반구, 우반구로 구분한다.

좌반구는 주로 이성, 분석력, 비판적 사고력을 담당하며 우반구는 도형, 인식, 직관, 감각, 창조력 등을 담당하고 있다.

이 두개의 뇌가 서로 조화롭게 활동함으로써 아이디어를 생각해 내고 그것이 옳은가 테스트를 하는 것이다.

이 두개의 반구에는 대단한 신경 묶음이 있고, 그것을 통해서 끊임없는 조절이 이루어지고 있다. 그 신경 묶음을 뇌량(腦梁)이라고 하는데 이것은 창조력과 분석력을 잇는 다리 역할을 한다.

대뇌반구 표면에서 약 3mm 까지의 부분은 회백질(灰白質)로 이루어져 이를 대뇌피질(Cerebral Cortex)이라고 부른다.

여기에는 약 1,000억~1,200억

개의 신경세포가 함유(含有)되어 있다. 대뇌피질은 기능에 따라 운동령(Motor area 運動領), 체지각령(Somatosensory area 體知覺領), 시각령(Visual area 視覺領), 청각령(Auditory area 聽覺領), 미각령(Gustatory area 味覺領), 후각령(Olfactory area 嗅覺領), 연합령(聯合領)으로 나눈다.

연합령을 제외한 나머지 영역은 피질의 극히 좁은 한 부분을 차지하고 있는 것에 불과하며 특히 전두엽(前頭葉)에는 기능이 분명치않은 부분이 많다. 이들 부분은 고등 동물일수록 넓어지며 사람의 경우에는 특히 발달이 현저하다.

(2) 뇌의 정보량

뇌세포 하나의 기능은 트랜지스터 1대의 성능을 지니고

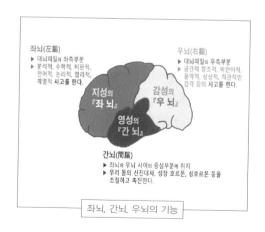

대뇌피질의 기능 국면

좌뇌, 간뇌, 우뇌의 기능

있다고 하며 1초에 2만 5천가지의 기능을 발휘할 수 있다고 한다. 특히 인간의 뇌가 갖는 정보량은 뇌신경세포의 결합수와 비슷할 것이라고 한다. 즉, 100조 비트 가량된다. (Bit란 binary digit의 약자로서 1bit는 확실한 질문에 대해 'yes' 또는 'no'하고 대답할 수 있는 자료이다.)

이것을 글로써 나타낸다면 약 4,000만 권의 책과 같은 정도일 것이다. (세계 최대 도서관 장서수가 4,000만 권 가량 된다.) 모든 사람의 머리 속에는 4,000만권의 책에 해당하는 정보가 기록될 수 있으며 대부분 대뇌피질에 기록되어 사용하게 된다. 그러나 보통 사람들은 이러한 뇌 능력의 5%~15%만 활용하고 있으며 지금까지 천재로 알려진 아인슈타인이나, 에디슨, 뉴턴 같은 사람들도 뇌능력의 30%밖에 활용하지 못했다고 한다.

(3) 속독과 뇌파

뇌의 표면이나 두피 위에 전극을 대면 주기적으로 변동하는 전위(電位)가 기록된다. 이는 뇌세포의 활동을 나타내는 것으로, 뇌파(brain wave, EEG)라고 하며 다음과 같이 가장 낮은 단계에서 가장 높은 단계까지 4가지 주파수대로 분류한다.

베타(Beta, β)파 : 정신활동 시, 즉 오감(시각, 청각, 미각, 후각, 촉각)과 시간 그리고 공간의 제약을 받을 때 기록되는 뇌파로서 진폭이 작고 불규칙하며 진동수(振動數)가 많다. 약 14CPS~30CPS(CPS ; cycles per second의 약자, 초당 주파수) 가량 된다. 외부 의식 수준이라고 하겠다.

알파(Alpha, α)파 : 안정시 기록되는 뇌파로 7CPS~14CPS 가량의 비교적 규칙적인 뇌파로서 집중의 상태라고 하며 정신적인 세계, 즉 내부 의식수준이라고 하겠다.

세타(Theta, θ)파 : 알파(α)파 수준에서 좀더 낮아진 4CPS~7CPS

수준이며 깊은 내부 의식수준이라고 하겠다.

델타(Delta, δ)파 : 무의식 세계라고 하며 약 0.5CPS~4CPS 가량의
뇌파가 기록되며 깊은 숙면(熟眠)시에 이러한 뇌파가 나타난다.

속독과 뇌파와의 관계

　인간의 정신과 지능은 베타(β)파 수준에서만 활동하는 것이 아니라 더 낮은 알
파(α)파수준이나 세타(θ)파수준에서도 정신활동 및 지능활동을 한다. 특히 알파
(α)수준은 속독과 밀접한 관계가 있으며 이러한 수준에서 속독을 해야만 효과가
극대화된다. 왜냐하면 우리가 현재 사용하고 있지 않은 뇌세포를 활용하려면 α
파 수준에서(혹은 더욱 낮은 세타, 델타 수준) 뇌세포를 작용해야 하기 때문이다.

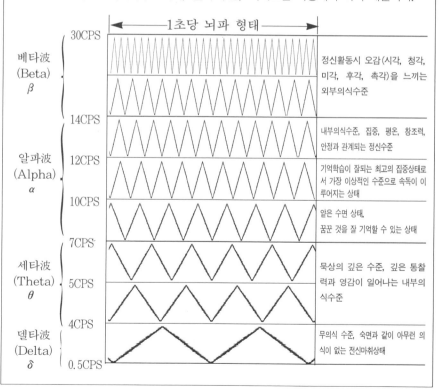

(5) 뇌기능이 활성화되는 원리

속독 성취 후 뇌의 여러 기능이 발달하는 이유는 결국 사용하고 있지 않은 뇌세포를 의식적으로 사용함으로써 뇌의 여러기능이 개발되기 때문이다.

본 용진 영상화 속독교육에서는 이러한 미개발된 뇌세포를 뇌파의 β (Beta)파 수준에서 α (Alpha)파의 수준으로 몰입시켜 기억력, 사고력, 판단력, 추리, 상상력, 직관력, 수리력 등을 개발시키는 훈련을 반복해 지금까지 미개발된 뇌세포들을 개발하여 새로운 뇌의 회로가 형성될 수 있다.

⑤ 이해능력이 개발육성되어야 한다

지금까지 읽고 이해하던 방법이 아닌 눈에서 받아들인 활자의 자극을 뇌에서 순간적으로 과거 기억을 상기시켜 비교, 분석 후 이해하도록 이해능력을 개발해야 한다.

일반적으로 보통 사람은 1/30초나 1/40초에 활자를 눈으로 받아들여 뇌로 전달하지만 본 교재 훈련방법에 의해 앞서 말한 여러 기능이 발달하게 된다.

원리를 카메라와 비교 분석해 보면 다음과 같다. 카메라는 1/500초나 1/10,000초의 짧은 시간에 비쳐진 영상도 정확히 포착(捕捉)하여 필름에 기록한다. 마찬가지로 우리의 시지각 능력과 뇌의 기능을 활성화시켜, 카메라가 동일 거리에 있는 많은 사물을 지극히 짧은 시간에 포착(捕捉)하여 필름을 현상(現象)하는 것 같이 노력하게 되면 자신도 모르는 사이에 이해 기억능력이 개발 육성된다. 특히 웹쉴러(Webschüler)교수는 '순간적인 자극에 두뇌 활동은 그만큼 빨리 작용한다'고 하였다. 즉 자극이 강하면 강할수록 인간의 두뇌는 민감한 활동을 한다는 것이다.

그렇다면 독서에 직접적인 영향을 미치는 시세포 중 아직 미개발상태의 시세포를 개발하여 순간적으로 많은 활자를 보게 되면 우리의 뇌는 웹쉴러 교수의 이론에서 밝힌 바대로 그만큼 민감한 반응을 나타내게 된다.

따라서 이해능력 개발 육성의 5단계까지의 과정을 거치게 되면 현재의 독서능력보다 약 20배~1,000배 이상까지도 충분히 개발할 수 있다.

(4) 일본 동경의과대학에서의 속독 상태 실험 실시

일본에서의 뇌파실험

일본 동경대학병원의 하라이 교수는 인간의 뇌파와 속독과의 관계를 측정하기 위해 뇌파실험에 들어갔다.

한국의 새생활속독교육연구원의 속독법이 일본에 상륙하여 그당시(1984년) 선풍적인 인기를 끌자, 이 속독법에서 말하는 α 파와

▲ 일본동경대학병원의 중앙검사부 신경정신과에서 뇌파측정실험을 하고 있는 모습이다. 피실험자는 나가에 다미꼬양으로 5분 10초만에 3백 6페이지 책 한권을 읽었다.

β 파의 뇌파측정을 위한 것이었다. 속독의 발명자인 한국 새생활속독연구원장 김용진(본 《용진 영상화속독법》의 저자)씨의 이론대로 속독이 과연 α 상태(1초당 뇌파가 7CPS에서 14CPS를 나타내는 단계)에서 이루어지는가를 검출하기 위한 실험이었다.

피실험자는 나가에 다미꼬양이었다. 실험준비로 나가에양이 뇌
파측정용 의자에 앉았고 전극이 머리에 붙여지고 뇌파측정장치가
들어갔다. 우선 아무것도 하지않은 상태에 뇌파가 측정된 후, 심
호흡(단전호흡)상태의 뇌파기록에 들어갔다. 그 다음 나가에양이

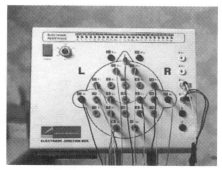

▲ 머리의 전극에서 그려낸 뇌파와 눈 움직임
이 본 연구원의 속독연구 발표대로 α 파의
매우 정확한 리듬을 보였다.

책을 손에 들고, 긴장되고 날카로운 눈 움직임으로 속독에 들어
갔다. 5분 10초만에 3백 6페이지의 책을 다 읽었다. 놀라운 속도
였다. 실험결과 평상시의 뇌파는 β 파(14CPS～30CPS)로 나타났
고, 속독이 되면서부터의 뇌파는 α 파 중에서도 10CPS～12CPS
의 최고 α 상태의 정확한 리듬을 보였다.

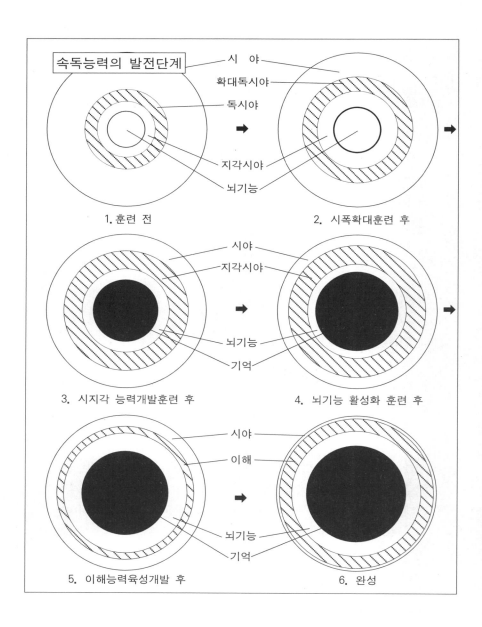

속독능력의 발전단계

시　야
확대독시야
독시야
지각시야
뇌기능

1. 훈련 전

2. 시폭확대훈련 후

시야
지각시야
뇌기능
기억

3. 시지각 능력개발훈련 후

4. 뇌기능 활성화 훈련 후

시야
이해
뇌기능
기억

5. 이해능력육성개발 후

6. 완성

5 속독과 음독(音讀), 묵독(默讀)과 목독(目讀, 視讀)

지금까지 책읽는 방법에는 소리내어 읽는 음독(音讀)과 소리내지 않고 읽는 묵독(默讀)으로 대별해 왔다.

음독은 학교 교육에서 저학년에 문자, 어휘, 문장을 학습시키기 위하여 실시하고 있으며, 또 시나 문장의 낭독에서 많이 사용되고 있다. 그리고 청각형의 사람은 시각형의 사람보다 소리내어 읽는 것이 더 효과적이라고 한다.

묵독은 소리를 입밖에는 내지 않지만 입술을 움직이면서 읽거나(순독), 혀를 움직여 입 속으로 읽을 수도 있고, 목언저리가 움직이는 경우, 또는 활자를 한 자 한 자 머리 속으로 생각하며 읽는 경우도 있다.

독서 교육에서 묵독이 성행하게 된 것은 1910년 경 독서 교육의 과학적 연구 풍토가 조성되면서 손다익(E. L. Thorndike)의 영향을 받아 독서 테스트 연구 결과, 묵독(Silent reading)이 이해와 속도에서 음독보다 훨씬 빠르다는 것이 증명되면서 부터이고, 그 후 전통적인 음독에서 독서방법이 묵독으로 바뀌게 되었다. 일반적으로 묵독을 하는 사람과 음독을 하는 사람과의 비교 결과 묵독을 하는 편이 음독을 하는 사람보다 20~30% 정도 빠르다고 한다. 그러나 필자의 속독법 연구과정을 통하여 묵독보다 목독(目讀) 또는 시독(視讀)이 더 빠르다는 것이 입증되었다.

목독이란 글자 그대로 눈으로만 읽는다는 뜻이다. 다시 말해서 숫자, 기호, 기타 사물들을 소리내어 읽거나 입속으로 발음하는 것이 아니고, 그림이나 TV 또는 영화화면을 눈으로만 보고 그대로 의미를 이해하듯이 책을 눈으로 보고 뇌로 인식한다는 것이다. 그러므로 속독은 눈에서 곧장 뇌로 보내는 시각적인 사고력 훈련이기 때문에 목독이어야만 가능한 것이다.

6 속독법의 효과

1. 속독과 학습 효과

속독법을 적용한 학습효과는 매우 긍정적인 것으로 받아들여진다. 주위가 산만했던 학생들을 정신집중력이 길러지고, 각종 시험에 효율적으로 준비해 좋은 성과를 얻는 예도 많다. 또 두뇌회전이 빨라져 종합적인 사고력, 이해력, 기억력, 판단력이 향상하는 등 높은 효과를 나타낸다.

속독법의 효과

1. 두뇌 회전이 빨라진다. (IQ개발)
2. 독서의욕이 증진한다. (무엇이든지 읽고 싶어짐)
3. 정신집중이 잘 된다.
4. 시각능력이 발달(정면을 응시하면서도 180° 이내의 물체의 움직임을 식별 가능)한다.
5. 학습의욕이 증진한다.
6. 사고력, 이해력, 기억력, 판단력이 발달된다.
7. 지적 수준이 향상된다.
8. 시력이 좋아진다. (사람에 따라 난시, 근시·원시도 교정된다.)
9. 작문 실력이 향상된다.
10. 각종 시험에 자신감이 생긴다.
11. 업무능력이 향상된다.
12. 매사에 권태감이 제거된다.
13. 시간의 중요성을 인식하게 되고 여가 선용을 적절히 할 수 있다. (취미생활)
14. 눈이 피로하지 않다.

속독의 효과

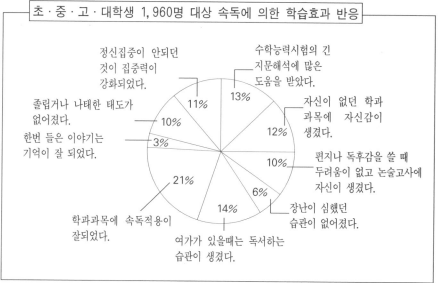

초 · 중 · 고 · 대학생 1,960명 대상 속독에 의한 학습효과 반응

정신집중이 안되던 것이 집중력이 강화되었다. 11%

수학능력시험의 긴 지문해석에 많은 도움을 받았다. 13%

졸립거나 나태한 태도가 없어졌다. 10%

자신이 없던 학과 과목에 자신감이 생겼다. 12%

한번 들은 이야기는 기억이 잘 되었다. 3%

편지나 독후감을 쓸 때 두려움이 없고 논술고사에 자신이 생겼다. 10%

학과과목에 속독적용이 잘되었다. 21%

장난이 심했던 습관이 없어졌다. 6%

여가가 있을때는 독서하는 습관이 생겼다. 14%

2. 속독 성취 과정 중 나타나는 반응

속독이 완성될 때까지의 과정에서는 많은 책을 읽어야 한다.

훈련과정 중에서 약 300권 이상을 읽어야만 종래의 습관인 음독에서 목독으로 전환될 수 있다. 또한 300여권 이상 읽는 과정에서 다음과 같은 반응을 느낄수 있다.

속독이 성취되면서 이렇게 달라진다

▶ 활자가 크고 뚜렷하게 보인다.
▶ 활자가 입체적으로 튀어 오르는 듯한 느낌이 든다.
▶ 문장이 눈 속으로 빨려 들어오는 느낌이 강하게 든다.
▶ 빨리 봐 나가면서도 머리 속이나 입 속으로 정확하게 읽고 넘어
　가는 것과 똑같아진다.
▶ 영화나 TV의 장면을 보는 것처럼 영상화되어 빨리빨리 머리 속
　으로 기억된다.
▶ 책을 보면 무조건 읽고 싶은 느낌이 든다.
▶ 일기나 편지 형식의 짧은 글을 쓰는 버릇이 생긴다.
▶ 책을 읽고 나서 곧 독후감을 쓰고 싶은 충동을 느낀다.

7 속독법 교육의 실태

　미국, 독일, 프랑스 등 선진국에서는 오래 전부터 속독법에 관심을 가지고 연구를 하고 있으며 슬라이드, 독서 연습기, 순간 노출기 등 기구를 사용해서 과학적인 방법으로 속독 훈련을 하고 있다. 미국에서는 독서력 향상 강습회도 열리며 민간 독서진료소(Reading clinic)가 있어 속독법을 배우고 싶은 사람은 쉽게 훈련을 받고 있다.

1. 순간 노출기

　순간노출기는 심리관계의 실험기구로서 짧은 시간에 시각자극을 주는 기계인데 1/1000초까지도 노출이 가능하다. 그러니까 짧은 시간에 될 수 있는 한 많은 글자를 파악할 수 있도록 인지의 범위를 크게 하는 것

이 이 기계를 이용하는 목적이다.

순간노출기를 이용하는 세가지 방법

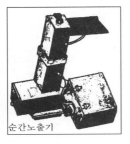
순간노출기

① 시간을 가령 1/25초로 일정하게 해 놓고 읽을 자료에 길이 만을 바꿔가는 방법
② 읽을 자료의 길이는 일정하게 해 놓고 시간을 바꿔 가는 방법
③ 시간과 읽을 자료의 길이 양쪽을 동시에 조절해 가는 방법이다.

---

2. 독서 연습기

독서연습기를 통한 속독연습

독서연습기

일정시간에 한 문자군씩 셔터에 의하여 제시되며 세 개의 창이 왼쪽부터 차례로 열린 뒤에는 다음 행이 나타나게 된다.

읽는 속도를 빠르게 하는 동시에 안구를 좌우로 움직이거나 역행운동을 방지하는 연습도 함께 된다.

다만 결점으로는 1행을 셋으로 나눈 점, 행간(行間)운동의 연습을 할 수 없다는 점을 들 수 있다.

독서 연습기는 읽을 재료를 제시하는 세 개의 창이 옆으로 나란히 설치되어 있으며, 창마다 차례로 셔터장치에 의하여 열리도록 되어 있다.

읽을 재료는 긴 종이에 인쇄되어 있으며 각 행(行)은 세 개의 문자군
(文字群)으로 나누어져 각 문자군이 창에서 나타나도록 되어 있다.

3. 슬라이드 이용법

　필름에 읽을 자료를 촬영하여 이를 영사해서 읽는 것인데 필름에 1페
이지를 전부 촬영한다. 처음에는 이를 오랫동안 영사하지만 차차 그 시
간을 줄여서 속도를 빠르게 하는 것으로 매일 15~30분씩 시간을 실시
하고 있다. 그러나 이 방법도 처음의 일반 속도보다 30~50% 이상의
효과를 내지는 못하고 있다.

4. 영화의 이용

　미국의 데야본이란 사람은 영화 필름을 이용한 집단 독서방법을 고안
했다. 1페이지가 스크린 전체에 영사되는데 그중 어느 부분이 점차 밝
게 비쳐지게 되어 있다. 읽는 사람은 이렇게 투영 시간을 바꾸는 동안
에 그 문자군을 읽어버리는 훈련을 하는 것이다. 말하자면 외국 영화의
자막을 보는 것과 유사한 것으로 생각하면 된다.

기계를 이용한 속독법 훈련의 가장 큰 결점

　문장을 일정한 속도로 처음부터 끝까지 읽히게 된다는 점이다. 천
천히 읽고 싶은 곳이 있어도 그것은 불가능하며 이해가 부정확했어
도 다시 볼 수가 없다. 그러므로 안구 운동을 미리 일정한 형 속에
맞추는 셈이 된다.

　위와 같은 기구를 사용한 속독을 실험 연구해 본 결과 기계는 너
무 딱딱한 감이 있고 융통성이 없기 때문에 개개인의 시신경과 이해
도에 따라 정확히 조정하기도 힘들다. 왜냐하면 시신경 및 이해도가

사람에 따라서 시시각각으로 많은 변화가 있는 자연증가현상적인 면을 기계는 고려할 수 없다. 그렇기 때문에 기계는 어느 정도의 수준까지는 가능하지만 그 이상은 힘들다.

따라서 속독은 개개인의 시신경 및 이해력을 정확히 파악해서 개인지도 형식으로 교육 훈련을 시켜야 짧은 시간 내에 속독법을 성취시킬 수 있다.

8 속독법은 누구에게나 필요하다

속독법은 일반적으로 학생에게만 필요하다고 생각하는데 실제로 남녀노소를 불문하고 현대를 살아가는 모든 사람에게 속독법은 필수불가결한 것이다. 많은 교과서 내용과 문제집을 봐야하는 초·중·고·대입 수험생은 물론 사법고시나 행정고시, 외무고시 등 각종 국가고시를 준비하는 사람들이 속독을 익히게 되면 높은 집중력과 이해력 및 기억력으로 시간당 효율을 높여 공부하게 되기 때문에 긍정적인 효과를 기대할 수 있다. 또 교직자나 언론계 종사자, 출판인, 경영자 그리고 예술인 등 많은 전문분야에 종사하고 있는 사람들도 각 분야의 전공서적이나 시시각각 쏟아지는 정보를 속독법으로 많이 접하면 접할수록 현대를 살아가는데 그만큼 앞서갈 수 있는 것이다. 따라서 속독법은 학생 뿐아니라 현대를 살아가는 모든 사람들에게 필요하다고 할 수 있다.

속독법을 배워야 할 사람

1. **학생** : 초·중·고·대학생
2. **교직자** : 초·중·고·대학교수 및 기능직 교사
3. **언론계 종사자** : 식자·조판·편집·교정·기획·기자 기타

4. **방송종사자** : 아나운서 · 프로듀서 · 기획자

5. **시험준비생** : 고시 · 입시 · 기능시험 준비생

6. **출판** : 편집 · 원고작성 · 식자 · 조판 · 교정

7. **예술인** : 배우 · 탤런트 · 성우 · 가수 · 코메디언 · 기타 연예인 등

8. **특수직** : 정치인 · 속기사 · 교환원 · 타자 · 검사 · 판사 · 변호사 · 수사관 · 정보원 · 경찰 · 작가 · 텔랙스요원 · 체육인 · 은행원 · 종 교인 · 군인 · 운전기사 · 경비원 · 기타 기능인

9. **기업인** : 경영자 · 중역 · 간부 · 사무직 · 경리직

10. **외국어 수강생** : 영어 · 일어 · 불어 · 독어 · 중어 등 기타 수강생

11. **기타** : 공무원 및 각종 서류를 취급하거나 시각과 관계있는 직

제2부

이론편

▶▶▶▶▶▶▶▶▶▶▶▶

제 1 장

훈련 전 개인검사

· · · · ·

1 초고속 전뇌학습법 훈련과정

2 최초독서능력검사

3 속독의 급수 및 단

1 초고속 전뇌학습법 훈련과정

최초독서속도검사	평상시에 읽고 이해하는 독서능력을 1분간에 측정
독 서 자 세 교 정	1. 정신 자세 확립 2. 행동 자세 확립
집 중 력 훈 련	기본 1단계 ; 호흡법 / 기본 2단계 ; 고정점 응시법 / 기본 3단계 ; 시점 이동법
시 폭 확 대 훈 련	기본 1단계 ; 시점좌우 상하 이동법 / 기본 2단계 : 시점 상하좌우 역행 이동법 / 기본 3단계 : 시점 상하좌우 이동법 / 기본 4단계 : 페이지 연결법 / 기본 5단계 : 시점 원 이동법
시 지 각 능 력 개 발	1단계 : 기호 훈련(◉) 2단계 : 글자훈련(세계 16개 문자)
뇌기능활성화훈련	1. 기억력 증진법 2. 두뇌회전 훈련 3. 어휘력 훈련 4. 수열 추리훈련 5. 공간도형 이용법 6. 퍼즐문제 7. 영상화 훈련
이해예비훈련5단계	이해예비훈련 1단계에서 5단계까지(큰 활자에서 작은 활자로) 2~5시간 훈련
이해능력개발육성	1단계 35권 / 2단계 135권 / 3단계 74권 / 4단계 22권 / 5단계 100권 이상, 단계별로 적응 능력을 배양시킴(300권 이상)
독후감쓰기 및 영상화 훈련	매일 1페이지씩 독후감 쓰기 및 영상화 시키기
속 독 성 취 단 계	책내용에 따라 속도를 조절하며 읽을 수 있어야 하고 기억할 수 있어야 한다.
속 독 성 취 후 관 리	매일 신문 · 잡지 기타서적을 30만자 이상을 읽도록 한다.

2 최초 독서 능력 검사

본 교재 196~198p 의 예문「독서의 생활화」,「취미와 소질을 개발하자」를 평소에 읽던 습관대로 이해를 충분히 하면서 읽어봅시다. 1분간에 몇 자를 읽을 수 있는지를 시간을 정확히 재어 기록합시다.

작성 요령

① 글자수 계산은 읽은 시간의 초÷60을 한 다음 횡서 글자수 (1,758)÷읽은 시간의 분·초=(읽은 시간의 초÷60을 한 것)을 계산한다.

예) 읽은 시간이 2분 20초일 때 계산법

20÷60=0.33   1,758÷2.33=754자

② 이해도 칸 란에는 $754 \div \dfrac{(채점점수)}{80}$ 를 기록하고 횡서칸 란에 여기서 산출된 수치를 기록한다.

○준비물 : ① 초침이 있는 시계

② 필기구(볼펜, 메모지)

○준비되었으면 시작할 시간을 기록하고 시작하세요.

"준 비 시 작"

1분 동안 읽은 글자수		득 점	
최 초 :	자		점
2주후 :	자		점
4주후 :	자		점

☞ 최초 독서능력 검사는 현재의 독서 능력을 알아보기 위한 것이며
   일반과정 수료후 전뇌 능력의 향상도를 알 수 있는 자료가 된다.

	년
월	일

최초 독서능력 검사

우뇌 훈련	좌뇌 훈련	최초1분간 독서속도		내용기억(이해100%)		
계	+ 줄	단 행 본	339 자	453자 60/80 339 자		
		교 과 서	자	자 /80 자		
원하는 목표	10 배	정신집중도		시력	좌:	우:
두뇌유형	좌뇌 :		우뇌 :	간뇌 :		
학습유형	형( ) -		형( ) -	형( )		

간뇌 훈련(1분간 읽고 낱말 · 문자 쓰기)		이해1단계 최초독서속도	
1 하이디	11	책 명	
2 알프스	12	글자수	
3 할아버지	13	시 간	분 초
4 페터	14	내 용	
5 봉우병	15	기 억	%
6 목사님	16	☞ 50~60%: 책 내용의 흐름 정도를 기억	
7 클라라	17	☞ 70~80%: 줄거리를 확실히 기억	
8 염소젖	18		
9 교회	19	☞ 90~100%: 줄거리는 물론, 인명 · 지명 · 연대까지 알 수 있는 단계	
10 아버지	20		

진 도 평 가

구분	날짜	회	글 자 수	책 명	소요시간	점수	1분간속도	급수
1차								
2차								
3차								

☞ 수료시까지 110권 이상의 책 읽기 실시
☞ 영상화 훈련 매일 실시(5~10분 정도)

　본교재 196~198p의 예문「독서의 생활화」, 「취미와 소질을 개발하자」를 1분 동안 읽고, 읽은 글자수를 세어본다. 속독훈련에 들어가기 전 최초 독서속도를 기록하여 놓는다. 그후 훈련 2주 후와 4주 후에 같은 테스트를 해보고 그동안 얼마나 속도가 빨라졌는지를 측정한다.

1분 읽고 1분 쓰기(순간포착 능력테스트)		
1	5	9
2	6	10
3	7	11
4	8	12

　예문을 1분 동안 읽는 동안 순간적으로 눈에 포착된 단어를 기억하는 대로 써본다. 이 훈련은 한번 읽은 글에 대한 순간 포착능력과 기억력을 속독훈련 들어가기 전에 점검해보는 테스트이다. 속독훈련과정에 들어간 후 어느 정도 능력이 향상되었는지를 기준하기 위한 검사다.

3 속독의 급수 및 단

속독등급이 없이 교육을 실시해 본 결과 의욕이 감퇴되고 기준 설정에 애매한 점이 없지 않아 있었다. 그래서 여러방면으로 연구 검토해 본 결과 학습의욕 고취나 학습동기에 대한 기대감을 충족시키는 동기유발을 위해 등급을 분류하는 것이 타당하다고 생각되었다. 또 속독등급은 최초 독서속도에 비해 어느 정도 속독 능력이 향상되었는지 평가해 주는 기준이 되기도 한다.

따라서 속독의 최저 기준글자인 2,100자(1분)를 읽고 이해하는 급수를 10등급으로 정하고 가장 우수하다고 인정할 수 있는 150,000자 이상(1분)을 읽고 이해했을 때 10단으로 정하였다.

그러나 그냥 읽고 이해하는 것을 측정한다는 것은 막연하여 주관식과 객관식을 혼용한 등급시험을 치루어 60점 이상을 맞았을 경우에만 해당 등급에 맞는 속독 능력자라 할 수 있다. 그러므로 아무리 빨리 읽더라도 이해하지 못했을 경우 60점 미만이 되면 등급을 인정할 수 없다.

세계속독협회가 공인하는 속독 등급

아직 세계 어느 나라에서도 속독 등급에 관해 언급한 예가 없으며, 다음 '속독 급수 및 단'의 등급표는 새생활속독교육원이 연구개발한 세계 최초의 속독 취득 기준이며 세계속독협회에서 공인, 전세계 어느 문자에 구애됨이 없이 통일되어 적용되고 있다.

초고속정독 등급표

◆ 내용이해시험 20문제(주관식, 객관식)를 70점 이상 맞았을 경우

시간	글 자 수	급수 및 단	점 수	1분 읽고 단어 쓰기
1분	2,100자 이상	10급	70 점	100단어 이상 쓰기
1분	3,000자 이상	9급	70 점	100단어 이상 쓰기
1분	4,000자 이상	8급	70 점	100단어 이상 쓰기
1분	5,000자 이상	7급	70 점	100단어 이상 쓰기
1분	6,000자 이상	6급	70 점	200단어 이상 쓰기
1분	7,000자 이상	5급	70 점	200단어 이상 쓰기
1분	8,000자 이상	4급	70 점	200단어 이상 쓰기
1분	10,000자 이상	3급	70 점	300단어 이상 쓰기
1분	12,000자 이상	2급	70 점	300단어 이상 쓰기
1분	15,000자 이상	1급	70 점	300단어 이상 쓰기
1분	20,000자 이상	1단	70 점	500단어 이상 쓰기
1분	30,000자 이상	2단	70 점	500단어 이상 쓰기
1분	40,000자 이상	3단	70 점	500단어 이상 쓰기
1분	50,000자 이상	4단	70 점	500단어 이상 쓰기
1분	60,000자 이상	5단	70 점	800단어 이상 쓰기
1분	70,000자 이상	6단	70 점	800단어 이상 쓰기
1분	80,000자 이상	7단	70 점	800단어 이상 쓰기
1분	90,000자 이상	8단	70 점	1,000단어 이상 쓰기
1분	100,000자 이상	9단	70 점	1,000단어 이상 쓰기
1분	150,000자 이상	10단	70 점	1,000단어 이상 쓰기

제 2 장

집중력 개발 이론

1 정신집중력이란

현대의 초고속화 시대에서 가장 힘든 단어라면 "집중력(集中力)"이다. 모든 일을 함에 있어 집중력이란 성공과 실패를 좌우한다해도 과언은 아니다. 일정한 시간 동안 한 가지 일에만 신경을 몰두할 수 있는 능력없이는 기억, 이해, 판단, 감정의 작용은 물론 두뇌개발 및 속독성취를 기대하긴 힘들 것이다.

집중의 상태란 자신이 생각하고자 하는 것에만 자기의 감각이나 의식을 자유로이 집중할 수 있는 능력을 높이는 상태라고 할 수 있다. 따라서 고도의 정신집중은 우리의 뇌파가 베타(β)파에서 알파(α)파 상태로 내려간 상태라고 속독의 원리(57 p)에서 자세한 설명을 한 바 있다.

우리의 뇌파는 베타(β)파에서 알파(α)파로 내린 상태에서 활자를 뇌가 받아들일 때 가장 빠른 시간 내에 이해하고 기억할 수 있다.

집중력을 높이기 위해서는 단전호흡법과 고정점 응시법, 그리고 시점이동법의 단계별 훈련이 필요하다.

1. 속독의 자세

① 정신자세의 확립

▶ 모든 잡념을 제거시킨다.
▶ 긴장된 상태를 풀고 편안한 마음가짐을 갖는다.
▶ 뚜렷한 목적관을 갖는다.
▶ 자신의 능력에 대한 긍정을 한다.
▶ 학습자 스스로의 성취의욕과 동기유발을 가져오도록 한다.
▶ 적극적인 사고방식과 속독에 대한 자신감을 갖는다.
▶ 책과 혼연일체가 되어 고도의 정신집중 상태로 유도한다.

② 행동자세의 확립

올바른 자세

▶ 허리를 곧고 바르게 편다.

▶ 가슴을 펴고 턱을 약간 당긴다.

▶ 책과 눈의 거리는 30~40cm를 유지한다.

▶ 책상과 몸 사이는 7~10cm를 유지한다.

▶ 입은 다물고 이에다 혀를 붙인다.

▶ 의식적으로 눈에 힘을 가해서는 안된다.

▶ 호흡은 단전 호흡을 실시한다.

▶ 온몸을 자연스럽게 하며 목과 어깨에 힘을 주지 않는다.

▶ 책의 제본선 중앙에 콧날을 일치시킨다.

▶ 양미간과 이마에 주름이 생겨서는 안된다.

▶ 의자 등받이 부분이 완전히 몸에 닿아서는 안된다.

▶ 머리를 움직이지 말고 눈을 자연스럽게 움직인다.

나쁜 자세

▶ 등을 구부린 상태로 읽는다.

▶ 옆으로 누워서 책을 읽는다.

▶ 엎드려서 책을 읽는다.

▶ 턱을 괴고 책을 읽는다.

▶ 머리를 좌·우 또는 상·하로 움직이면서 읽는다.

▶ 다리를 꼬거나 부자연스러운 상태로 책을 읽는다.

▶ 기타 몸의 균형을 잃거나 비뚤어진 상태는 나쁜 자세이다.

사진으로 본 올바른 자세와 나쁜 자세

〈올바른 자세〉

〈나쁜 자세〉

---

2 1단계-단전호흡

1. 단전호흡이란?

단전(丹田)이란 단(丹)은 고귀한 약이라는 말이고, 전(田)은 글자 그대로 밭이라는 뜻이다.

저단지전(貯丹之田) 즉, 귀한 약을 저장하는 곳이라는 뜻이다.

우리의 체내에는 3개의 단전(丹田)이 있다. 상단전(上丹田), 하단전(下丹田), 중단전(中丹田) 등이 있는데 이 중 하단전이 제일 중요한 근본이 되는 곳이므로 보통 단전호흡(丹田呼吸)이라 칭한다. 하단전 부위는 배꼽 밑으로 2치1/2, 약 5cm~8cm부분이고, 이곳을 대자연의 기(氣)가 모인다해서 기해(氣海)라고도 한다.

우리는 단전호흡(丹田呼吸)을 통해서 대기 중의 산소 및 대자연의 기(氣)를 포함한 대영기(大靈氣)를 모두 동시에 통창흡입(通暢吸入)하고 이산화탄소를 배출하고 있다. 이 단전호흡(丹田呼吸)을 통하여 뇌가 가장 필요로 하는 영양소인 산소를 포함한 대자연의 기(氣)를 흡입(吸入)

함으로써 두뇌가 맑아지며 뇌의 활동이 활발해진다. 보통 사람의 1분간 호흡수는 약 14회~20회(평균 17회)정도이지만 단전호흡을 통하여 호흡수를 4~5회 정도로 감소시키면 자율신경의 활동이 활발해지고 심장의 부담이 줄어들어 심신이 안정되기 때문에 집중력은 물론 인내력, 지구력 등이 강화된다.

2. 각 단전의 위치

(1) 상단전(上丹田)

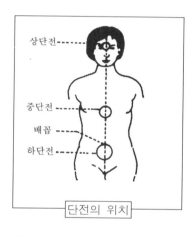
단전의 위치

미간인당(尾間印堂)이라고 하는 양쪽 눈썹의 중앙에서 약 10cm 안쪽 부분이다. 지적작용(知的作用)의 중심인 대뇌와 소뇌사이에 있다.

(2) 중단전(中丹田)

양가슴의 중간 오목하게 들어간 명치부분이다. 희로애락의 중심인 심장 부분이다.

(3) 하단전(下丹田)

생명체(生命體)의 중심으로 배꼽 아래 4~8cm부분이다.

3. 각 단전의 기능과 인체의 삼보(三寶), 단(丹)

(1) 상단전(上丹田)
　　　　　　　　　　ㅡ뇌파와 영파를 발사하고 우주파를 수신·영감·예지력·염력을 담당하며, 의지의념(意志意念)이 될 수 있는 영능한 곳으로 지적(知的)

(2) 중단전(中丹田)	작용의 중심인 천심(天心)의 빛(光)이 모인다. -인심(人心), 즉 마음의 창고로 희노애락을 담당하며, 원기(元氣) 즉 기력(氣力)을 체내 구석구석에 유통되는 물질형태(物質形態) 이전 (以前)의 물질을 구성할 수 있는 마음의 원소 (元素)로 정신(精神)기능을 주관한다.

(3) 하단전(下丹田) —지심(地心)의 기(氣)가 모이는 무한한 힘의 원천으로 기운을 주관한다. 생명체(生命體)의 중심, 생명활동(生命活動)에 필요한 에너지를 주관한다.

4. 인간 소우주론

소우주론은 동양적(東洋的) 측면에서 보면 다음과 같다.

대우주(大宇宙)	소우주(小宇宙)
하늘(건 : 乾)	상단전(上丹田) (양십 : 陽十)
태극(太極)	중단전(中丹田) (공간 : 空間)
땅(곤 : 坤)	하단전(下丹田) (음일 : 陰一)
태양(太陽)	두 눈
춘하추동(春 · 夏 · 秋 · 冬)	팔 · 다리(사지 : 四肢)
1년 2개월	十二정경(正經)
이십사절기(二十四節氣)	24척추
주야(晝 · 夜)	오매(寤寐) : 눈감고 뜰때 또는 잠잘때, 깨어날때
삼백육십오일(三百六拾五日)	361~365혈맥
5대양 6대주	5장 6부(간장, 심장, 비장, 폐장, 신장, 대장, 소장, 위, 담, 방광, 삼초)
물(水)	혈액
초목(草木)	모발
금석(金石)	치아(齒牙)
명(名)	夕+口(저녁 어두움+입)

이상과 같이 대우주(大宇宙, 大自然)와 소우주(小宇宙, 人間)의 공통점이 있다는 것을 간단히 요약·비교하였다.

우리는 대우주의 외기(外氣;天氣와 地氣) 즉, 생명의 에너지를 대량으로 흡입하여 우리 인간(小宇宙)의 내기(內氣;神·氣·精) 즉, 생명의 에너지를 충만케하기 위해서 호흡을 컨트롤하며 자신의 생체리듬을 우주에 합치 '우아일여(宇我一如)' 시키는데 꼭 단전호흡이 필요하다.

5. 기(氣)의 순환작용

호흡을 통해서 들어온 우주의 기(氣)는 인체의 팔맥(八脈) 중에서 가장 중추적인 맥인 임맥(任脈)과 독맥(督脈)을 통해 대우주의 기(氣)가 순환된다.

• 임맥(任脈)… 우리 몸 앞 부분의 정중선을 내려오는 맥이다.
• 독맥(督脈)… 우리 몸 뒷 부분의 정중선을 올라가는 맥이다.

6. 기(氣)의 순환과정

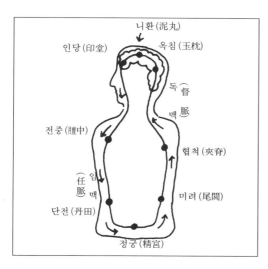

그림과 같이 두맥, 임맥(任脈)과 독맥(督脈)은 자연의 기(氣)를 비공(鼻孔)을 통해서 전중(膻中)→단전(丹田)→정궁(精宮)→미려(尾閭)→협척(夾脊)→옥침(玉枕)→니환(泥丸)→인당(印堂)까지 다시 반복시키는 아주 중요한 순환작용을 한다.

7. 단전호흡의 효과

▶ 집중력이 강화된다.

▶ 뇌의 피로를 풀어준다.

▶ 두뇌가 발달된다.

▶ 예지력이 발달된다.

▶ 기억력이 증진된다.

▶ 정신력 (인내심)이 증진된다.

▶ 인체내부기관 활발로 건강이 좋아진다.

▶ 낙천적으로 긍정적인 생활을 한다.

▶ 뇌파가 베타(β)파에서 알파(α)파로 내려가 최고의 정신집중상태가 된다.

8. 단전호흡의 방법

단전호흡 방법에는 흡식법(吸息法), 지식법(止息法, 蓄氣法), 호식법(呼息法), 잔기법(殘氣法)이 있으며 그 방법은 다음과 같다.

① 편안한 자세로 조용히 앉아서 눈을 감는다.

② 머리 끝에서 발 끝까지 몸 전체를 이완시킨다.

③ 단전 부위에는 약간의 힘을 준다.

④ 코를 통해서 숨을 쉰다. 자신의 숨소리를 인식하게 된다.

　　▶ 숨을 들이쉴 때 : 하나, 둘 …………여섯까지 들이쉰다.

　　▶ 숨을 멈추기 : 하나, 둘 …………여섯까지 멈춘다.

　　▶ 숨을 내쉴 때 : 하나, 둘 …………여섯까지 내쉰다.

　　▶ 호흡은 유연하게, 천천히, 길게

　　▶ 가늘고, 고르게

　　▶ 조용하고 깊은 심호흡

▶ 정지하거나 중간중간 끊어지는 호흡은 안된다.

▶ 바람같이 소리나는 호흡은 안된다.

▶ 숨이 막히는 듯한 호흡을 해서는 안된다

⑤ 호흡을 할 때의 의식집중 방법

▶ 「내 머리 속은 휴식하고 있다.」

▶ 「내 머리는 가볍고 개운하다」라고 암시를 주며 계속 반복 실시한다.

▶ 「호흡을 통해서 들어오는 기가 뇌로 전달되고 있다」고 자기암시를 준다.

⑥ 매일 한 번이나 두 번 특히 집중력을 필요로 하는 수업시간이나 회의 시간 전에 실시한다.

┌─ 단계별 호흡법 ─┐

　호흡 방법에는 여러가지가 있다. 그러나 이 책의 단전호흡 방법은 어느 방법보다 좋은 방법이라 확신한다. 호흡시간은 최초 흡(吸)6초, 지(止)6초, 호(呼)6초를 기초로 2~3초씩 시간을 증진시켜 나가면 무리가 없을 것이다.

1.　　6초　　6초　　6초　　------▶ 계속
　　(吸마시고) (止멈추고) (呼내쉬고)

2.　　8초　　8초　　8초　　3초　　8초　　------▶ 계속
　　(吸마시고) (止멈추고) (呼내쉬고) (止멈추고) (吸마시고)

3.　　10초　　10초　　10초　　3초　　------▶ 계속
　　(吸마시고) (止멈추고) (呼내쉬고) (止멈추고)

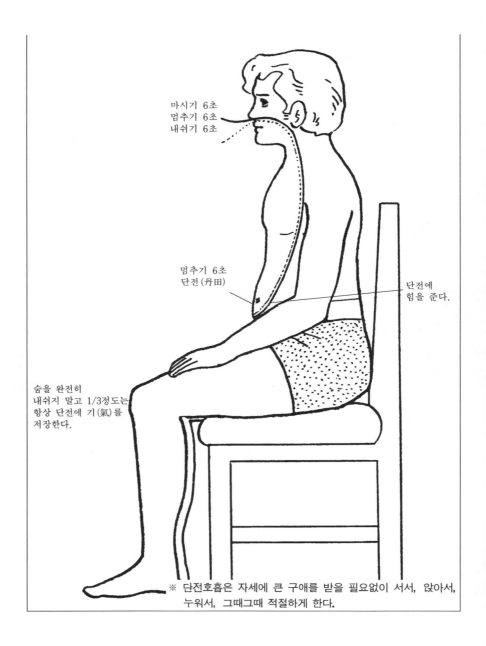

마시기 6초
멈추기 6초
내쉬기 6초

멈추기 6초
단전(丹田)

단전에
힘을 준다.

숨을 완전히
내쉬지 말고 1/3정도는
항상 단전에 기(氣)를
저장한다.

※ 단전호흡은 자세에 큰 구애를 받을 필요없이 서서, 앉아서,
   누워서, 그때그때 적절하게 한다.

3 ㄹ단계-고정점 응시법

1. 고정점 응시법이란

고정점 응시법은 고정된 하나의 점을 뚫어지게 응시하여 시야를 극도로 좁혀 심적(心的) 에너지를 높임으로써 정신 및 시각 집중을 최대로 증가시키는 훈련이다.

2. 효과

▶ 정신 집중이 잘된다.
▶ 인내력이 길러진다.
▶ 지구력이 길러진다.
▶ 활자나 물체를 보았을 때 실제보다 커진 듯한 느낌을 받는다.
▶ 심신이 안정된다.
▶ 눈동자가 명료해진다.

3. 훈련 방법

▶ 눈을 약간 크게 뜨고 깜박이지 않는 상태에서 이를 꼭 다물고 혀를 이에 붙인 다음 계속 응시한다.
▶ 흑점이 크고 뚜렷하게 시야로 들어온다는 자기 암시를 준다.
▶ 처음에는 A흑점을 응시하고 적응력이 길러진 다음 다시 B흑점, C흑점, D흑점의 순서로 훈련을 하도록 한다.
▶ 시간은 2분~3분간 실시한다.
▶ 호흡은 단전호흡을 병행한다.
▶ 머리를 움직이지 말고 눈을 자연스럽게 움직인다.

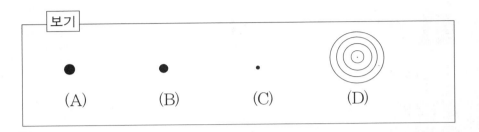

4 3단계-시점 이동법

1. 시점 이동법이란

확정된 거리를 정확한 시간 내에 시점을 이동시키는 등속이동 방법으로 눈동자의 유연한 움직임과 정신통일을 요하는 훈련이다.

2. 효과

▶ 눈의 등속이동을 정확히 한다.
▶ 시점을 잘 맺게 한다.
▶ 눈동자의 자연스런 흐름을 유도해 준다.
▶ 시폭을 넓혀주고 안구에 탄력이 생기게 한다.
▶ 시신경을 활발히 해준다.

3. 훈련방법

▶ 눈을 약간 크게 뜬 상태에서 시점을 이동시킬 때 눈을 깜박이지 않도록 한다.
▶ 선을 따라서 천천히 시점을 이동시킨다. 이때 흑점과 흑점 사이는 5초 동안 시점을 이동시키고 1초 동안 멈춘다(6초가 소요됨). 1초 동안 멈출 때 안구에 힘을 주는 것 같은 느낌을 준다.

▶ 선과 흑점이 크게 보이고 뚜렷하게 시야로 들어온다는 자기암시를 준다.

▶ 처음에는 A에서 B로 한다.

▶ 호흡은 단전호흡을 병행하도록 한다.

▶ 시간은 2분~4분(왕복 1~2회)간 실시한다.

보기 A

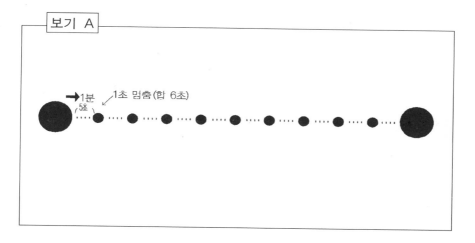

보기 B

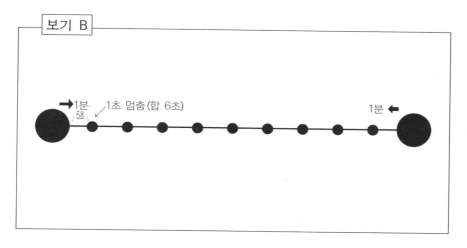

제 3 장

시폭확대 훈련이론

1 시폭 확대 훈련이란

이 훈련은 우리의 눈이 볼 수 있는 폭을 넓혀주는 훈련이다.

이 훈련은 ① 시점 좌우 · 상하 이동법 ② 시점 상하 · 좌우 역행 이동법 ③ 시점 대각선 이동법 ④ 시점 페이지 연결법 ⑤ 시점 원이동법의 단계를 거친다. 시야가 확대되어 점차 광범해지는 시신경의 발달로 책 한페이지를 한 눈에 볼 수 있게 하는 훈련이다. 사람의 안구는 6개의 근(筋)이 보호하고 있어 사진기의 조리개와 렌즈처럼 조절해 주고 있다. 그리고 2개의 사근(斜筋)과 4개 직근(直筋)의 비정상에서 오는 후천성, 근시, 난시, 원시 등은 이 훈련을 통하여 6개의 안근이 정상적으로 교정될 수 있는 가능성이 있다.

2 시폭확대 훈련의 효과

▶ 눈의 볼 수 있는 폭을 넓혀 준다.
▶ 안근 운동이 활발해진다.
▶ 안구에 힘과 탄력이 생긴다.
▶ 안구의 움직임이 유연해진다.
▶ 180°~240° 이내의 물체 움직임을 쉽게 식별할 수 있다.
▶ 안구의 회전이 최대한 빨라진다.
▶ 눈의 피로를 풀어준다.
▶ 뇌의 휴식을 준다.
▶ 직근과 사근의 기능을 조절해준다.
▶ 눈동자가 명료해진다.
▶ 집중력을 향상시킨다.
▶ 시력을 강화시켜 준다.

3 | 시폭확대훈련의 방법

① 1단계-시점 좌우 · 상하 이동법

▶ 좌에서 우로 시점이동을 하면서 아주 빠르게 상에서 하로 계속 반복 실시한다. (보기 참조)
▶ 눈의 유연성을 최대한 발휘한다.
▶ 시간은 1분 동안 반복하여 계속 실시한다.
▶ 양 흑점이 중앙과 콧날이 일치되도록 자세를 취한다. (85p행동 자세 참조)
▶ 훈련 중 시점을 따라 머리를 좌 · 우로 움직이지 않도록 한다.
▶ 단전호흡을 병행한다.

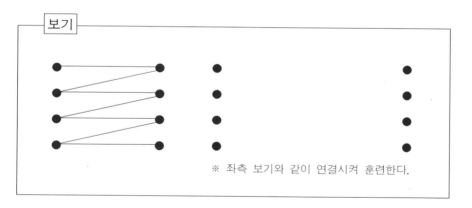

보기

※ 좌측 보기와 같이 연결시켜 훈련한다.

② 2단계-시점 상하 · 좌우 역행 이동법

▶ 눈의 유연함을 최대한 활용한다.
▶ 얼굴을 움직이지 않고 흑점과 흑점을 위에서 빠르게 연결해서 시

점을 이동시킨다.

▶ 시간은 1분 동안 반복해서 계속 실시한다.

▶ 자세는 행동자세 (85 p)를 참조한다.

▶ 종서를 빠르게 볼 수 있는 눈의 시점이동 예비훈련이다.

▶ 호흡은 단전호흡을 병행한다.

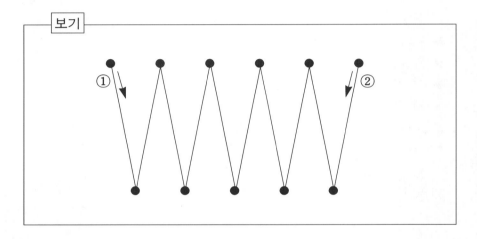

보기

③ 3단계-시점 대각선 이동법

▶ 상 · 좌에서 하 · 좌로, 하 · 좌에서 상 · 우로, 상 · 우에서 우 · 하로 빠르게 반복 실시한다.

▶ 눈에 힘을 주지 않고 자연스럽게 연결시킨다.

▶ 머리를 상 · 하로 흔들거나 움직이지 않도록 한다.

▶ 시간은 1분 동안 반복하여 계속 실시한다,

▶ 자세는 행동자세 (85 p)를 참조한다.

▶ 호흡은 단전호흡을 병행하도록 한다.

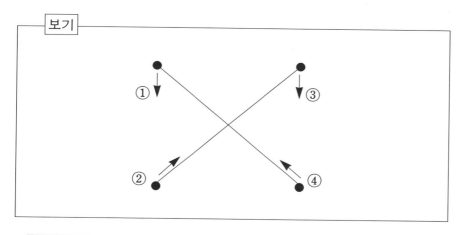

④ 4단계-시점 페이지 연결법

▶ 콧날은 책 제본선 중앙과 같이 일치시켜서 본다.
▶ 처음에는 원을 크게 그리는 듯한 느낌으로 빠르게 눈동자를 움직
  인다.
▶ 책 페이지가 바뀔 때 얼굴이 따라가서는 안된다.
▶ 1분 동안 계속 반복하여 실시한다.
▶ 단전 호흡을 병행하면서 본다.

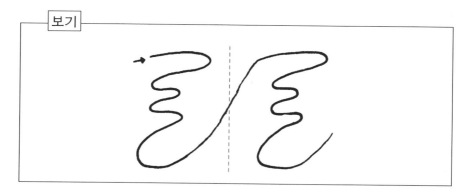

⑤ 5단계-시점 원 이동법

▶ 눈을 뜨고 흑점에서 시작하여 좌에서 우로, 우에서 좌로 반복하여
  5~10초 동안 눈동자를 회전하면서 본다.
▶ 눈을 감고 흑점에서 시작하여 좌에서 우로, 우에서 좌로 반복하여
  5~10초 동안 눈동자를 회전한다.
▶ 단전호흡을 병행한다.
▶ 눈에 힘을 주지 말고 자연스럽게 움직인다.
▶ 눈의 운동 범위를 최대한으로 한다.

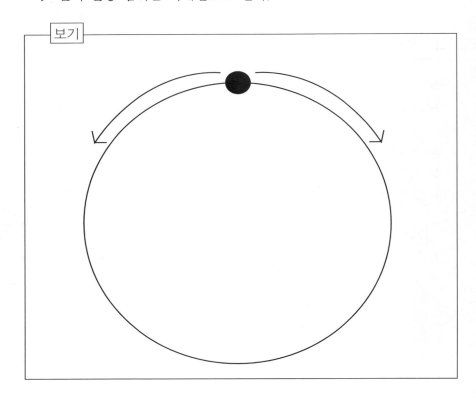

보기

4 훈련봉에 의한 시폭 확대 훈련

① 훈련봉의 규격

▶ 원판의 색은 청색이나 녹색
▶ 원판의 직경은 10cm
▶ 손잡이 길이는 60cm
▶ 손잡이 넓이는 2.5cm

② 훈련 방법

▶ 훈련봉을 좌우로 흔들어줌에 따라서 안구(눈동자)를 움직이게 한다.
▶ 훈련봉을 상하로 흔들어 줌에 따라 안구(눈동자)를 움직이게 한다.

• 시신경이 둔한 사람에겐 훈련봉에 의한 방법을 많이 해야 한다.
• 훈련봉이 없을 경우는 볼펜이나 연필을 대용품으로 사용해도 된다.

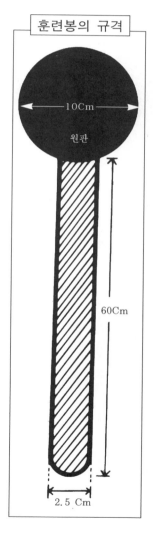

훈련봉의 규격

10Cm

원판

60Cm

2.5 Cm

제 4 장

시지각 능력개발 이론

1 시지각능력개발 훈련이란

시지각 능력개발훈련은 어떤 사물이나 활자를 눈으로 빨리 보는 훈련이다. 그리하여 눈의 인식 및 기억하는 습관을 길러 줄 뿐 아니라 눈에 초점을 맺게 하고 두뇌의 피로를 덜어준다. 또한 청각, 감각, 촉각, 미각, 후각적으로 발달되어 있는 사람이 특히 시지각적으로 발달된다. 이 훈련을 거듭하면 음독, 묵독하던 습관이 목독으로 바뀌게 된다. 또한 사물을 보는 눈의 식별 능력이 예리해지면서 눈의 흐름이 유연해지고 기호 및 문자 훈련을 계속함에 따라 뇌에 빨리 전달되는 능력이 생기므로 속독을 할 때 인지하는 능력이 최대한 빨라진다.

2 1단계-기호 훈련

1. 기호 훈련이란

이 훈련은 시폭을 확대시켜, 빨리 보고 지각할 수 있는 능력을 개발시키는 시지각 능력 개발 훈련이다.

지금까지의 독서 습관이던 음독에서 묵독, 즉 마음 속으로 발음하던 습관을 완전히 목독(目讀)으로 전환해 주는 훈련이다. 책을 보면서 글자 하나하나를 깊이 사고하던 습관을 안구 운동과 더불어 빨리 보고 빨리 이해하기 위해 하는 훈련이다. 그래서 심리적, 시각적으로 전혀 부담이 없는 기호(⊙)를 이용해서 시지각 능력을 발달시키는 것이다. 또한 원 안의 점은 초점을 잘 맺게 하여 목독으로 전환시켜 나간다.

2. 훈련 방법

▶ 좌에서 우로 시점을 이동시켜 시지각 능력을 개발시킨다.

시지각 훈련용으로 실험 연구했던 기호 및 색채

시각 훈련용으로 14가지의 기호와 12가지 바탕색깔을 가지고 안과의사와 심리학자들의 자문을 얻어 실험 연구해 본 결과 본 교재에서 사용하는 엷은 하늘색 바탕에 검정기호(⊙)가 눈을 피로하게 하지 않는다는 결론이 나왔다.

기   호

색   채

①	녹색바탕에 검정기호	⑤	하늘색바탕에 검정기호	⑨	파랑색바탕에 흰기호
②	연두색바탕에 검정기호	⑥	흰색바탕에 검정기호	⑩	청색바탕에 흰기호
③	진녹색바탕에 검정기호	⑦	미색바탕에 검정기호	⑪	연두색바탕에 검정기호
④	청녹색바탕에 검정기호	⑧	파랑색바탕에 검정기호	⑫	연두색바탕에 흰기호

▶ 훈련 시간은 1분 단위로 끊어서 하는 것이 지루하지 않고 효과적이다.
▶ 훈련 중에 눈동자를 멈추어서는 안된다.
▶ 1~3분을 초과해서 계속 실시하는 것은 좋지 않다.
▶ 1분 단위로 훈련을 마친 다음 최종적으로 기호 전체 (4,500개)를 보고 정확한 시간을 기록한다.
▶ 시지각능력개발훈련 1단계 완성은 기호 4,500개를 10초 이내에 보아야 한다.
▶ 기록은 시각 훈련 기록표에 기록한다.

3. 효과

▶ 시지각 범위를 확대시킨다.
▶ 눈의 흐름이 유연해진다.
▶ 기호의 식별 능력이 최대한 빨라진다.
▶ 두뇌가 피로하지 않고 눈에 초점이 잘 맺힌다.
▶ 많은 시간이 걸려야만 이해했던 습관에서 빨리 보고 이해하고 기억하는 습관으로 바뀐다.
▶ 음독, 묵독하던 습관이 목독으로 바뀐다.
▶ 기호 훈련을 계속하면 두뇌의 휴식상태가 온다.

보기

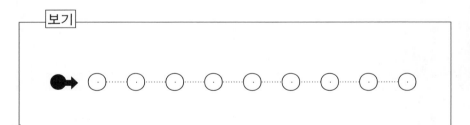

3 근단계-문자 훈련

1. 문자훈련이란

이 훈련은 시폭을 확대시켜 빨리 보고 지각하는 능력을 개발시키는 시지각능력개발훈련이다. 시각적인 사고형으로 전환해 주려면 우선 많은 활자를 눈에 익히고 빨리 보고 깨달을 수 있도록 훈련을 거듭해야 한다. 문자훈련표에 수록된 문자언어를 이용하여 눈의 흐름을 부드럽게 하고 활자감각에 익숙해 질 때까지 꾸준히 훈련한다.

속독법이 전세계로 전파되면서 세계 어느 문자로도 속독이 가능하도록 소수민족언어를 제외한 세계의 모든 언어권을 총망라해 수록하였다. 세계인구를 50억으로 볼 때(1990년대 기준, 참고도서 ≪세계 주요언어≫변광수편) 본 교재의 문자훈련표에 사용된 언어는 한국어, 영어, 중국어, 일본어, 산스크리트어, 독일어, 프랑스어, 러시아어, 아랍어, 베트남어, 히브리어, 시리아어, 이집트어, 아르메니아어, 헬라어, 에스페란토어 등 세계 인구 중 85% 인구가 공용으로 사용가능한 16개문자를 수록하였다.

이는 필자가 세계속독대회를 매년 치루면서 전세계인들이 자신의 모국어로 속독을 할 수 있도록 연구한 결과이다.

본 교재의 문자훈련으로 전 세계인이 거부감없이 속독을 배울수 있을 것이다.

2. 훈련 방법

▶ 문자를 눈에 많이 익혀 둠으로 인해서 이해를 빨리 하는데 도움이 되도록 한다.
▶ 좌에서 우로 시점을 이동시키는 시지각 능력 개발 훈련이다.

▶ 글자 하나하나를 보고 기억하려고 하지 말고 그대로 보고 지나간다.

▶ 훈련 시간은 1분 단위로 끊어서 하는 것이 지루하지 않고 효과적이다.

▶ 1분에서 3분 이상을 초과해 계속 실시하는 것은 좋지 않다.

▶ 시지각 능력개발훈련 2단계 완성은 15초 이내에 다 읽어야 한다.

▶ 훈련 중 눈동자를 멈추면 안된다.

▶ 기록은 시지각 능력개발훈련기록표에 한다.

보기	
한　　　글	가가가가가가가가가가가가가가가가가가가가
영　　　어	AAAAAAAAAAAAAAAAAAAA
중　국　어	金金金金金金金金金金金金金金金金金金金金
일　　　어	ああああああああああああああああああああ
산스크리트어	क ख ग घ ङ क ख ग घ ङ क ख ग घ ङ क ख ग घ ङ
독　일　어	ℋℋℋℋℋℋℋℋℋℋℋℋℋℋℋℋℋℋℋℋ
불　　　어	é é é é é é é é é é é é é é é é é é é é
러 시 아 어	Б Б Б Б Б Б Б Б Б Б Б Б Б Б Б Б Б Б Б Б
아　랍　어	ا ا ا ا ا ا ا ا ا ا ا ا ا ا ا ا ا ا ا ا
베 트 남 어	ĂĂĂĂĂĂĂĂĂĂĂĂĂĂĂĂĂĂĂĂ
히 브 리 어	א א א א א א א א א א א א א א א א א א א א
시 리 아 어	ܐ ܐ ܐ ܐ ܐ ܐ ܐ ܐ ܐ ܐ ܐ ܐ ܐ ܐ ܐ ܐ ܐ ܐ ܐ ܐ
이 집 트 어	𓂻 𓂺 𓃀 𓃀 𓂻 𓃀 𓂻 𓂺 𓃀 𓂺 𓂻 𓃀 𓂺 𓂻 𓃀 𓂻
아르메니아어	ա ա ա ա ա ա ա ա ա ա ա ա ա ա ա ա ա ա ա ı
헬　라　어	Γ Γ Γ Γ Γ Γ Γ Γ Γ Γ Γ Γ Γ Γ Γ Γ Γ Γ Γ Γ
에스페란토어	Ĉ Ĉ Ĉ Ĉ Ĉ Ĉ Ĉ Ĉ Ĉ Ĉ Ĉ Ĉ Ĉ Ĉ Ĉ Ĉ Ĉ Ĉ Ĉ Ĉ

3. 효과

▶ 시지각 범위를 확대시킨다.

▶ 눈의 흐름이 유연해진다.

▶ 문자를 빠르게 인식한다.

▶ 활자에 익숙해지면서 글자를 보는 눈이 정확해진다.

▶ 하나하나 오래 머물며 이해하던 습관이, 빨리 보고 이해하는 사고유형으로 바뀐다.

▶ 음독, 목독하던 습관이 목독으로 바뀐다.

▶ 기호 훈련을 바탕으로 문자훈련을 계속하면 책을 보는 속도가 기본적으로 3배 이상 빨라진다.

※ 지루하지 않게 시지각 능력 개발 훈련 1단계와 시지각 능력 개발훈련 2단계를 병행한다.

4   시지각 능력개발 훈련표

기록의 예)
2007 년 *5* 월 *23* 일 (*1*회) 성명   *김지홍*

시지각 (우뇌·좌뇌) 능력계발훈련 (이름:)

년   월   일(회) ☞ 영상화 훈련 : 유 · 무 ☞ 집중력 :잘됨 ○, 보통 △

순위	우뇌훈련			좌뇌훈련		
	시작시간	소요시간	집 중 도	시작시간	소요시간	집 중 도
1	분 초	2분 13초	○	분 초	2분 27초	△
2	분 초	2분 5초	○	분 초	2분 20초	△
3	분 초	1분 58초	○	분 초	2분 7초	○
4	분 초	1분 31초	△	분 초	1분 55초	○
5	분 초	1분 26초	△	분 초	1분 48초	○
6	분 초	1분 15초	○	분 초	1분 24초	○
7	분 초	1분 8초	○	분 초	1분 10초	△
8	분 초	1분 2초	○	분 초	1분 1초	△
9	분 초	분 57초	○	분 초	분 56초	○
10	분 초	분 55초	○	분 초	분 53초	○

간 뇌 활 성 화 훈 련 (소요시간: 분   초,   개)

제 5 장

뇌기능의 활성화 이론

1 뇌기능의 활성화란

인간의 고도화된 물질문명을 잉태한 것은 두뇌의 힘이다. 두뇌에 관한 많은 연구는 역사의 지속과 더불어 거듭되어 왔다.

이 장(章)에서는 두뇌 활성화에 대한 기억력 및 두뇌회전 훈련을 통해 잠재되어 있는 뇌기능을 활성화시켜 기억력, 추리력, 사고력, 판단력 등을 향상시킨다. 동시에 뇌세포의 노화를 막고 신선한 두뇌를 유지하여 뇌기능 활성화를 수반한 속독의 조기 완성을 목표로 한다.

1. 뇌의 구조와 기능

인간의 지각, 사고, 이해, 판단, 기억하는 능력은 두말 할 나위없이 '뇌'이다. 그럼 뇌의 구조와 기능을 살펴보자.

▶ 구 조
┌ 세포 : 약 140억 개~150억 개로 이루어진 신경세포 조직
└ 무게 : 사람 체중의 1/50
　　　　　약 10억 개의 잔주름(돌기체)으로 된 구조체

▶ 기 능
1개의 세포는 1초에 25,000가지의 기능을 발휘한다.
┌ 인지(認知)기능 : 지각, 심상문제 해결, 사고, 기억, 저장, 상
│　　　　　　　　 기해 내는 기능
└ 행동(行動)기능 : 사고, 연구, 고안을 수반하는 기능

2. 머리의 중심이 되는 대뇌의 구조 분석

▶ 대뇌의 구조
┌ 대뇌세포체-회백색층 : 사물을 상기하고 암기하는 작용
└ 대뇌돌기체-백색층 : 세포의 체기능을 연락하는 작용

▶ 회백질층 구조
　┌두께 : 3mm
　├넓이 : 2,200cm²
　└모양 : 한 변의 길이가 약 50cm의 책 보자기만한 정사각형 넓이
▶ 대뇌피질 분석
　┌신피질 : 기억, 사고, 정서, 어지(語知)-이성적
　└구피질 : 식욕, 쾌감, 노여움, 두려움-본능적

3. 두뇌를 좋게 하는 방법

① 집중력이 개발되어야 한다

우리가 흔히 '머리가 좋다', '머리가 나쁘다' 하는 것은 머리의 회전을 말하며, '기억력이 좋다', '기억력이 나쁘다', '이해를 잘한다', '이해를 못한다'는 등의 의미를 갖고 있다.

이것은 어릴 때부터 반복적인 훈련으로 80%정도는 개발할 수 있다. 예를 들면 아름다움에 대한 감상, 소설을 읽고, 영화를 보며, 다른 사람과 의견을 교환하고 끊임없이 일을 만드는 등, 우리의 뇌가 작용할 수 있는 다양한 범위를 독서함으로써 두뇌훈련과 개발을 하는 것이다.

이것의 기본적인 작용은 '생각한다'는 것이다. 생각한다는 것은 사고(思考)라고 표현할 수 있는데, 이것이 모든 두뇌 작용의 기초가 된다는 것을 명심하자.

② 머리가 깨어 있는 시간을 최대한 사용하자

두뇌가 가장 잘 회전되는 시간대는 새벽 4시 전후와 오전 9시, 오후 6시 정도이다. 복잡한 일이 쌓여 있을 때는 이 시간대를 잘 이용하면

능률이 배가될 것이다.

③ 수면은 충분히 취하고, 식사는 적당히 하라

숙면을 한다면 4시간도 족하겠으나 하루 수면 시간은 6~8시간이 가장 좋다.

그리고 식사는 너무 많거나, 적게 하면 두뇌를 잘 쓸 수 없다.

④ 불만과 고민을 적당히 하라

불만이 쌓이면 고민이 된다. 걱정, 불안, 불만, 고민이 쌓이면 머리는 가속적으로 나빠진다. 적당한 걱정과 고민은 생활에 리듬을 지켜주지만, 너무 지나치면 머리는 불필요한 마이너스 물질을 배가시킨다.

⑤ 머리를 전환하는 연구를 하라

수면을 잘 취하고 균등한 영양 공급도 중요하지만 머리의 전환도 이에 못지 않게 중요하다. 사람에 따라서 머리의 전환이 다르지만 대개 같은 공부를 4~5시간 계속하면 기억력이 둔화된다. 이 때는 다른 학과로 돌리거나 휴식을 취해야 하는데, 여기서 주의할 점은 불안한 마음을 가져서는 안된다. 불안과 조급한 마음은 뇌수의 혼동을 가져오고 집중력을 산만하게 한다.

⑥ 충분한 영양을 섭취하라

의학적으로 뇌를 구성하는 필수불가결한 영양소 7가지는 지질, 단백질, 당질, 비타민B군, 비타민C, 비타민E, 칼슘이다. 이를 포함한 음식물은 다음과 같은 것이 있다.

▶ 지질 : 참깨, 호도, 산토끼, 염소, 메추리 등 사육동물과 자연식품
▶ 단백질 : 오리, 참새, 메추리 등 야생조류와 콩, 두부, 물고기 등
▶ 당질 : 조, 보리, 수수, 메밀 등
▶ 비타민B군 : 호도, 참깨, 대구알, 장어, 표고버섯 등
▶ 비타민C : 딸기, 감, 귤, 시금치 등
▶ 비타민E : 면실유, 땅콩, 콩, 시금치, 쇠고기, 닭고기 등
▶ 칼슘 : 다시마, 미역, 바닷말, 무우잎, 냉이 등

2 기억력 증진 훈련

학습(學習)은 기억(記憶)을 의미한다. 만일 경험에서 아무 것도 기억하지 못한다면 우리는 아무 것도 학습할 수 없다. 예를 들어 기억하지 못한다면 우리는 간단한 대화도 할 수 없다. 왜냐하면 '자기 자신'이라는 생각도 기억만이 가져다 줄 수 있는 연속감(連續感)에 달려 있기 때문이다. 이와 같이 중요한 기억에 대해 좀더 알아 보자.

① 기억의 기본적 구분

▶ 기억의 세 단계……부호화, 입력, 인출
▶ 기억의 두 형태 ……단기기억, 장기기억
　　　┌단기기억……수 초 동안 재료를 저장하도록 요구
　　　└장기기억……오랜 기간 동안 상황과 재료를 저장하도록
　　　　　　　　　　요구
단기기억이 증가됨에 따라 저장된 기억용량이 한계에 달하면 장기기억내용은 사라지게 되는데 본 속독법의 기억력훈련을 통해 기억용량을 배가시킬 수 있다.

기억의 세 단계

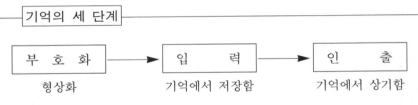

부 호 화	입 력	인 출
형상화	기억에서 저장함	기억에서 상기함

단기기억에 있어 대치원리(代置原理) 제시

당신의 단기기억이 비어있다 가정하자.

한 항목이 들어간다. (당신은 철수를 기억하는가?)

철수라는 이름은 단기 기억으로 들어간다. 곧바로 영이가 소개되었다. 그러므로 단기기억 속의 이름 목록에 대한 기억은 커진다. 따라서 점차적으로 많은 이름이 기억되다 보면 기억 범위는 한계에 도달하게 되고 기억 대치는 시작된다. 철수는 단기 기억에서 사라질 확률은 그것의 뒤에 따르는 항목수의 증가에 따라 꾸준하게 증가된다. 결국은 철수는 사라질 것이다(단기 기억의 대치원리).

② 기억력의 증진법

▶ 감각 인상을 깊게 가져라.
▶ 사물을 인식하고 그 뜻을 이해해야 한다.
▶ 기억해야 할 사항에 정신을 집중시켜야 한다.
▶ 흥미를 가지고 감정에 순응하도록 한다.
▶ 기억해야 할 사항은 마음 속에 그려 넣어야 한다.
▶ 하루 일과를 매일 규칙적으로 영상화시키는 훈련을 한다.
▶ 한번 기억한 것은 가끔 되풀이해야 한다.
▶ 어떤 사항을 기억할 때 그것과 관계있는 다른 관념을 연결시켜야 한다.
▶ 개관 분류에 의해서 그 순서를 정리하고 혼동하지 않도록 해야한다.

3 두뇌 회전 훈련

① 두뇌의 의식적 사용과 속독

사람은 누구나 120억~150억 개의 뇌세포를 가지고 태어난다. 뇌는 처음에 태어날 때는 백지상태 녹음 테이프로써 각종 정보가 새겨지는 것과 같다.

그러므로 많은 정보를 뇌세포에 새겨 넣어 그것들을 종합해서 연결시키는 것이 「두뇌의 발달」이다. 해부학적 견해에 따르면 뇌세포에 리포푸스친(Lipofuscin)이라는 노화 물질이 침잠되어 있다고 한다. 이렇게 신체의 자동조절 기구가 무너져 사용하지 못할 경우 의지를 가지고 이것을 회복시켜야 한다. 두뇌에 있어서도 의지에 의해서 작용을 조절할 필요가 있다.

두뇌의 기능은 분업과 연합이 철저하게 이루어지고 있다. 분업기능

(대뇌피질의 영역에 의해서 지각, 이해, 판단, 기억, 사고와 같은 머리의 작용이 따르는 것)의 부활은 의지적으로 할 수 있으나 분업 기능의 성과(지각, 이해, 판단하는 것)를 조정, 통일, 편성 또는 합성하는 작용은 연합기능의 작용에 의존하는 수가 많으므로 현명하게 두뇌를 사용하는 것을 익혀야 한다.

분업 기능의 부활에는 책을 읽는 것이 가장 좋다. 예를 들면 책의 내용에 '○○에 대한 ○○를 아느냐'라는 것을 두뇌에 주어서 자연히 해답을 얻을 수 있다. 그러므로 속독을 계속하면 의식적인 두뇌 활성화에 획기적인 발달을 가져올 수 있다.

두뇌 회전훈련으로는 어휘력 훈련, 사고력 훈련, 논리적 창작력 훈련, 상상 · 추리력 훈련 등이 있다.

② 어휘력 훈련

어휘력 훈련은 각종 정보와 많은 책, 그리고 실생활에서 얻은 단어를 바탕으로 어휘에 포함된 의미를 빨리 발견하여 다른 어휘 하나하나마다 적용하는 ① 어휘 적용 훈련 ② 낱말묶이 훈련 ③ 언어 추리 훈련 등이 있다. 이렇게 어휘력 훈련을 계속하면 새로운 정보에 대한 빠른 인식이 높아질 뿐 아니라 궁극적으로 모든 지식의 척도가 급격히 높아진다.

③ 사고력 훈련

사고력 훈련은 쉽게 지나칠 수 있는 문제들을 제시해 놓고 그 문제에 대한 깊은 고찰을 함으로써 일반적인 규칙을 찾아내는 훈련이다. 사고력 훈련은 공간 도형 훈련, 판단력 훈련, 퍼즐 훈련, 수열추리훈련 등이 있다.

▶ 판단력 훈련

판단력 훈련은 어떤 물체나 숫자를 보고 빨리 판단하는 능력을 기르는 훈련이다. 이 훈련을 계속하면 관찰력이 생긴다.

▶ 공간도형 훈련

다른 방향으로 제시되어 있는 동일한 도형을 찾아내는 것과 같이 공간과 형태 관계를 시각화하는 훈련이다.

▶ 퍼즐 훈련

두뇌 회전 훈련에는 퍼즐을 빼놓을 수 없다.

퍼즐은 쉬고 있는 머리 상태를 활발하게 움직이게 하므로 사고하고 이해하는 능력을 길러준다.

▶ 수열 추리 훈련

숫자를 나열해 놓고 그 속에 일정한 법칙이나 함수를 추리해 내어 판단하는 훈련이다.

④ 논리적 창작력 훈련

일정한 줄거리가 있는 그림들을 보고 이야기의 흐름을 상상해 처음부터 끝까지 논리적인 이야기로 창작한다.

이 훈련을 계속 실시함으로써 일목요연하게 표현하는 논리적인 사고가 길러지고 줄거리를 서두에서부터 결론까지 창작하는 상상력과 두뇌 회전능력이 빨라진다.

⑤ 상상, 추리력 훈련

두뇌 속에 잠재되어 있는 무한한 가능성을 발휘하여 상상, 추리하는 영역을 넓히고, 두뇌를 개발하는 훈련이다.

4 두뇌를 완전 가동하자

인간의 두뇌는 약 85%가 쉬고 있다. 쉬고 있는 85%의 잠재능력을 활성화하기 위해 다음과 같은 머리가 좋아지는 7가지 방법이 있다.

① 불타는 욕망을 가진다

두뇌 개발의 첫걸음은 「할 수 없다」, 「안된다」, 「무리다」라고 하는 마이너스 지향을 갖는 자신으로부터 탈피하는데 있다.

② 대뇌의 피질을 단련시킨다

▶ 자기 암시에 의한 시각호소 방법-기록카드에 달성하려는 욕망을 구체적으로 그림 또는 숫자로 나타내어 신념과 확신이 설 때까지 계속하는 방법이다.
▶ 자기 암시에 의한 청각호소 방법-항상 자기자신에게 「목표가 달성되었다」, 「두뇌가 맑아지고 기억력이 증가되었다」, 「집중력이 늘었다」 등과 같이 자기 암시를 준다.
▶ 기합(氣合)-숨을 가득 들이마신 후 배로부터 큰소리를 내어 발성한다. 「나에게는 위대한 힘이 있다.」, 「반드시 성공한다」등의 같은 말을 매일 반복 발성한다. 그렇게 하면 마음 속으로부터 자신과 용기가 생기게 된다.
▶ 경쟁심-자기와 같거나 능력이 높은 상대를 골라서 마음 속으로부터 맹렬한 투쟁심을 불러 일으킨다. 「그에게 질 수 없다」, 「기어코 하고 말겠다」 등 자기 암시를 준다.

③ 자기 적성을 살려라

자기 스스로 어떤 요인이 가장 큰 특징인가를 발견하는 것이 중요하다. 따라서 그 특징을 개발해야 한다.

④ 목적에 맞는 학습을 하라

학습 성과를 하나씩 높이고 계속해서 자기의 인생을 살리기 위해서는 무엇 때문에 공부를 하는가 하는 뚜렷한 목표를 확립시킬 필요가 있다. 학습은 진심에서 우러나오는 자기 실현의 욕구를 만족시키는 본능적, 필연적인 행동이어야 한다.

⑤ 문제의식을 가지고 행동하라

▶ 의식적 두뇌 활용 : 순간, 영상, 기억 능력 향상
▶ 호기심이 강한 의식 : 무슨 일이나 흥미와 욕구를 느낀다.

⑥ 두뇌를 의식적으로 활용하라

두뇌의 의식영역, 분업영역이 다른 곳을 사용하도록 한다.

⑦ 두뇌를 단련시켜라

▶ 고된 트레이닝
▶ 전문 이외의 학습
▶ 사고의 체계화
▶ 기억 훈련
▶ 효율적 피로 회복 훈련

5 획기적인 두뇌개발 독서법

① 훈련단계

두뇌개발을 시키는 독서법은 단전호흡을 통해 호흡조절을 하면서 독서속도능력을 최대로 발전시키는 방법이다. 개인의 독서 형태에 따라 A, B, C, D형으로 나누는데 각 단계는 1단계부터 10단계까지 일반적으로 나뉘고, 그다음이 도(道)단계에 이르게 된다.

▶ 1단계→10단계→道단계

첫째, 자신의 실력이 몇 단계에 적용되는가부터 알아야 한다. 그런 다음 단계별로 훈련단계를 꾸준히 높여간다.

형	단계\호흡법	1단계	2단계	3단계	4단계	5단계	6단계	7단계	8단계	9단계	10단계	道단계
A	마시면서	1p	2p	3p	4p	5p	6p	7p	8p	9p	10p	20p
	멈추고서	2p	3p	5p	6p	8p	9p	10p	12p	14p	15p	30p
	내쉬면서	1p	2p	3p	4p	5p	6p	7p	8p	9p	10p	20p
B	마시면서	1p	2p	3p	4p	5p	6p	7p	8p	9p	15p	20p
	멈추고서	1p	2p	3p	4p	5p	6p	7p	8p	9p	15p	20p
	내쉬면서	1p	2p	3p	4p	5p	6p	7p	8p	9p	15p	20p
C	마시면서	2p	3p	5p	6p	8p	9p	10p	12p	14p	25p	30p
	멈추고서	1p	2p	3p	4p	5p	6p	7p	8p	9p	15p	20p
	내쉬면서	1p	2p	3p	4p	5p	6p	7p	8p	9p	15p	20p
D	마시면서	1p	2p	3p	4p	5p	6p	7p	8p	9p	15p	20p
	멈추고서	1p	2p	3p	4p	5p	6p	7p	8p	9p	15p	20p
	내쉬면서	2p	3p	5p	6p	8p	9p	10p	12p	14p	15p	30p

② 훈련 방법

▶ 예를 들어 2단계 A형과 B형을 설명하기로 한다.

   A형…숨을 마시면서 책을 2페이지 읽고

   　　숨을 멈추고서 책을 3페이지 읽고

   　　숨을 내쉬면서 책을 2페이지 읽는다.

   B형…숨을 마시면서 책을 2페이지 읽고

   　　숨을 멈추고서 책을 2페이지 읽고

   　　숨을 내쉬면서 책을 2페이지 읽는다.

   C형…숨을 마시면서 책을 3페이지 읽고

   　　숨을 멈추고서 책을 2페이지 읽고

   　　숨을 내쉬면서 책을 2페이지 읽는다.

   D형…숨을 마시면서 책을 2페이지 읽고

   　　숨을 멈추고서 책을 2페이지 읽고

   　　숨을 내쉬면서 책을 3페이지 읽는다.

▶ 이상과 같이 단전 호흡 능력과 속도 능력을 함께 발전시켜 나가는 방법이다.

▶ A, B, C, D형 중에서 어느 형이 가장 좋은 형이라고 단언할 수는 없지만 A, B형이 가장 이상적인 형이라고 할 수 있다.

▶ 책 내용이 쉽고 어려움에 따라 단계는 올라갈 수도 있고 내려갈 수도 있다.

▶ 신문사설은 단숨에 읽는 습관을 통해서 훈련하면 좋다.

③ 훈련 효과

▶ 집중력이 향상된다.

▶ 사고력과 기억력이 놀랍도록 향상된다.

▶ 머리가 맑아진다.

▶ 순발력이 향상된다.

▶ 장시간 책을 읽어도 피곤하지 않다.

▶ 영감, 예지력, 직감력이 발달한다.

▶ 책만 읽으면 잠이 오는 버릇이 있던 사람은 버릇이 없어진다.

▶ 건강은 물론 무병장수할 수 있다.

> 필자는 이 방법을 185명을 대상으로 3년간 시험 연구를 하였으며 앞으로 별도 책
> 으로 엮어 속독을 배우지 않은 사람도 훈련할 수 있도록 할 계획이다.

6 뇌기능과 생활

① 두뇌 건강을 증진시키는 일상생활

▶ 머리를 많이 사용하라(단면적인 것보다 심층적인 면에 활용한다.)

▶ 야생 동물 및 물고기의 뇌를 섭취한다.

▶ 비타민 C를 대량 섭취(라이너스 포올링 박사)한다.

▶ 해조류를 많이 먹는다.

▶ 충분한 수면을 취한다. (6~8시간)

▶ 규칙적인 식사를 하고 적당량을 섭취한다.

▶ 충분한 산소 공급을 한다. (단전 호흡)

▶ 자연식품(무공해)을 많이 섭취한다.

▶ 적당한 운동을 한다.

▶ 머리를 좋게 하는 식품을 섭취한다. (모유, 조, 수수, 콩 등)

▶ 가급적 배아(씨)가 달려있는 곡물을 섭취한다.

▶ 흥미를 가지는 생활을 한다.

▶ 기분이 좋을 때 공부한다.

▶ 두뇌를 규칙적으로 쓴다.

▶ 두뇌가 충분한 휴식을 취하도록 한다.

▶ 어떤 감정에도 사로잡히지 않는다.

▶ 호흡법은 단전 호흡을 익힌다.
  단전 호흡을 계속하면 머리가 맑아지고 산소 공급을 잘 해 줌으로
  써 머리가 좋아진다. (90 p 단전 호흡법 참조)

② 뇌 기능에 피해를 주는 생활

▶ 뇌에 심한 충격을 가했을 때

▶ 향정신성 의약품(마취물, 마약, 마리화나)을 과다 투약했을 때

▶ 화학적 성분 흡수시(수은, 납, 비소, 농약, 합성세제, 글루타민
  산, 나트륨, 화학 조미료 등)

▶ 지나친 음주시

▶ 설탕이 과량 첨가된 과자나 음료수를 섭취했을 경우

▶ 일산화탄소를 마셨을 때

▶ 아황산가스를 마셨을 때

▶ 육식이나 편중 식사를 했을 경우

▶ 동물성 지방의 과잉 섭취시

▶ 탄수화물의 지나친 섭취시

▶ 염분을 지나치게 섭취시

제 6 장

문장적응훈련단계

1 문장적응 훈련이란

이해단계훈련에 들어가기 전에 하는 훈련으로써 독서방법을 음독(音讀)→묵독(默讀)→목독(目讀, 시독視讀)으로 전환시키기 위한 훈련이다.

소리글을 쓰는 나라의 사람들은 이 이해예비훈련 과정을 거쳐야 되고, 특히 성인들 즉 청각사고 생활에 익숙해진 사람들에게는 꼭 필요한 훈련이다. 어려서부터 TV 등 시각적 사고에 익숙한 어린이들에게는 이 이해예비훈련단계가 성인보다 빠르고 용이하게 진행될 것이다.

2 훈련자료

이 훈련은 이해단계에 들어가기 전 속도에 치중한 이해 예비훈련으로 5단계로 나누어 시행한다.

▶ 1단계…활자가 크고 문장이 단순하고 짧아야 한다.
▶ 2단계…1단계보다 활자가 작아야 하고 문장이 길어야 한다.
▶ 3단계…2단계보다 활자가 작아야 하고 문장이 길어야 한다.
▶ 4단계…3단계보다 활자가 작아야 하고 문장이 길어야 한다.
▶ 5단계…4단계보다 활자가 작아야 하고 문장이 길어야 한다.

3 훈련 방법

▶ 각 단계별 훈련을 3~8회 반복시킨다.
▶ 처음 1회는 5페이지를 읽는데 1분 이내, 8페이지를 읽는데 1분 20초 이내로 실시한다.
▶ 2회는 5페이지를 읽는데 55초, 8페이지를 읽는데 1분 20초 이내

단계별 활자크기 및 행폭 비교표

1단계	그해 겨울은 몹
2단계	시집 갈 만큼 나이가
3단계	사회 생활 시간입니다. 선생님은
4단계	이런 것도 이야깃거리가 될는지, 우리집
5단계	쟁이란 어느 때나 좋지 않은 일입니다. 그리고 전쟁의

로 실시한다.

▶ 위와 같은 방법으로 개인능력에 따라 3~8회 실시한다.

▶ 처음부터 이해가 되지 않아도 속도를 늦추지 않도록 한다.

▶ 한 단계가 끝나면 그 내용을 그림으로 그리고 설명하도록 한다.

4 훈련효과

▶ 음독(音讀)에서 묵독(默讀), 묵독(默讀)에서 목독(目讀), 시독(視讀)으로 전환된다.

▶ 기본훈련을 마치고 이해훈련으로 전환하는 과정에서 심리적인 불안감이 해소된다.

▶ 책 내용을 영상화 처리하는 과정에서 그 내용을 뇌로 빨리 전달시킬 수 있으며 또한 영상화함으로써 장기기억을 할 수 있게 된다.

5 문장적응훈련 개인진도표

이해예비 훈련은 단계별로 분류되어 있으며 단계가 올라갈수록 활자크기가 작아지고 폭은 넓어지며 내용의 난이도가 조금씩 높아진다.

즉 이해 예비훈련을 마치고 책 훈련에 들어갈 때는 이러한 형식으로 된 책으로 훈련을 하게 되는 것이다.

▶ 시간은 각각 1분씩이며 인지가 되는 만큼씩 봐 나가며 이해는 100%, 내용기억 60~80% 선에서 훈련을 하도록 한다. (훈련시 완전한 이해와 기억을 하며 읽으려고 하다보면 종전의 자신의 책 보던 습관 때문에 시간단축이 어렵다.)

▶ 1분 동안 보고 나서(또는 1분이 안되어 끝날 수도 있다.) 소요시간 칸에 시간을 기록하고 집중력과 이해도는 내용기억 칸에 각각 기록한다.

▶ 1단계가 끝나면 2단계를 하고 이런 식으로 번갈아가며 5회 이상 실시한다.

▶ 3, 4, 5단계도 위 방법과 동일하다.

▶ 각 단계가 끝날 때마다 내용을 써 보거나 눈을 감고 영상화 처리를 하거나 또는 내용을 상상하며 그림을 그려 보도록 한다.

문장적응훈련 개인진도표

기록의 예) 199 **3** 년 **8** 월 ~~1~~ 월 (**6** 회) 성명 이 **윤고**

단 계	소요 시간	집 중 력	이 해 도 (%)	내용 기억 (%)	단 계	소요 시간	집 중 력	이 해 도 (%)	내용 기억 (%)
1	1	△	100	70	3	1 4	◑	60	50
1	1	△	100	70	3	1	△	70	50
1	45	○	100	70	3	1	△	80	50
1	40	○	100	80	3	1 10	○	90	60
2	1 10	△	100	60	3	1	○		
2	1	△	100	60					
2	1 10	○	100	60					
2	1	○	100	70					
2	1 40	○	100	55					
2	1 30	○	100	80					
3	1	△	100	50					

뇌기능활성화 훈련

1. 청각. 2. 케네디. 3. 대통령. 4. 학생. 5. 예술인. 6. 교사. 8
7. 방법 8. 전문 9. 안구. 10. 세로. 11. 대뇌. 12. 뇌파. 13. 좌
14. 횡서. 15. 훈련. 16. 단계. 17. 이해력. 18. 집중 19. 성장
20. 추리. 21. 잡지. 22. 서적. 23. 줄거리. 24. 감상문
25. 수필. 26. 독후감. 27. 이야기책. 28. 읽기부위. 29. 연구

제 7 장

이해능력개발육성단계

1 이해능력개발육성이란

이해라 하면 '사리를 분별하고 잘 앎'이라고 할 수 있다. 다시 말하면 어떤 사물이나 활자를 보고 사고, 지각, 판단해 내는 종합 능력이라고 할 수 있다. 따라서 이해능력개발육성훈련은 집중적 훈련, 시폭 확대 훈련, 시지각 능력 개발 훈련, 이해예비단계훈련을 바탕으로 실제의 책(활자)을 가지고 훈련을 한다. 처음엔 글자가 크고 내용이 쉬운 동화책부터 시작해서 차츰차츰 활자가 작고 내용도 조금씩 어려운 단계로 훈련해 나간다. 글자를 하나하나 찍어보지않고 시각훈련 단계와 같이 눈으로 보고 뇌로 빨리 감지해야한다.

또한 이해능력개발육성훈련단계에서는 이해예비단계훈련에서와는 달리, 1번 읽고 그 내용을 이해(줄거리 파악 이상 정도)해야 한다. 그러나 실제 책을 읽는데 있어서 줄거리 파악 정도로만 만족을 해선 안된다. 다만 독자의 두뇌를 개발시키기 위해서는 어느 정도 속도를 요하기 때문에 60%를 이해(줄거리 파악)하는 선에서 속도를 내야하는 것이다. 이 방법은 속독을 숙달시키기 위함이며 속독은 80% 이상(줄거리 및 인명 · 지명 · 연대)까지 기억하는 것을 원칙으로 한다.

2 종합적인 이해능력을 높이는 독서방법

독서는 인간이 폭넓은 경험을 습득하고, 종합적인 사고력과 논리력을 키우는데 가장 효과적인 방법이다. 현재 전반적인 교육방향이 종합적인 사고력과 논리력 평가 중심으로 재정립된 이래 초 · 중 · 고등학교의 일선 교육방침도 크게 바뀌었다. 구체적인 독서교육방안으로 독후감 쓰기, 서평 지도, 작문 교육, 일기 쓰기 등이 교과과정에 도입됐다.

사회전반적으로 독서의 중요성이 강조되고 있는 가운데 무작정 독서를 많이 하는 것이 아니라, 교양도서의 적절한 선택과 읽은 글의 주제를 이해하고 분석하는 체계적인 독서지도교육이 요구되고 있다.

속독교육에서는 쟝르별로 체계적이며 효율적인 독서교육을 실시한다. 책을 남보다 10배 이상 빨리 읽을 수 있는 능력을 개발할 뿐 아니라, 읽은 글의 핵심을 파악하는 힘을 기르기 위해 독서 후 책 내용에 대한 주관식 시험을 치룬다. 또 글의 흐름을 논리적으로 표현하는 작문의 기초실력을 쌓기 위해 독서 후 반드시 독후감을 쓰도록 하고 있다.

책을 빨리 읽고 이해하고 기억하며, 자신의 생각으로 표현하는 종합적인 능력을 키워주는 속독교육이야말로 근본적인 독서지도방안이라고 할 수 있겠다.

1. 독서를 잘하는 방법

① 책을 분류한다.

▶ 지금 읽고 있는 것이 어떤 종류의 책인가 분류한다.
▶ 책 제목에서 무엇을 알 수 있는가를 주의깊게 보고 그 의미를 생각해 본다.
▶ 이론적인 책인가, 실천적인 책인가를 생각해 본다.
▶ 이론적인 책의 종류를 보다 세밀히 분석해 본다.

② 책을 투시(透視)한다.

▶ 전체의 구상을 살펴본다.
▶ 아우트라인(outline)을 파악한다.
▶ 읽는 기술과 쓰는 기술, 즉 저자는 통일성을 가지고 글을 썼는가를 살핀다.

▶ 저자의 의도를 파악한다.

③ 저자와 호흡을 같이 한다.

▶ 저자가 쓰는 말에 주의한다.
▶ 중심어를 잡는다.
▶ 전문용어와 특수 어휘를 찾아낸다.
▶ 단어의 의미를 파악한다.

④ 저자가 전달하고자 하는 의도를 생각한다.

▶ 문장 및 명제를 간결하게 기술한다.
▶ 주요 문장을 잡는다.
▶ 명제와 논증을 잡는다.
▶ 저자의 해결을 검토한다.

⑤ 책을 올바르게 비평한다.

▶ 다 읽은 후 내용을 이해하고 그 방법을 검토한다.
▶ 저자가 하는 말에 주의깊게 귀를 기울이고 그것을 완전히 이해하기까지는 저자에게 반문하는 일을 삼가해야 한다.
▶ 독서란 저자와의 대화에서 무엇인가 유익한 것을 배운다는 것이 중요하므로 공격적인 태도는 좋지 않다.

⑥ 저자에게 찬성하는가 반대하는가 생각해 본다.

▶ 편견적 감정을 버리고 이성적으로 판단한다.

▶ 저자의 주장이 과연 타당한가 살펴본다.
▶ 논증은 과연 완전한가 살펴본다.

2. 책의 유형별 독서방법과 속독포인트

① 동화를 읽는 방법

동화란 아동 문학의 한 부문으로써 어린이를 상대로 하여 동심을 기조(基調)로 지은 이야기나 문예 작품을 말한다. 흔히 공상적·서정적·교양적인 것이 많으나 근대에는 사실적인 작품도 있다. 그러면 동화는 어떻게 읽어야만 기본적인 이해력을 배양할 수 있을까.

첫째, 동심으로 돌아가 순수하고 때묻지 않은 마음의 자세를 갖는다.

둘째, 자신이 동화 속에 나오는 주인공이라 생각하며 읽는다.

셋째, 동화 속에 나오는 주인공이나 그 배경을 자신의 성장과정과 비교해 가면서 읽는다. 주인공의 성격과 인격, 나아가서 주위 환경이 자신의 처지와 어떻게 다르며 공통점이 무엇인가 비교해 본다.

넷째, 사건의 배경을 자신이 어릴 때 느낀 것처럼 상상하면서 내용을 음미해 본다.

다섯째, 재미가 없거나 이해가 잘 안된다고 해서 도중에 읽는 일을 포기하지 말아야 한다.

동화의 속독포인트

동화류는 활자가 크고 어휘가 간단하며, 글의 흐름이 단순하기 때문에 속독의 기본훈련에 적합한 유형이다. 이야기의 전개과정과 주인공의 성격파악을 중심으로 읽어 나가고, 읽은 후 줄거리를 생각하며 영상화훈련과 독후감을 쓴다. 기본적인 이야기 구조를 가지고 있는 동화로 핵심파악, 인물 파악, 줄거리 파악 그리고 독후감 쓰기 훈련을 여러권에 걸쳐 반복함으로써 이해 능력의 기본이 탄탄히 다져지게 된다..

② 소설을 읽는 방법

소설이란 한 마디로 지은이의 상상력에 의하여 구상하거나, 또는 사실을 각색한 산문체의 이야기라 할 수 있다.

소설을 빨리 읽으면서 작품 속에 몰입하기 위해서는 자기 자신이 작중 인물이 되어서 모든 것을 솔직하게 받아들이는 입장이 되어야 한다.

눈으로만 빨리 읽으면 줄거리의 통일성을 놓치기 쉬우므로 단계적인 속독 교육훈련을 통해 정신을 집중시켜 읽지 않으면 안된다.

인물이나 사건은 줄거리의 중요한 요소이기 때문에 각자의 것을 식별하며 읽어야 한다.

소설류의 속독포인트

소설류는 내형식과 외형식으로 구성돼 있다. 즉, 「전개-갈등-위기-절정-종결」의 내형식과 「누가-언제-어디서-무엇을-어떻게-왜」라는 외형식을 따라 논리적으로 읽어나간다. 읽은 후에는 소설의 시점, 배경, 인물 분석을 떠올리며 이야기의 전개과정에 대한 영상화작업을 한다. 영상화작업에 의한 논리적인 독후감쓰기훈련은 표현능력을 향상시킨다. 이러한 체계적 훈련을 통해 이해력과 기억력, 논리적 사고력을 크게 배양할 수 있다.

---

③ 위인전을 읽는 방법

위인전이란 한 마디로 도량이나 업적이 뛰어난 사람들의 일생에 대해 역사상의 사건을 중심으로 적은 기록을 말한다. 위인전은 배경 중심이 아닌 인물 중심이므로 이를 읽을 때는 다음과 같은 점에 주목한다.

첫째, 인물의 성장 과정을 알아본다. 어릴 때 어떻게 자랐으며, 특히 학교 생활에서 어떤 점이 다른 사람들과 달랐으며, 어떻게 해서 위인이 되었나를 주의깊게 읽어 나간다.

둘째, 시대적인 배경을 생각하며 읽는다. 그 사람이 위인이 되기까지 시대적인 배경이 어떠했는가를 폭넓게 이해하며 읽는다.

셋째, 그 사람의 활약상과 업적을 알아본다. 그 사람은 그 당시 어떻게 활약하여 위인이 되었으며, 그 사람이 남긴 업적이 현재에도 과연 위인이라 할 수 있을 정도로 대단한가를 비판하는 자세로 읽는다.

넷째, 그 사람이 현재 미치고 있는 영향이 어떠한가를 생각하며 읽는다. 그 사람은 그 당시에만 위인이었는가, 아니면 지금도 위인이랄 수 있는지를 생각하며 읽는다. 또한 그 사람이 남긴 업적이 오늘을 살아가는 현재 우리에게 어떤 영향을 미치고 있는가를 생각해 본다.

다섯째, 자신과 비교하며 줄거리를 정리해본다. 자신이 그 당시 태어났으면 과연 위인 소리를 들을 수 있었을까, 그 사람과 자신의 다른 점, 공통점을 생각해 보면서 줄거리를 영상화시켜본다.

> ### 위인전의 속독포인트
>
> 위인전은 한 인물을 중심으로, 탄생→성장과정→시대적 환경(배경)→활약상 및 업적→평가로 전개된다. 따라서 ① 탄생을 밑받침으로 ② 시대적 환경(배경) ③ 활약상 내지 업적 사항에 포인트를 두고 책을 읽어나간다면 이해도를 100% 성취할 수 있다.

④ 시를 읽는 방법

시(詩)란 풍경, 인물과 사건 등 일체의 사물에 관하여 일어난 감흥이나 상상을 일종의 리듬을 갖는 형식에 의하여 서술한 것을 말한다.

시를 읽는 방법은 다음과 같다.

첫째, 단숨에 읽어야 한다. 현대시 뿐만이 아니라 겉보기에는 소박하고 알기 쉬운 듯한 시라도 시는 모두 복잡하며 깊은 의미를 지닌다. 한 줄 한 줄마다 끙끙대며 붙들고 있다가는 통일성을 파악할 수 없다.

둘째, 반복해서 소리를 내며 읽어야만 한다. 눈으로만 읽을 때는 놓치기 쉬운 어구도 구를 통하여 알게 되면 확실하게 파악할 수 있다. 시의 리듬과 운(韻)이 이해를 돕기 때문이다. 이와같이 해서 몸을 시에 맡기면 있는 그대로의 시를 맛볼 수 있다.

시를 읽음에 있어 이 두가지 만큼 중요한 마음가짐은 없다. 이렇게 먼저 시의 통일성을 파악한 다음에 세부적인 이해로 들어가는 것이다.

시를 이해하기 위해서는 우선 중심어를 찾아내지 않으면 안된다. 그 것은 문법적으로가 아니라 수사적으로 찾아야만 한다. 어떤 말이 특히 인상적인 이유는 리듬 때문인가, 아니면 운율(韻律)때문인가, 아니면 반복 때문인가, 몇개의 절이 같은 것을 의미하는 것처럼 보인다면 그것은 반복의 형태를 취하는 것인가를 주목한다. 훌륭한 시는 항상 대립되는 이미지나 관념의 상극이 있다. 이 대립은 표면에 나타나지 않고 암시적으로 기술되는 경우가 많다. 사랑과 미움, 삶과 죽음, 헛된 아름다움과 영원 등의 상극이 많은 서정시의 테마로 등장하는데 이 말들이 시 속에서 그대로 모습을 드러내는 것은 결코 아니다.

┌─ 시의 속독포인트 ├──────────────────────────┐

　시를 읽을 때에는 예술적 가치가 있는 작품을 감상한다는 측면에서 상상과 추리, 비판적 사고를 통해 이해력을 높이도록 한다. 시를 읽고 난 후 시의 주제를 파악하고, 중심어의 함축적 의미 파악, 시의 갈래, 성격, 표현법 등을 짧은 글로 정리해둔다.

└──────────────────────────────────────┘

⑤ 수필을 읽는 방법

수필이란 어떤 사실에 대하여 자기의 느낀 바를 마음 내키는대로 일정한 격식에 매이지 않고 자유롭게 쓴 글이다.

수필의 소재는 여러가지가 있으나 보통 글쓴이가 보거나 듣거나 겪은 일에 대하여 사실을 실감있게 구체적으로 묘사해 놓은 글이기 때문에 독자는 글쓴 이를 이해할 수 있게 된다. 따라서 글쓴이의 개성이나 특성이 뚜렷하게 나타나 있다.

다음의 방법에 따라 읽고 이해도를 한층 높이도록 하자.

첫째, 글쓴 이의 사색 추이를 살펴본다. 즉, 작가는 어떠한 대상을 어떠한 방법으로 포착하고 있는가를 살펴본다.

둘째, 어떤 정서를 어떠한 형태로 구상화하였는가를 살핀다. 즉, 작가는 어떤 미감을 나타내려 하였는가를 포착하는 일이 중요하다. 흔히 미감은 글 전체의 밑바닥에 깔려 있는 것이므로 개성적인 표현, 내면적인 심리의 흐름을 더듬어 느낌으로 포착해야 한다.

셋째, 환상의 진면목을 파악해야 한다. 수필은 흔히 환상적 수법을 쓰고 있으므로 하나의 이미지에서 다음의 이미지로, 하나의 사건에서 다음의 사건으로 연결해가는 연상적 방법을 통해 그 이미지를 분명하게 포착하는 일이 중요하다.

넷째, 문장 내에서 수사적으로 쓰인 구문을 정확하게 파악해야한다. 수필에는 비약, 생략, 비유, 상징이 많으므로 무엇이 무엇으로 비약되었는가, 무엇이 생략되었는가, 무엇이 무엇으로 비유되고 상징되었는가를 정확하게 살펴야 한다.

수필의 속독포인트

수필은 작가의 신변 잡기체 형식이므로 작가 성격 및 부류를 파악하고, 작가의 문학적 분야를 이해할 수 있는 지식을 기초적으로 확보한다. 다음 단락별 요지를 잡아내어 전체 주제에 부합되는 가장 큰 주제덩어리를 밝혀낸다. 마지막으로 부분별 요지를 파악한다면 이해도는 100%이다.

⑥ 신문을 읽는 방법

신문이란 새로운 소식, 새로운 견문이란 뜻으로 사회에서 발생한 사건을 보도, 신속 · 정확하게 널리 전하기 위한 정기간행물을 말한다.

우선 어떤 신문을 선택할 것인가 하는 문제가 있는데, 이는 다시 말해서 높은 수준의 신문을 꾸준히 읽으라는 뜻이다. 고급지의 내용이라면 우선 믿을 수 있고, 거기서 얻는 정보는 정신 생활에 유익하다. 따라서 가능한한 여러 신문을 비교해서 확인하는 태도로 신문을 읽어야한다. 비교해서 읽는 가운데 정확한 정보에 접할 수 있고, 따라서 올바른 판단을 내릴 수도 있다.

비교 검토하는 습관이 바람직하다고 하지만 경제적인 이유나 시간상의 제약으로 그것이 어려운 경우에는 수시로 신문을 바꾸는 방법도 권장할 만하다.

그리고 신문을 읽되 내용을 늘 냉철히 비판하며 읽어가는 태도를 길러서 보는 눈을 키워가며 편견을 경계해야 한다.

신문을 읽을 때에는 인간의 심장과도 같은 사설(社說)란을 또박또박 읽는 것이 논리적인 사고를 키우는데 큰 도움이 될 것이다. 신문 사설을 꾸준히 읽으면 시사적인 제반 쟁점에 대해 가장 공정하고 정당한 견해를 접하게 된다. 또 사설은 누구나 인정하는 가장 논리적이고 비판적으로 잘 쓰여진 논설문의 대표격이기 때문에 많이 읽을수록 작문에도 도움이 된다.

속독에서는 신문 제호부터 광고면까지 한 자라도 빠짐없이 읽는 것을 원칙으로 하고 있다. 왜냐하면 한 자 한 구절도 놓치지 않아야만 정치 · 경제 · 사회 · 문화 · 예술 · 체육 기타 정보를 정확하게 접할 수 있기 때문이다.

신문의 속독포인트

신문의 사설은 사회·경제·정치·문화의 전반적인 분야에서 쟁점이 되는 문제를 논리적인 주장으로 서술한 대표적인 글이다.

각 신문의 사설들을 주제에 집중하여 속독의 단전호흡법에 의해 단숨에, 주요어휘에 주의하여 기승전결을 따라 읽는다. 읽은 후 단락별 요점 정리와 주제 문장을 찾아보고, 자기 주장을 담아 논리적으로 요약·전개하는 훈련을 꾸준히 반복한다.

종합적 이해능력, 사고력과 논리력 향상에 지름길이 될 것이다.

⑦ 잡지를 읽는 방법

잡지란 여러가지 내용의 글을 모아 편집해서 호(號)를 거듭하여 정기적으로 간행되는 출판물을 말한다.

잡지는 신문과 서적의 중간쯤에 자리잡은, 인쇄된 글자, 그림, 사진 등을 소재로 한, 커뮤니케이션 미디어이다. 정보, 지식, 의견, 오락 등의 전달 특성이 있고 한정된 시일 안의 정보이므로 가능한한 시기에 맞게 읽는 것이 좋다.

잡지는 선별해서 읽는 것이 좋지만 선별이 어려울 때에는 너그러운 마음으로 산책하는 의미의 독서가 가능하다.

잡지의 속독포인트

읽기 전에 목차를 보고 읽을 부분을 선별한다. 다양한 정보를 습득한다는 생각으로 그냥 넘어갈 부분은 책장을 빨리 넘기면서 이해하는 정도로 하고 눈여겨 볼만한 것은 집중하여 세밀히 읽는 것이 좋다.

⑧ 원서를 읽는 방법

원서란 글자 그대로 번역이나 복사한 책에 대하여 원본이 되는 책을 말한다.

대학공부에 있어서 원서를 어떻게 읽어야 하느냐 또는 어느 정도 읽어야 하느냐 하는 문제가 곧 대학 생활의 가장 중요한 문제라고 생각한다. 대학은 이론상으로 학문을 자유롭게 할 수 있고 일체의 모방이나 암기의 강요로부터 해방된 지역으로, 대학생활 기간은 이러한 것이 허용되는 유일한 기간이다.

우리 사회의 모든 학문과 제도의 구조가 구미에서 빌어온 것이기에 단순히 구미의 학문을 배운다는 범위를 초월해서 이것을 어떻게 하면 우리의 것으로 만들 수 있을 것인가를 생각하고 연구하지 않으면 안된다. 여기에서 우리는 원서의 필요성을 절실히 느끼게 된다. 또한 우리는 역사상 일본과의 독특한 관계로 인해 아직도 대부분의 구미 문물들이 일본으로 통해서 들어온다. 그것도 일본의 사고방식에 의해 재탕이 되어서 들어오고 있다는 것을 생각하면 대학시절에 있어서 구미와 직접적으로 만날 수 있는 지름길인 원서를 읽는다는 것은 무엇보다도 중요하다.

원서를 선택하는데 있어 첫째, 강의를 통한 교수들의 소개가 가장 안전하고 편리하다. 둘째, 외국 학술 잡지나 주요 신문같은 데에 나오는 서평(書評)을 통해 선택한다. 고등학교 시절은 영한(英韓)사전을 사용하는 경우도 무방하다. 원서를 이해하기 위한 대학시절은 영영 사전을 선택해야 한다. 물론 학문에는 국경이 없어서 다른 나라 말로 번역되어지는 경우도 있으나 원서의 저자와 시간적, 공간적 거리감을 초월해서 같이 호흡할 수 있기 위해서는 가능한한 그 나라의 말로 된 사전을 갖는다는 것은 중요하다.

원서 (외국어) 의 속독포인트

외국어(영어)의 속독은 일반적으로 알고 있기에는 다른 방법이 있는 것으로 알고 있다.

그러나 영어의 속독은 특별한 방법에 의해서 하는 것이 아니고 한글 속독과 같이 적용하면 된다.

영어속독은 영어단어 및 숙어를 얼마나 많이 알고 있느냐가 관건이다. 한글처럼 마음대로 이해할 수 있을 때 속독이 가능하다는 것이다. 단어와 숙어 실력도 없이 속독을 한다는 것은 갓난아이가 동화책을 보는 것과 같다.

계속 한 페이지에 너무 오래 머물게 되면 시간의 낭비일 뿐 원서 자체에 대한 공포감이 생겨 원서에 싫증이 나기 쉽다. 이해가 잘되지 않더라도 그냥 넘어가게 되면 점차 책의 윤곽을 이해함에 따라 저절로 전체를 이해하게 된다.

영어속독은 영어문법 공부가 아니기 때문에 발음, 억양, 모음, 자음의 발음연습이 필요없이 눈으로 보면서 직독 직해(**直讀直解**)해야 한다. 또한 숙어를 완전히 알아야 아무리 긴 문장이라도 수식어와 품사에 관계없이 속독이 가능하다. 스펠링(spelling)을 하나하나 보는 것이 아니기 때문에 영문속독을 할 경우 한글 속독보다 오히려 더 빨리 읽고 이해할 수도 있다.

⑨ 전문서적을 읽는 방법

전문서적이란 한가지 분야에 관하여 연구 저술된 서적을 말한다.

전문 서적을 효과적으로 습득하기 위해서는 다음 사항을 명심해야 한다.

첫째, 예비 고찰을 한다. 책을 선택할 때, 또는 책을 읽기 전에 먼저 그 책에 관한 다른 학자나 다른 사람들의 평(評)을 듣는다. 또 책의 머릿말에 붙인 저자의 입장과 주장 또는 다른 저자와의 차이점을 알아보

고, 책의 차례에서 전체적인 내용을 파악해본다. 또 이미 발표된 내용
이 있으면 그 이론과 내용이 어떻게 변했고 발전했으며 수정되었는가를
살펴보고 독자로서 자신의 입장을 생각해 본다.

둘째, 이해를 빠르게하기위해 읽으면서 문제를 만든다. 이 단계는 저
자의 입장과 독자의 입장과의 투쟁 단계라 할 수 있다. 이미 알려진 사
실에 대한 제 3자의 의견에 대해 독자로서의 여러가지 문제점을 제기함
으로써 자신의 지식으로 정리 · 흡수하는 단계이다.

셋째, 독서한 것을 스스로 검토한다. 위의 단계에서 결정된 저자의
견해에 대한 자신의 입장을 검토함으로써 그 논리의 명료성을 갖게 하
며 나아가 새로운 문제점을 제기하는 단계이다.

넷째, 기록을 한다. 기록을 하는 것은 자신이 다음 기회에 이용할 수
있도록, 지표라든가 저자의 독특한 견해와 용어들을 정리해 두는 것이
다. 또 기록이 책의 논리적인 이해에도 도움을 줌은 물론이다. 베어
(R. M. Bear)교수는 기록(note)과 언더라인(underline)을 할 경우에
관하여 다음과 같이 주의를 주고 있다.

① 요점과 요점이 아닌 것을 구별할 수 있도록 한다.
② 구체적으로 한다.
③ 요점간의 상호 관계를 맺어 줄 수 있는 표시를 한다.
④ 스스로의 이론체제를 내용 또는 문제에 알맞게 한다.

다섯째, 되풀이해서 읽는다. 명확하게 이해되지 않은 부분은 대략 넘
어가지 말고, 더욱 확실한 이해를 위해 되풀이해서 읽는 것이 필요하
며, 부분적으로 이해되었던 내용이 나중에 전체적으로 보면 논리가 맞
지 않은 경우가 생기므로 이 때 이 부분에 대해 다시 한번 읽어 보는
것이 좋다.

한정된 시간 안에서 가능하면 남들보다 많은 지식의 습득을 위해 효
과적인 독서법은 필수적인 일이므로 충분히 자신의 방법을 습득해야 한
다.

┌─ 전문서적 속독포인트 ──────────────────────

　　전문서적은 단어의 개념이나 어휘력이 문제이다. 전문 단어에 대한 개념을 많이 알고 있거나 학술적인 지식과 어휘력이 대단히 높을 때는 교양서적에 버금가는 속독능력이 나올 수 있다. 다만 전문 서적이라고 하면 일반서적보다 수준높은 학문임과 동시에 일종의 특수분야라고 할 수 있다. 따라서 그 분야에 전혀 자신이 없는 사람은 도저히 이해능력이 따르지 못하기 때문에 속도를 낼 수 없다. 예를 들면 국민학교에 다니는 학생이 철학 서적을 읽을 수는 있어도 이해가 되지 않는것과 같다.

　　전문서적은 전문지식이나 전문용어의 습득을 위해 읽는 것이기 때문에 어휘나 지식이 완전히 이해될 때까지 10회 이상을 속독한다. 매회 읽을 때마다 이해가 되지 않는 부분은 표시를 한다. 다음번에 읽을 때에 이해가 됐으면 '이해 완료'의 표시를 한다. 읽은 후에 단락별로 묶어 자신의 표현으로 내용요약을 한다. 전문서적은 속독훈련과정에 있는 집중력 훈련, 시폭확대 훈련, 시지각 능력개발 훈련, 뇌기능의 활성화 훈련, 이해능력개발 육성 훈련을 통해 꾸준히 노력하면 속독을 배우지 않은 사람이 한번 읽을 속도(시간)에 10회이상을 읽고 내용을 완전히 이해하고 기억해 실전에 응용할 수 있다.

└───────────────────────────────

3. 다양한 독서방법

　　독서법에는 다음과 같은 여러 가지 방법이 있는데, 이는 속독할 때 필요한 방법도 있지만 특히 인명, 지명, 전화 번호, 주소록 또는 신문, 잡지를 볼 때 필요한 방법이다. 책을 읽을 때 아래와 같은 방법을 무조건 독서법으로 적용한다면 문제점이 있다. 따라서 선별해서 적용하는 것이 책의 내용을 파악하는데 도움이 되리라 생각한다.

　　우리나라 독서방법도 9가지로 분류했듯이 외국의 독서방법 역시 무수히 많다.

① SQ-3R 방법

▶ 써베이(survey)…개관(槪觀), 문장 표제를 훑어 보고 상상력을 발휘하는 독서 방법
▶ 퀘스천(question)…질문, 문장 표제를 읽어 보고 차례를 본 다음 호기심, 이해력 등을 의문사항으로 답해 나가는 독서 방법
▶ 리드(read)…설문에 답이 되도록 읽는 독서법
▶ 리싸이트(recite)…설문에 대한 답을 마음 속에 외워보는 법
▶ 리뷰(review)…주요내용을 마음 속으로 되새기는 방법

② 비결방법(Know-how)

▶ 키이-워드(key-word)…중심어를 찾아 읽는 법
▶ 토픽-센텐스(topic-sentence)…중심 문장 파악법.
▶ 시그날-워드(signal-word)…연결어(連結語), 병렬어(竝列語), 반대어(反對語) 등과 같이 뒷부분, 결론만을 선별하여 읽는 독서법

③ 기타

▶ 스케닝(scanning)…사실만을 구하고 있을 때 쓰는 방법(전화번호부, 이름, 날짜, 규격, 거리 등을 찾는 방법).
▶ 스키밍(skimming)…기사 및 장(章)이 무엇을 말하려고 하는지 알아내는 방법.
▶ 오버뷰웅(overviewing)…자료를 읽는데 가치가 있는가, 너무 어렵지 않은가를 확인하는 데 필요한 독서법
▶ 스키밍 포 메인 아이디어스(skimming for main ideas)…요점만을 구하는 독서법

▶ 스키밍 포 리뷰(skimming for review)…이미 잊혀진 개념을 생각
해 내기 위해 사용되는 독서법

④ 권장할 만한 독서법

▶ 언더라인(underline)…중요부분을 밑줄 그으며 읽어 나가는 방법
▶ 프리뷰잉(previewing)…책이나 기사 등을 보다 정밀하게 보아두
는 독서법

4. 작문 기초실력을 쌓는 독후감

독후감은 책을 읽고 난 후 내용과 느낌을 자신이 이해한대로, 자신의
표현으로 적는 글을 말한다. 독후감은 책에서 얻은 감동을 오래 간직할
수 있을 뿐 아니라 이해력을 높이고 논리적인 표현능력을 쌓는 작문 실
력의 기초가 탄탄하게 다져진다.

① 독후감을 쓰는 요령

책을 읽은 후 읽은 책의 내용을 정리하여 독후감을 씀으로써 이해력,
사고력, 추리력, 상상력은 물론 기억력까지도 향상된다. 독후감 쓰기는
속독의 완성 단계에 빨리 이르게 되는 첩경이 되기도 한다.

▶ 책의 제목을 기재한다.
▶ 읽은 책의 글자수를 기재한다.
▶ 읽은 소요 시간을 기재한다.
▶ 이해도를 퍼센트(%)로 기재한다.
▶ 내용기억의 퍼센트(%)를 기록한다.
▶ 날짜를 기재한다.

위의 사항을 기재한 후 독후감 용지에다 본인이 선택한 독후감 형식
에 따라 쓴다.

책을 읽어나가는 과정에 있어서의 효과적인 기록

　책을 자기의 것으로 만들기 위해서는 정신을 집중시키고 읽는 것은 물론, 생각하며
읽고 그것을 자신의 글로 표현할 수 있어야 한다. 그것은 그 책에 대한 기록, 즉, 감상
의 기록이 되는 것이다.
　① 중요한 곳이나 저자가 강조하고 있는 곳에 밑줄을 친다.
　② 이미 밑줄을 친 부분을 강조하기 위해서 또는 밑줄을 치기에는 너무 길 경우 줄
　　앞부분의 여백에 옆으로 선을 친다.
　③ ☆표, ※표, 이외의 부호를 여백에 기입한다. 이것을 남용해서는 안되고, 그 책
　　속에 몇 개의 중요한 기술을 눈에 잘 띄게 하기 위하여 사용한다.
　④ 논의의 전개에 따라 요점의 변화를 표시하기 위하여 여백에 숫자를 기입한다.
　⑤ 페이지 여백에 메모를 한다. 복잡한 이론을 간단한 문장으로 정리하거나 어떤
　　곳을 읽다가 생각이 난 질문이나 답을 기록하기 위해서 필요하다.

---

② 독후감의 공통점

독후감을 쓰는 형식에는 여러 가지가 있지만 어떤 형식이든 다음과
같은 공통된 내용이 담겨져 있어야 독후감으로서의 가치가 있다.
▶ 독후감의 제목은 읽은 책 제목이 아닌 다른 제목으로 붙이는 것도
　좋다(예를 들면 「홍길동전」의 독후감 제목을 「나라를 다스린 의
　적」으로).
▶ 이야기의 줄거리와 느낌을 따로 쓰지 말고 골고루 섞어서 쓰도록
　한다.

▶ 작품의 어느 한 부분만 쓰는 것보다 다 읽은 후 전체 내용을 골고루 담도록 한다.

▶ 읽어가면서 가장 크게 받은 느낌이나 감동을 강조해서 쓴다.

▶ 항상 나의 경험과 생활을 책 내용과 견주어 가면서 쓰도록 한다.

▶ 무조건 책 내용이 옳다고만 쓸 것이 아니고 옳고 그름을 냉정히 가려내서 그른 것은 그르다고 쓰도록 한다.

▶ 글의 앞뒤가 잘 연결되도록, 독후감만 읽어도 이야기의 흐름을 대강 짐작할 수 있도록 쓴다.

▶ 작품을 읽고 나서 지금부터라도 나는 어떤 마음을 가지게 되었으며 어떤 점을 뉘우치게 되었다는 것을 잘 기록하도록 한다.

▶ 책을 어떤 동기에서 읽게 되었으며, 읽고 난 다음 앞으로 나의 독서 생활에 어떻게 도움을 주게 되었는가를 쓴다.

③ 독후감을 원고지에 쓰는 법

책을 읽고 원고지에 독후감을 쓰는 습관을 들이면 글자수의 개념이 생긴다. 즉 평소 글자수의 제한에 무관심하다가 갑자기 몇 자 이내로 쓰라고 하면 내용의 길고 짧음에 감이 안잡혀 당황하게 된다. 이런 난점을 해결하기 위해 평소 독후감을 원고지에 쓰다보면 원고지 맷수에 따라 200자 및 400자 원고지 몇 장으로 작문을 하기 때문에 내용의 길이에 대한 감각이 생긴다. 또 원고지에 글을 쓰면 원고지 쓰는 법에 따라 맞춤법과 띄어쓰기에 신경을 쓰게 되기 때문에 일거양득이다.

▶ 제목과 필자명은 위 아래에 각각 1행 정도 비운다. 제목은 행의 중심쯤에 놓이게 하고, 필자명은 오른쪽에 치우치게 배치하되, 맨 끝의 한 칸쯤은 비운다(필요에 따라서 제목과 필자명은 한장을 다 차지하도록 할 수도 있다.)

▶ 본문은 제목과 필자명 다음 한 칸을 비우고 쓴다.

원고지 쓰는 법의 예

속독을 배우고 나서

○ ○ 중학교

서춘희

 옆 자리에 앉은 혜숙이는 두어 달 전만 해도 책을 빨리 읽지 않았었다. 그런데 며칠 전에 보니 아주 빠른 속도로 책을 읽는 것이었다. 2분이나 3분 정도면 책을 읽고도 쉽게 독후감 을 썼다.
 선생님은 그런 혜숙이를 보고 칭찬을 하시며 어디에서 그렇게 책을 빨리 읽 는 법을 배웠느냐고 하셨다. 혜숙이는 새샘학 속독 교육원에서 배웠다고 했다. 나는 하루에 고작 한 권의 책도 읽기 가 힘드는데 혜숙이는 너무너무 책을 잘 읽었다. 솔직한 이야기로 나는 시샘

▶ 글이 시작될 때, 즉 문단의 첫 칸은 반드시 비우고 둘째 칸부터 써야 한다.
▶ 첫 칸 비우기는 글이 시작된 곳임을 나타내기 위한 약속이니, 특별한 경우가 아닌 경우에는 첫 칸을 비워서는 절대로 안된다.
▶ 따옴표(" "), 쉼표(,), 마침표(.)는 그 칸의 오른편 아래구석으로 치우치게 쓴다.
▶ 느낌표(!), 물음표(?) 다음에는 한 칸을 비우는 것이 좋다.

5. 책의 종류별로 쓰는 독후감

① 소설, 동화류를 읽고 나서

▶ 책의 등장 인물을 바르게 파악한다.
  ◎ 주인공의 성격은 어떠한가.
  ◎ 이야기의 흐름은 어떠한가.
  ◎ 주인공은 어떤 흐름으로 변화하는가.
▶ 책의 내용을 바르게 파악한다.
  ◎ 동화와 소설이 나에게 주는 감동은 어떠한가.
  ◎ 이 글은 나의 생활에 어떻게 깨우침을 주는가.

② 위인, 전기류를 읽고 나서

▶ 전기의 주인공을 바르게 파악한다.
  ◎ 어렸을 때의 생활은 어떠했나.
  ◎ 어떤 고생과 어려움을 참고 견디며 살아왔나.
  ◎ 나는 이제부터 어떻게 생각하고 살아야 하겠는가.

▶ 전기의 주인공이 존경받게 된 점을 살펴본다.

◎ 그 인물이 왜 후세인 오늘날까지 존경받게 되었는가.

◎ 그 인물의 생존시와 오늘날을 비교해 보면서 오늘날 우리들은 어떤 점을 본받아야 하나.

◎ 그 인물은 언제 어디서 어떤 일을 하여 빛을 남겼는가.

③ 역사, 과학 서적 등을 읽고 나서

▶ 새로 알게 된 사실을 기록한다.

◎ 역사, 과학 서적을 읽은 후 지금까지 모르고 있던 새로운 사실이나 지식을 깨달은 점은 무엇인가.

◎ 연대표나 그래프 같은 것을 참조하면서 나 스스로 표를 만들 수 있는가.

▶ 사람이 살아온 모습을 파악한다.

◎ 역사나 과학은 오랜 세월 동안 차츰 발전하여 오늘에 이르고 있음을 안다.

◎ 역사 속에는 훌륭한 인물이 있어서 새로움을 창조했음을 안다.

④ 도감, 사전류를 읽고 나서

▶ 새로운 지식과 정보를 적는다.

◎ 도감이나 사전에서 찾은 내용으로 나는 무엇을 처음 알게 되었나.

◎ 내가 찾은 정보나 지식을 독서록 같은 곳에 기록하고 있는가.

▶ 조사한 내용을 보고할 수 있도록 적는다.

◎ 내가 찾은 내용을 발표, 설명할 수 있는가.

◎ 참고서를 사용해서 언제나 나 스스로 새로운 것을 찾아낼 수

있는가.

⑤ 잡지류를 읽고 나서

▶ 목차를 잘 보고 읽는다.
  ◎ 목차를 보고 읽고 싶은 내용을 찾을 수 있는가.
  ◎ 목차를 보고 이달엔 어떤 내용과 읽을거리가 있는지 알 수 있는가.
▶ 담긴 내용을 고루 읽는다.
  ◎ 잡지 속에 담긴 여러 종류의 글을 고루 읽도록 힘썼는가.
  ◎ 잡지 속에 담긴 내용 중에 어떤 내용이 내게 가장 감명을 준 글인가.

6. 독후감의 여러 유형

① 일반적인 형식의 독후감

흔히들 많이 쓰는 독후감으로 처음에는 책 내용을 간단히 소개하고, 그 다음에는 어떻게 하여 이 책을 읽게 되었나를 쓴다.

그리고 책을 읽은 후 어떤 점에 감동되어 어떤 생각을 갖게 되었나를 쓴다. 마지막에는 나의 생각과 비교하는 일반적인 형식이다.

② 편지글 형식의 독후감

대개 동화류의 책을 읽고 많이 쓰는 형식이다. 책 속에 등장하는 주인공이나 작품을 쓴 작가와 마주 앉아 이야기하듯이 다정하게 쓰는 감상문이다. 책 속의 주인공과 비슷한 또래의 독자들에게 알맞은 독서 감상문이다.

③ 수필문 형식의 독후감

독자가 느끼고 생각한 그대로 쓰는 것이다. 수필이란 어떤 일정한 틀이 없이 생각한 대로 쓰는 글이므로, 이런 형식의 독후감은 작품 전체 속에서 중요하다고 생각되는 몇가지를 감상문을 밑바탕으로하여 자연스럽게 쓰면 된다.

이런 형식은 흔히 '감상문 형식의 독후감'이라고도 한다.

④ 일기문 형식의 독후감

하루의 일과 중에서 가장 잊혀지지 않는 중요한 일을 기록하는 일기처럼, 꾸밈없이 소박하고 솔직하게 자신의 느낀 바를 적는 형식이다.

⑤ 기행문 형식의 독후감

어떤 곳을 여행하면서 그곳의 생활과 읽은 책을 연관지워 쓰는 독후감이다. 가령 여름에 해변가에서 혼자 책을 읽으며 그곳 바닷가 모습과 책의 내용을 견주어 쓰는 형식이다.

⑥ 시 형식의 독후감

책을 읽고난 후 느낀 감상을 시 형식으로 쓰는 것을 말한다. 책 속에서 받은 감동과 느낌을 한 편의 시로 나타내는 형식이다.

3 이해력 육성 훈련

▶ 책 제목을 암기한다.

▶ 읽을 책이 어떤 종류의 책인가를 파악한다.

▶ 책의 제목을 보고 어떤 내용이 쓰여 있는지를 추리해서 마음 속으로 질문해 본다.

▶ 차례를 주의깊게 읽어 나가면서 나름대로 주제와 요점을 설정한다.

▶ 등장인물 및 서문, 후기를 인지한다.

▶ 목표를 정하고 책을 읽는다.

▶ 훑어 읽기를 1분간 한다. 책의 흐름을 파악하고 기억나는 내용을 메모해 본다.

▶ 당황하지 말고 침착하게 읽어 나간다.

▶ 음독, 묵독이 아닌 목독으로 읽어 나간다.

▶ 구도자의 자세로 잡념을 완전히 제거하고 경건한 마음으로 머리가 깨끗이 비었다는 느낌을 가지고 책을 읽어 나간다.

▶ 책의 내용을 자기화시켜 연결, 상상, 추리해본다.

▶ 6하원칙(누가, 언제, 어디서, 무엇을, 어떻게, 왜)에 의해서 책의 내용을 머리 속에 정리해 가면서 읽는다.

▶ 첫 대목을 읽고 책을 덮었을 때 질문에 답을 하듯이 읽는다.

▶ 무조건 눈에 글자가 들어온다고 해서 책장을 넘겨서는 안된다.

▶ 책을 읽을 때는 항상 단전호흡을 병행하면서 읽되 기본단계에서처럼 마시기 6초, 멈추기 6초, 내쉬기 6초에 신경을 쓰지 말고 단전에 약간 힘을 준 상태에서 읽어나가면 자연히 단전호흡이 이루어지며 머리가 맑아진다.

▶ 끝까지 다 읽고 이해가 안되면 반복해서 읽는다.

▶ 책을 읽고 나서 눈을 감고 1분간 묵상하면서 머리 속에 책 내용을 정리를 해 본다.

▶ 책을 읽고 난 후는 반드시 독후감을 쓰도록 한다.

▶ 내용기억의 객관적인 퍼센트(%)기준은 다음과 같다.

- 30~40%-책 내용의 흐름을 아는 단계
- 50~60%-줄거리 정도를 알고 기억하는 단계
- 70~80%-줄거리, 인명, 지명, 연대까지 알 수 있는 단계

4 순간 포착 능력 개발 훈련

① 훈련 방법

1분 읽고 단어 및 내용쓰기 훈련

1방법…1분에 약 40p~60p 넘겨 읽기

2방법…1분에 약 60p~100p 넘겨 읽기

3방법…1분에 약 100p~300p 넘겨 읽기

4방법…1분에 약 300p~1,000p 넘겨 읽기(편법임)

5방법…책을 거꾸로 돌려서 읽기…1분에 약 60p~100p

6방법…책을 거꾸로 돌려서 읽기…1분에 약 100p~300p

7방법…책을 거꾸로 돌려서 읽기…1분에 약 300p~1,000p(편법임)

▶ 이해 훈련 처음 들어가는 사람에게는 1방법부터 적용시키고 어느 정도 단어를 쓸 수 있을 때 2방법, 3방법, 4방법까지 적용시킨다.

▶ 5방법부터는 이해능력이 1분당 약 1만자 이상이고 내용을 충분히 파악할 수 있는 사람에게만 시킨다.

▶ 읽기 시간은 20초~30초씩 3회~2회로 읽혀도 된다.

▶ 기록시간은 2분, 5분, 10분간격으로 사람에 따라서 조정한다.

▶ 속독이 되려면 1분간 읽고 단어를 최소 20개에서 50개 이상 쓸 수 있어야 한다.

※ 필자의 지도경험에 의하면 1분간 읽고 7,000단어 이상 기억하는 학생이 있었다.

② 훈련 효과

▶ 순간 포착 능력이 개발된다.

▶ 기억의 3대요소인 부호화 → 입력 → 인출능력이 개발된다.

▶ 순발력이 향상된다.

▶ 짧은 시간에 많은 단어를 기억하려고 노력하기 때문에 두뇌의 각 부분이 개발된다.

5 속독 영상화 훈련

① 속독 영상화 훈련이란

우리가 책을 읽으면서, TV나 VTR 및 영화의 장면을 보는 것 같이 책 내용을 스크린화시키는 훈련방법이다.

② 훈련방법 A

▶ 읽은 책 내용을 그림으로 그리게 한다.

▶ 읽은 책 내용의 그림설명을 쓰게 한다.

▶ 책 내용을 눈을 감고 스크린처럼 영상화 처리하도록 한다.

▶ 책 내용을 눈을 뜬 상태에서 스크린처럼 영상화 처리하도록 한다.

③ 훈련방법 B

▶ 하루일과를 그림일기로 그리게 한다.

▶ 하루 일과가 끝나고 잠자리에 들기 직전에 눈을 감고 단전 호흡을 하면서 5~10분간 그날 있었던 일들을 모두다 정신 스크린에 영상화 처리해 본다.

▶ 잠자고 막 깨었을 때 눈을 감고, 단전호흡을 하면서 그날의 계획을 정신 스크린에 영상화 처리한다.

▶ 단전호흡을 하면서 완성된 자아의 모습(자신의 최대목표)을 정신 스크린에 영상화 처리한다.

④ 훈련효과

▶ 두뇌에 영상이 가장 강한 자극으로 들어와 책 내용이 빨리 이해된다.

▶ 시각적인 자극으로 인해서 우뇌가 개발돼 오랫동안 기억에 남는다.

▶ 시각 사고가 발달되어 모든 능력이 획기적으로 발전한다.

▶ 긍정적이고 적극적인 사고의 소유자가 된다.

▶ 기억 능력이 3~20배 이상 발전한다.

속독 영상화 훈련 카드

책내용 그림그리기 (1) 예 ;

제목 : 백설공주	소요시간 : 18분	내용기억 : 60%

(백설공주)

왕비가 눈오는 날
내아이가 뺨에
같이 예쁜 공주
를 낳으면 좋겠
다고 생각함

어느날 왕비
가 바뀌는데
로 공주를 낳고
그리고 몇년
있자 왕비가
죽었다

그래서 새왕비
를 맞이하였다.

왕비는 공주를
미워했다. 그래
서 내쫓았다는

왕비가
공주가 죽
을때까지 계곡
죽일려고했다.
그런데 어느날
왕비에게 죽었다.

난장이가 도
와 공주가
죽였는 줄알고
우리나에 잡혔고
슬피 울었다.

그런데 왕
자가 숲을
헤메다가
공주를 발
견해 우리나
과함께 탈
라고하여
갔다 가는데
들리는사람
더 더러 트려
우리관이 깨지고 공주는 살아 났다.

그리고 결혼
하기 로했는데
왕비도 결혼
직에 초대한

숲을 해매던 끝
에 앤줍 난장이
만남 그리고 행
복하게 지냈다.

공주와 왕
자는 행복
하게 살았
다

왕비는 거울에게
물어 백설공주가
더 예쁘다고하여
왕비는 놀라 또깡
죽었다.

속독 영상화 훈련 카드

책내용 그림그리기(2) 예 ;

제목 : 명탐정큐즈	소요시간 : 15:30	내용기억 : 70%

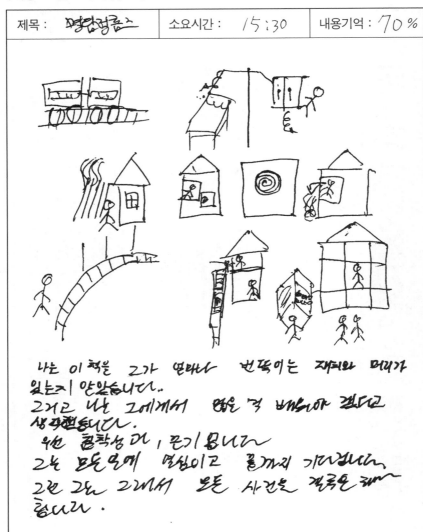

나는 이 책을 그가 떠나서 번뚝이는 재치와 머리가
있는지 안았습니다..
그리고 나 그에게서 많은 걸 배워야 겠다고
생각했습니다.
우선 큰책성머니, 끈기 봅니다
그는 모든일에 열심이고 끝까지 가더랍니다
그런 그가 그래서 모든 사건을 결국은 해
봅니다.

속독 영상화 훈련 카드

책내용 그림그리기(3) 예 ;

제목 : 이솝이야기	소요시간 : 17분 20초	내용기억 : 65 %

속독 영상화 훈련 카드

그림 일기(1) 예 ;

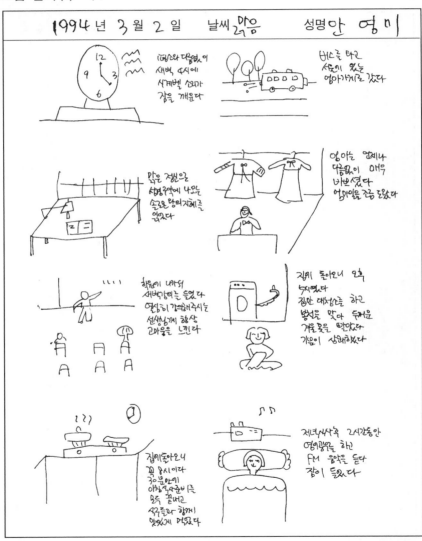

속독 영상화 훈련 카드

그림 일기(2) 예;

1993년 10월 5일 날씨 흐림 성명 김재용

오늘은 늦게 일어났다. 엊저녁에 먹은 술때문에
일어나서도 정신이 없었다. 아침청소는 했다.
청소를 하면 기분이 상쾌해지기 때문이다. 그리고나서
빵과 우유를 먹었다. 식사를 마치고 간단한 운동을 했다.
아침공부를 시작했는데 안경을 끼고 봐도 졸으는건
투성이었다. 재수생활이 이렇게 재미없은줄
알았으면 하지 말았어야 하는건데 ……
저녁이 되어 조용한 음악을 들으며 공부를 했다
기분좋게 공부가 잘됐다. 그리고 술과 담배를
입에 대지 말아야 겠다고 생각하며 잠이들었다.
술과 담배는 곧 상수 생활로 이어질테니까 ……

속독 영상화 훈련 카드

그림 일기(3) 예 ;

6 이해력 발전 과정

1단계 : 1/2행이 이해됨
- ▶ 음독 상태를 완전히 제거하고 목독으로 읽는다.
- ▶ 한눈에 읽는다.
- ▶ 책장을 빨리 넘겼을 때 글자 수 10자 이상을 동시에 한눈으로 빠르게 본다.

| 우리는 민족중흥의 역사적 | 사명을 띠고 이 땅에 태어났다. |

2단계 : 1행 전체가 이해됨
- ▶ 시폭의 범위를 넓힌다.
- ▶ 글자 하나하나에 신경을 쏟는 것이 아니고 글자 전체에 정신을 집중시킨다.

| 조상의 빛난 얼을 오늘에 되살려 안으로 자주독립의 자세를 |

3단계 : 3행 전체가 이해됨
- ▶ 글자수가 많아졌다고 해서 당황하지 않는다.
- ▶ 눈동자를 빠르게 회전한다.
- ▶ 막연한 태도로 보지 말고 이해를 꼭 해야 되겠다는 생각을 가지고 본다.

| 확립하고 밖으로 인류공영에 이바지할 때다. 이에 우리의 나아갈 바를 밝혀 교육의 지표로 삼는다. 성실한 마음과 튼튼한 몸으로 학문과 기술을 배우고 익히며 타고난 저마다 소질을 |

4단계 : 1/3페이지가 이해됨
5단계 : 1/2페이지가 이해됨
6단계 : 1페이지 전체가 이해됨

① 이해 훈련 과정 중에 나타날 수 있는 유형

이해능력개발육성단계 훈련 중 간혹 거부의식이 강하여 잠재기, 회의기, 방황기를 가지는 경우가 있다. 그러한 유형은 회의심을 버리고 「하면 된다」는 신념으로 책을 반복해서 읽고 이해도가 높아질 때까지 읽어야 한다. 훈련에 집중해서, 1분간 읽고 이해하는 글자수가 10,000자 이상이 될 때 방황이나 회의심은 없어지고 하루에 2,000~3,000자씩 증가할 수 있다. 또한 속독과정 중에 이해를 위주로 하는 형과 속도를 위주로 하는 형, 이해와 속도를 병행하는 형 등이 있다. 가장 이상적인 형은 속도와 이해를 병행하는 형이다.

② 이해능력개발육성 과정의 분석

이해 능력개발육성과정의 발전유형은 지금까지 필자가 분석한 결과 A형에서 F형까지 분류할 수 있다.

A, B, C형은 대체적으로 국민학생부터 고등학생까지 많이 나타나는 형이고 D형은 대학생 이상 40대 이전에 나타나며 E, F형은 50대 이상 또는 청각 사고 쪽으로 발전된 사람에게서 많이 나타난다.

이상과 같이 분류할 수 있지만 어느 누구나 다 그렇지는 않다. 필자에게 교육 받은 사람 중에는 60세 이상 91세까지 있었지만 연령, 학력을 초월해서 조기에 좋은 성과를 얻은 사람들이 많이 있다.

③ 속독 이해 훈련 중 각 단계별 문제점

▶ 이해훈련 1단계에서 2단계
▶ 이해훈련 2단계에서 3단계
▶ 이해훈련 3단계에서 4단계

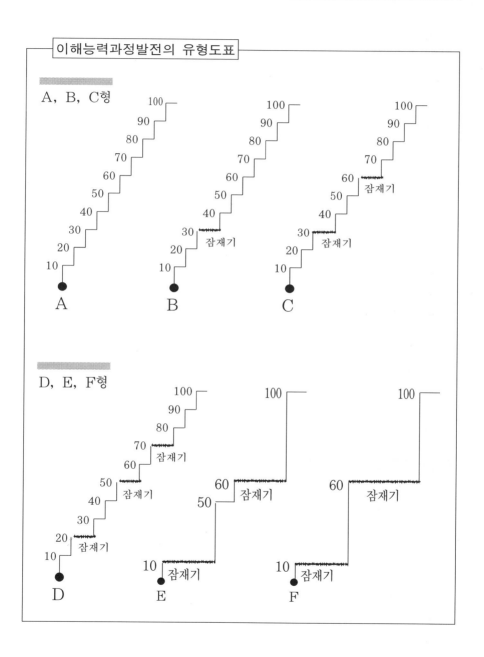

┌─ **이해능력과정의 발전유형** ──────────────────────────┐

A형…가장 이상적인 발전형으로써 속독이 잘 된다.

B형…초기에는 속도가 정상적으로 향상되다가 약간의 잠재기가 한번 정도 있는 유형
이다.

C형…속독 성취 과정까지 두번의 잠재기가 있다.

D형…속독 성취과정까지 3회 정도 잠재기, 회의기가 있다.

E형 ┐
    ├ E형과 F형은 잠재기, 회의기가 장시간 계속되는 형이다.
F형 ┘

└──┘

▶ 이해훈련 4단계에서 5단계

▶ 이해훈련 5단계에서 6단계

▶ 소설, 사상, 철학, 교과서, 전문서적 속독훈련단계

　　사람에 따라서는 각 단계별로 올라갈 때 2∼3회정도 독서속도가 발전
이 없다든가 오히려 더 떨어지는 경우가 있다. 그 원인은 점점 활자가
작아지고 내용이 좀더 어려워져 곧 적응이 되지 않기 때문이다. 이때
심리적으로 부담을 가질 필요는 없다. 이는 일시적인 현상으로 곧 적응
될 수 있다.

④ 문제학생 분류 방법

▶ 어휘력 부족…수준에 맞는 책을 읽도록 한다.

▶ 정신적인 문제…정신적(사생활 및 기타요인) 해결방법을 모색한
　　　　　　　　　다. 집중이 안될 때는 그 사람의 집중이 잘 되도
　　　　　　　　　록 지도한다.

▶ 시신경의 문제…시신경에 무리가 가지 않도록 적당히 조절한다.

▶ 뇌기능의 문제…부족한 부분을 집중 지도한다.

　　지도하는 사람은 이외의 문제까지도 빨리 파악하여 적절한 처리를 해
야한다.

⑤ 속독능력의 평가 방법

▶ 책 내용을 그림으로 그리기
▶ 내용이해력시험…객관식＋주관식(10～20문제)
▶ 독후감 쓰기
▶ 책을 읽고 그 자리에서 발표시키기

⑥ 이해교육 과정에서의 유형별 지도방법

▶ 속도-이해 · 기억 병행으로 진행하는 방법
▶ 속도 위주형으로 진행하는 방법
▶ 이해 · 기억위주형으로 진행하는 방법
▶ 1차 속도, 2차 이해, 3차 속도이해단계를 병행하는 방법

　　이해 훈련에 있어서 이해 · 기억과 속도를 병행하여 진행시키는 방법
이 가장 효과적이지만 사람에 따라서 방법을 잠깐 즉 2～5시간 정도 바
꿀 필요가 있다.

⑦ 잠재기 · 회의기의 해소 방법

▶ 3～5시간 정도 속도 위주로 훈련을 하고 다시 속도-이해 병행형으
　　로 훈련을 하도록 한다.
▶ 읽은 책 전체의 내용을 정리할 수 없을 때는 책 한권을 1/2 또는
　　1/3씩 끊어 읽고 내용을 정리하도록 한다.
▶ 5～10페이지씩 읽게 하고 책내용을 그림으로 그리게 한다.

⑧ 속독 성취 후 관리

▶ 책 내용에 따라 읽는 속도를 자유로 조절할 수 있도록 한다.

▶ 속독이 습관화되도록 평상시에도 전문 서적이나 교양서적을 막론하고 꾸준히 적용해 나간다.

▶ 최소한 매일 1권 이상의 책을 읽는 습관을 들이고 독후감쓰기 또는 책내용 영상화(그림)훈련을 꼭 하도록 한다.

▶ 항상 단전에 힘을 약간 주고 단전호흡을 하면서 도서, 신문 등을 읽는다.

▶ 신문을 읽을 때에는 제호부터 광고면까지 한 자도 빼지 말고 다 읽도록 한다.

▶ 신문 사설난을 단숨(마시고, 멈추고, 내쉬고)에 읽도록 한다.

▶ 월 2~5회 이상 속독교재를 가지고 기본훈련을 때때로 한다.
▶ 책 권수를 기록한다.

⑨ 이해도 기록방법

▶ 1권부터 시작해서 300권까지 읽은 책의 일련번호로 적어나간다.
▶ 책명을 기록한다.
▶ 글자수를 기록한다.
▶ 목표를 기록한다.
▶ 소요시간을 기록한다.
▶ 이해도를 기록한다.
▶ 내용기억의 객관적인 %기준을 기록한다.
▶ 집중도를 기록한다. (잘됨, 보통, 안됨)
▶ 독후감을 꼭 쓴다.

7 이해훈련진도 기록카드

1단계 이해능력 계발육성 훈련

년　월　일(　회) ☞ 영상화 훈련 : 유 · 무　☞ 집중력 : 잘됨 ○, 보통 △

시작 시간	권 수	책　명	글자수	소요 시간	집중 도	이해 도 (%)	내용 기억 (%)	분간 속도	목　표 시간,내용기억	
									분	%
분	1	타 잔	46,920	5분 12초	○	100	83		5	100
분	2	공 자	18,796	4분 32초	○	100	80		5	100
분	3	안데르센 동화	19,511	3분 56초	○	100	85		5	100
분	4	방정환	19,635	5분 51초	○	100	90		5	100
분	5			분 초						

1분간 평균 속도	자

간 뇌 활 성 화 훈 련　　(소요시간:　분　초,　개)

우울한, 타잔, 되었습니다. 밀림, 왕, 친아버지, 그레이터, 카라, 원숭이, 카작 / 육인원, 그림, 꾸벅정, 새끼, 어머니, 성원, 성장, 권총, 검은것, 두꺼운 / 방, 두께, 하나, 막대기, 벽, 큰집, 앨리슨, 린린, 아프리카, 책 / 국인도, 섬, 아무도, 어쩔수, 제발, 없다, 사자,

작성요령　1. 책명, 글자수를 기록한다.
　　　　　2. 책을 읽기 전 책의 흐름을 파악하며 1분정도 훑어보기를 한 뒤 기억나는
　　　　　　　단어들을 뇌기능 활성화 훈련란에 기록한다.
　　　　　3. 목차도 훑어본다.
　　　　　4. 몇 분에 읽겠다라는 목표를 정한 뒤 초침시계로 시간을 재며 읽는다.
　　　　　5. 소요시간 란에 읽은 시간의 분·초를 기록한다.
　　　　　6. 독후감 쓰기, 그림 그리기, 영상화 처리 등의 방법으로 읽은 책 내용을
　　　　　　　정리해 본다.
　　　　　7. 단계별로 책 300~500권 까지를 읽을 목표로 훈련한다.

이해단계의 활자 호수 및 책의 단계별 분류

1단계 ▶ 활자 : 3호/문장의 폭 : 7cm

▶ 내용 : 활자가 커서 이해하기가 아주 쉽다.

▶ 훈련용 책 30권 이상을 읽는다.

(예)

아이들이 공놀이를 한다.

2단계 ▶ 활자 : 4호/문장의 폭 : 8cm

▶ 내용 : 외국인명이 나오고 이해하기가 조금 어려워진다.

▶ 훈련용 책 130권 이상을 읽는다.

(예)

신데렐라는 신발을 잃어버렸다.

3단계 ▶ 활자 : 4.5호/문장의 폭 : 9cm

▶ 내용 : 연대, 지명이 나오고 차츰 어려워진다.

▶ 훈련용 책 70권 이상을 읽는다.

예)

이조 시대 성리학의 대가는 이율곡 선생님이다.

4단계 ▶ 활자 : 5호/문장의 폭 : 11cm

▶ 내용 : 연대, 외국인명, 지명이 많이 나온다.

▶ 훈련용 책 40권 이상을 읽는다.

예)

링컨이 미국의 제16대 대통령으로 노예 해방에 앞장섰다.

5단계 ▶ 활자 : 5.5호/문장의 폭 : 12cm

▶ 내용 : 사실적이고 구체적인 묘사인 신간서적이다.

▶ 훈련용 책 50권 이상을 읽는다.

예)

영애가 동수를 처음 만난 곳은 마을어귀 방앗간 부근 버드나무 아래서였다.

제3부

훈련편

▶▶▶▶▶▶▶▶▶▶▶

제 1 장

속독체조

· · · · ·

1 속독 체조란

현대는 고도의 과학 문명의 발달로 인한 문명의 혜택을 만끽할 수 있는 반면 복잡 다양한 구조로 인해 심리적 · 육체적 피로가 한층 더해가는 시대다.

예로부터 우리의 조상들은 시대에 맞는 형태의 체조로써 지혜롭게 피로를 풀어 왔다. 실례로 퇴계 선생은 저서인 ≪활인심방(活人心方)≫에서 체조는 모든 병의 유발을 덜어주고 점차 몸을 가볍게 한다고 하였으며, 조선조 세종 대왕 때는 바라문(婆羅門) 체조라 하여 신체의 각 부위를 사용하여 위장 운동과 혈액 순환을 순조롭게 하였던 것을 들 수 있다.

이에 필자는 조상의 슬기로운 체조의 맥을 이을 수 있으면서도 현대인의 체질에 맞는 적합한 형태로 실내에서 앉아서 할 수 있는 체조를 고안하게 된 것이다. 또한 20여년간의 속독 연구를 하는 동안 속독은 심신이 맑은 상태에서만이 그 효과를 최대한으로 기대할 수 있음을 알게 되었다. 이러한 고도의 정신 집중을 요하는 속독을 하기 위해서 어떻게 하면 피로를 풀면서 정신과 육체의 순조로운 조화를 가져올 것인지에 대해 연구한 결과, 속독 체조라는 것을 고안하게 된 것이다.

속독 체조는 앉은 자세에서도 할 수 있으며 팔운동에서 시작하여 심호흡에 이르는 11단계의 체조로써, 신체를 가볍게 수축 · 이완시켜 주는 동작에서 점차 세부화되는 동작에 이르는 체조이다.

속독 체조의 효과로서는 정신적 · 육체적 피로 회복, 두뇌 개발, 정신 집중, 소화 및 혈액 순환의 촉진과 기(氣)의 임맥↔독맥을 잘 연결시켜 준다. 이는 속독 교육의 훈련시 뿐만 아니라 공부하기 전후에 행하여도 역시 효과적이다.

2 속독체조의 방법 및 효과

① 팔운동

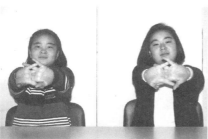

△양쪽 손을 깍지끼고 팔꿈치가 어깨와 수평을 이루게하고 양손바닥을 쭉 폈다가 가슴에 댄다.

△양쪽 손을 깍지끼고 머리위로 손바닥이 하늘로 향하게 쭉 폈다가 가슴에 댄다.

방 법

▶1. 양쪽 손을 깍지 끼고 팔꿈치가 어깨와 수평을 이루게하고 양손바닥을 가슴에 댄다.

▶2. 양손바닥이 밖을 향하도록 하고 앞으로 양팔을 쭉 편다.

▶3. 다시 원 위치로 양손 바닥을 가슴에 댄다.

▶4. 3회~5회 반복 실시한다.

▶5. 1번의 상태에서 머리 위로 손바닥이 하늘을 향하게 하고 양팔을 쭉 편다.

▶6. 다시 원 위치로 양손 바닥을 가슴에 댄다.

▶7. 3회~5회 반복 실시한다.

효 과

▶ 손과 팔의 피로를 풀어준다.

▶ 어깨, 가슴, 옆구리 부분의 긴장을 해소시켜 주며 이완시켜 준다.

▶ 손, 팔, 가슴, 어깨, 옆구리의 혈액순환을 원활하게 한다.

② 몸통 운동

△양쪽 손을 깍지끼고 머리뒤에 댄 후 상체를 앞으로 90° 숙인 뒤 상체를 뒤로 60° 젖힌다.

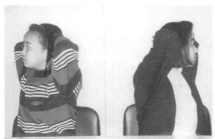

△양쪽 손을 깍지끼고 머리뒤에 댄후 팔꿈치를 좌 · 우로 180°씩 회전시킨다.

△양쪽 손을 등뒤로 깍지끼고 힘껏 머리쪽으로 올리면서 가슴을 편다.

방　　법

▶1. 몸통 운동(1)

　　양쪽 손을 깍지 끼고 머리 뒤에 댄 후 상체를 앞으로 90° 숙이고 뒤로 60° 젖힌다.

▶2. 몸통 운동(2)

　　양쪽 손을 깍지 끼고 머리뒤에 댄 후 양 팔꿈치를 좌 · 우로 180°씩 회전시킨다.

　　3회~5회 반복 실시한다.

▶3. 몸통 운동(3)

　　양쪽 손을 등뒤로 하고 깍지 끼고 힘껏 머리쪽으로 올리면서 양팔을 편다. 가슴을 앞으로 편다.

　　3회~5회 반복 실시한다.

효　　과

▶ 상체의 피로를 풀어준다.

▶ 혈액순환을 높인다.

▶ 상체의 유연성을 길러준다.

▶ 허리 디스크의 예방은 물론 치료를 도와준다.

③ 머리 피로 풀기

△양손을 깍지끼고 뒷머리에 대고 양손바닥에 힘을 가해서 머리위부터 지압한다.

△머리위부터 목까지 5등분하여 위와 같은 방법으로 지압한다.

△양쪽엄지는 관자놀이에, 양쪽중지는 머리 위쪽에 대고 힘을 주어 지압한다.

방 법

▶1. 뒷머리 부분 지압(1)

손을 깍지 낀 상태에서 뒷머리에 대고 양손바닥(장권)에 힘을 가해서 머리 위부터 목까지 5등분하여 내려오면서 장권으로 지압한다.

3회∼5회 반복 실시한다.

▶2. 백회 지압 및 관자놀이 지압(2)

양쪽 엄지는 관자놀이(양쪽눈 밖 위쪽 약간 들어간 부분)에 대고 양쪽 중지는 백회(머리의 위쪽)에 대고 힘을 주어 백회 관자놀이 부분을 지압한다.

3회∼5회 반복 실시한다.

효 과

▶ 두통을 예방 치료해 준다.

▶ 머리가 맑아지며 기분이 상쾌해 진다.

▶ 머리의 혈액순환을 잘 시켜준다.

▶ 고혈압을 치료 예방해 준다.

▶ 정신 집중이 잘 된다.

▶ 시신경에 자극을 주어 시력을 강화시켜 준다.

④ 눈 피로 풀기

△양손 엄지는 턱에, 인지 · 중지 · 약지는 안구의 위쪽 뼈부분에 대고 맛사지한다.

△양손 엄지를 턱에 걸고 인지, 중지, 약지는 코있는 쪽에서 바깥쪽으로 맛사지한다.

△눈을 지그시 감고 안구 좌우로 움직인다.

방 법

▶1. 눈 피로 풀기(1)

양손의 엄지는 턱에 걸고 인지, 중지, 약지는 안구의 위쪽뼈 부분을(다시 아래 쪽 뼈 부분을) 코 있는 쪽에서 바깥쪽으로 맛사지한다.

3회~5회 반복시킨다.

▶2. 눈피로 풀기(2)

양손 엄지를 턱에 걸고 인지, 중지, 약지는 코있는 쪽에서 바깥쪽으로 맛사지한다.

▶3. 눈피로 풀기(3)

눈을 지그시(힘을 주지 않고) 감았다 뜬다.

눈을 감고 안구 좌우로 움직인다.

3회~5회 반복 실시한다.

▶4. 눈피로 풀기(4)

양손바닥을 강하게 비벼서 열이 나게 한 후 두 눈을 가볍게 감고 양 손바닥을 눈 위에다 댄다.

3회~5회 반복 실시한다.

△양 손바닥을 강하게 비벼 열이 나게 한후
두 눈을 가볍게 감고 양손바닥을 눈위에
댄다.

△양손 엄지로 광대뼈밑 들어간 부분을 3~4
초 눌렀다 뗀다.

△양손엄지로 머리 뒷쪽에 있는 안점혈을 3
~4초 눌렀다 뗀다.

▶5. 눈피로 풀기(5)

관료혈(觀廖血)을 지압한다.
양손 엄지로 광대뼈 밑 들어
간 부분(관료혈)을 3~4초
눌렀다 뗀다.
3회반복 실시한다.

▶6. 눈피로 풀기(6)

안점(眼點)을 지압한다.
양 양손 엄지로, 머리 뒷쪽에
있는 안점혈을 3~4초 눌렀
다 뗀다. 3회 반복 실시한다.

효　과

▶ 눈의 피로를 풀어준다.
▶ 근시, 원시, 난시 예방 및 치료
에 도움을 준다.
▶ 시력을 강화시켜 준다.
▶ 머리를 맑게 한다.
▶ 집중력을 향상시킨다.
▶ 시지각훈련을 돕는다.
▶ 두통을 예방한다.
▶ 눈동자가 명료해진다.
▶ 시원스런 느낌이 든다.
▶ 직근 및 사근의 기능을 조절해
준다.

⑤ 목운동

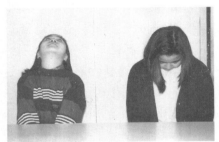

△머리를 앞으로 90° 숙인 다음, 뒤로 70°
(최대한) 젖힌다.

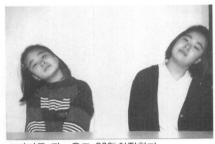

△머리를 좌·우로 360° 회전한다.

▶ 피로를 풀어준다.
▶ 시력을 강화시킨다.
▶ 두통을 치료 예방해 준다.
▶ 고혈압을 예방시켜 준다.
▶ 정신 집중력을 강화시켜 준다.
▶ 목 디스크 현상을 치료 예방해준다.

방 법
▶1. 자세를 바로 하고 양손을 무릎 위에 가볍게 올려 놓는다.
▶2. 머리에 힘을 주지 않고 눈을 가볍게 감는다.
▶3. 머리를 앞으로 90° 숙이기, 뒤로 70° (최대한) 각도로 젖히기 운동을 반복 실시한다.
▶4. 3회~5회 반복 실시한다.
▶5. 1, 2자세에서 머리를 좌·우로 360° 회전한다.
▶6. 3회~5회 반복 실시한다.

효 과
▶ 목과 머리의 혈액순환을 좋게 한다.

⑥ 심호흡

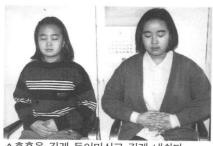

△호흡을 길게 들이마시고 길게 내쉰다.

방 법

▶1. 자세를 바로 하고 눈을 지그시(가볍게) 감는다.

▶2. 호흡을 깊게 들이 마시고 길게 내쉰다.

▶3. 3회~5회 반복 실시한다.

효 과

▶ 심신의 피로를 풀어준다.

▶ 전신이 맑아진다.

▶ 기분이 상쾌해진다.

▶ 정신 집중이 잘 된다.

▶ 자율 신경의 자극으로 신체내부기관을 강화시켜 준다.

⑦ 어깨풀기

△양 어깨를 번갈아 올렸다 내렸다 3회~5회 반복 실시한다.

방 법

▶ 양어깨를 번갈아 올렸다 내렸다 하는 것을 5회~10회 반복 실시한다.

효 과

▶ 어깨 근육을 이완시켜주고, 몸 전체의 균형을 잡아준다.

▶ 긴장감을 해소시켜 피곤을 풀어준다.

⑧ 손목풀기

△팔을 앞으로 뻗은 상태에서 손을 아래위로 흔들어 준다.

△팔꿈치를 구부린 상태에서 손바닥을 가슴 쪽으로 향하게 한 후 좌우로 흔들어 준다.

방　법
▶1. 팔을 앞으로 뻗은 상태에서 손을 흔들어 손목의 긴장을 풀어준다.
▶2. 팔꿈치를 구부린 상태에서 손바닥을 가슴쪽으로 향하게 하고 좌우로 흔들어 준다.
▶3. 10회～20회 반복 실시한다.

효　과
▶ 손목의 긴장을 풀어준다.
▶ 양뇌(좌뇌 · 우뇌)기능을 활성화 시켜준다.
▶ 혈액순환을 촉진시켜준다.

⑨ 무릎풀기

방　법
▶1. 양손으로 양무릎을 주무르면서 돌린다.
▶2. 3회～5회 반복, 실시한다.

효   과
▶ 무릎 근육의 긴장을 풀어준
  다.
▶ 혈액순환을 원활히 해준다.
▶ 무릎의 피로를 풀어준다.

△양손으로 양무릎을 주무르면서 돌린다.

⑩ 발목운동

방   법
▶1. 양발을 상하좌우로 움직이면
    서 돌린다.
▶2. 10회~20회 반복 실시한다.

효   과
▶ 발목 근육을 이완시킨다.
▶ 발목의 피로를 풀어준다.

△양발을 상하좌우로 움직이면서 돌린다.

▶ 전신의 기(氣)의 순환을 원활히 해준다.

⑪ 기지개〈氣知開 : 생기(生氣) 받기〉

방   법
▶1. 입을 최대한 크게 벌리고 양팔을 위로 힘차게 뻗는다.
▶2. 크게 숨을 내 뱉는다.

효   과

△입을 최대한 크게 벌리고 양팔을 위로 힘차게 뻗으며 크게 숨을 내뱉는다.

▶ 사기(死氣), 폐기(閉氣)를 배출시킨다.

▶ 생기(生氣)를 받는다.

▶ 뇌의 기능을 활성화시켜 준다.

▶ 머리를 맑게 해준다.

▶ 전신의 피로를 풀어준다.

제 2 장

훈련 전 개인검사

. . .

1 최초 독서 능력 검사 실시

2 2주 후 이해도 측정검사

3 4주 후 이해도 측정검사

1 최초독서능력 검사 실시

속독훈련에 들어가기 전에 먼저 자신이 최초로 가지고 있던 독서능력을 점검해보자. 다음의 예문「독서의 생활화」와「취미와 소질을 개발하자」의 총 글자수 1,758자를 평소에 읽던 습관대로 이해를 충분히 하면서 읽는다.

1분 간에 몇 자를 읽을 수 있는지 시간을 정확히 재어 읽고 기록해본다.

1분 동안 읽은 글자수		이해도측정문제득점
최초	자	점
2주후	자	점
4주후	자	점

또 1분 동안 읽은 예문 중에서 기억에 남아있는 단어를 생각나는 대로 1분간 적어보자. 이것은 순간 포착능력을 측정하는 테스트로서 기억력 향상을 위한 훈련이다.

순간 포착 능력 검사 — 1분 읽고 1분 쓰기		
1	5	9
2	6	10
3	7	11
4	8	12

199   년   월   일

최초 독서 검사

기 호 훈 련	문 자 훈 련	최초1분간독서속도		내용기억(이해는100%)	
계	+ 줄	횡서	자	** 자 $\frac{}{80점}$	자
		종서	자	자 $\frac{}{80점}$	자

원하는 목표		배	정 신 집 중 도	시	력
1분간 읽고 단어쓰기				좌 :	우 :

1	11	이해 1단계 최초 독서 속도
2	12	책 명
3	13	*글자수
4	14	시 간 분 초
5	15	**내 용 기 억
6	16	○30~40%
7	17	책 내용의 흐름 정도 기억
8	18	○50~60% 줄거리를 확실히 기억
9	19	○70~80% 줄거리는 물론 인명·지명 연
10	20	대까지 알 수 있는 단계

* 글자수 계산은 읽은 시간의 초÷60을 한 다음 글자수(1,758자)÷읽은 시간의 분·초=(읽은 시간의 초÷60을 한것)를 계산한다.

   예) 읽은 시간이 2분 20초일 때 계산법

     20÷60=0.33

     1,758÷2.33=754자

** 이해도 칸란에는 754× $\frac{(측정문제\ 득점\ 점수)}{80}$ 를 기록하고 횡서 칸란에 여기서 산출된 수치를 기록한다.

예문1 독서의 생활화

우리는 읽는 세계에 살고 있다. 이 시대와 발걸음을 맞추기　　23자
위하여서는, 독서생활이 하나의 불가피한 조건이 되어 있다.　　47자
가장 원만한 인격은 높은 교양과 풍부한 경험을 의미한다. 이　　71자
러한 교양과 경험을 얻기 위해서는 독서생활이 절대로 필요하　　96자
다. 책은 인간의 기록이요, 또한 표현이다. 그러므로 책은 우　　119자
리가 살고 있는 이 시대와 역사적인 배경에 다리를 놓아 주는　　143자
구실을 한다. 또한, 책은 우리 일상생활에 지침이 되는 동시에　　167자
흥미와 아울러 자연의 향기를 던져주고, 우리의 공백을 채워주　　192자
는 위안이 되고 친구가 되는 것이다.　　206자
　물고기가 물에서 나오면 살기 어려운 것과 마찬가지로 인간　　230자
이 책의 세계에서 떠나면 이미 아무 가치없는 사람이 되고 만　　254자
다. 우리는 매일매일 식생활을 계속하고 우리 몸의 영양을 섭　　278자
취하여 신체의 건강을 꾀한다. 그 반면에 책은 우리의 정신생　　302자
활의 영양소를 제공하여 주는 것이다. 이 두 가지가 다 갖춰져　　326자
야만 우리는 비로소 원만한 사람이 될 수 있다. 우리가 학교에　　350자
가서 공부하는 이유도 결국 따져보면 우리가 평생 살아가는　　374자
동안에 많은 책을 읽기 위한 행동에 불과하겠다고 하겠다. 인　　398자
간은 사는 날까지 음식을 놓지 못하는 것과 같이 책도 또한 놓　　422자
을 수 없는 것이다.　　429자
　우리가 책을 사랑하고 읽으면 읽을수록 책은 은연 중에 우리　　453자
의 피가 되고 살이 되어 우리로 하여금 건전한 지성인이 되게　　477자
한다. 우리는 책을 읽음으로써 삶에 대한 깊이를 찾을 수 있　　500자
고, 평범한 그날 그날을 더 재미있게 보낼 수 있다. 독서의 세계　　524자
에서는 절대로 외롭지 않다. 책처럼 개인 개인의 개성을 포용　　548자
해주며, 언제나 친절하고 믿을 만한 친구도 드물 것이다.　　570자
　책이 이만큼 우리 생활에 있어서 큰 자리를 차지하고 있음을　　594자

생각할 때 우리는 좀더 책에 대하여 관심을 가지고 좋은 책을	618자
가려서 읽는 독서생활을 하지 않으면 안된다.	638자
그러면 무엇을 어떻게 읽을 것인가? 또는 어떤 책이 좋은 책	659자
인가? 이런 질문이 나올 것으로 생각하나 그러한 질문에 대하	683자
여 간단히 대답하기는 곤란하다. '어떤 책을 읽든지 책을 읽는	707자
다는 것은 책을 읽지 않는 것보다는 훨씬 낫다'고 말한 이가 있	731자
다. 그러나 이 말은 함부로 아무 책이나 되는 대로 읽으라는	754자
말이 아님은 물론이다. 책이 우리에게 필요하면 필요한 만큼 그	779자
선택에 특히 주의하지 아니하면 안된다.	795자
우리가 자기 체력이나 신체적 조건에 따라 음식을 조심해서	819자
먹어야 하는 것과 마찬가지로 책을 선택할 때에도 역시 자기	843자
실력에 알맞은 책을 가려서 읽어야 한다. 우리는 옛날과는 달	867자
리 책을 얼마든지 손쉽게 구할 수 있게 되었다. 그 반면에 시	890자
중에는 아무 가치도 없는 순전히 상품적인 책이 유행한다. 그	914자
러므로 엄밀한 선택이 필요한 것은 두말할 것도 없다. 그렇게	938자
하기 위해서는 부모님이나 선생님, 혹은 그 방면에 대한 전문	962자
적인 지식을 가진 분들의 지도를 받아야 한다.	980자
어떤 책이 좋은 책인가? 쉽게 말하면, 우선 가장 오랜 기간	1002자
에 많은 독자에게 두고두고 읽히는 생명이 긴 책을 들 수 있	1025자
다. 대개 고전들은 소위 양서라고 하여도 마땅할 것이다. 사람마	1049자
다 취미가 다르고 보는 각도가 다른 이상 꼭 집어서 '이것이	1072자
가장 좋은 책이다' 하고 자신있게 단정을 내리기는 어렵다. 그	1096자
러므로 오랜 시간을 두고 많은 사람에게 읽혀져서 좋은 감흥	1120자
을 주는 책을 가릴 수 밖에 없다.	1132자
그러나 역시 무턱대고 '남이 좋다니 나도 좋다' 하는 식은	1154자
어리석은 일이다. 그 중에서도 자기 자신의 선택이 또한 있어	1178자
야 할 것이다.	1183자

[예문2] **취미와 소질을 개발하자**

우리들의 취미나 소질은 하루 이틀에 나타나는 것은 아니며,   1207자
반드시 일정한 것은 아니다. 식성이 변하는 것 같이 환경과 배   1255자
경, 지위에 따라 바뀌어지기도 한다. 그러나 우리는 소질과 취   1231자
미가 없는 일에서 노력하는 것보다 자기자신의 취미와 소질에   1279자
맞는 일에 대해 노력을 하는 편이 그 발전성에 있어서 성과가   1303자
좋다는 것을 발견할 수 있을 것이다.   1317자
취미와 소질, 재능과 타고난 천분을 잘 살리지 못하고 우리   1340자
어른들의 사고방식, 즉 자기자신이 못다한 것을 후세에게서 꼭   1365자
이루어지도록 하겠다든가 아니면 경제성을 생각하고 직업을 선   1391자
택케 하는 지나친 욕심 때문에 저마다의 타고난 재능을 유효적   1416자
절하게 살리지 못하고 도중하차하는 경우를 많이 보아 왔다.   1440자
그러나 다시 자기 적성과 취미에 맞는 직으로 돌아왔을 때는   1464자
의외의 실력을 재삼 발휘하며 생활에 보람을 느끼면서 생활을   1489자
영위하는 사람도 있다.   1498자
옛말에 콩 심은 데서 콩을 수확하고 팥 심은 데서 팥을 수확   1521자
한다는 말과 같이 각자가 타고난 소질과 천분을 가볍게 여겨   1545자
서는 안된다.   1550자
극히 소수의 사람들이 만능의 소질을 가진 이가 있고 무능한   1574자
위치를 벗어나지 못하는 사람들이 있지만, 그러나 대다수의 사   1599자
람들은 역시 그 스스로 지니고 있는 특성과 남다른 소질이 있   1623자
는 법이다.   1627자
그 소질은 좀처럼 쉽게 발견되지도 않는다. 반드시 어려서 나   1651자
타나야만 하는 것도 아니다. 성장 과정에서 서서히 나타나기도   1676자
한다.   1678자
정치, 경제, 사회, 문화, 예술, 스포츠 등 각 분야에서 개개   1699자
인의 타고난 저마다의 소질을 개발하기 위해서는 우리 모두가   1724자
협력과 창조와 개척의 정신으로 인류 공영에 이바지 할 수 있도   1749자
록 힘써야 겠다.   1758자

최초 이해도 측정문제

－「독서의 생활화」와 「취미와 소질을 개발하자」를 읽고

■ 다음 문제의 맞는 답을 골라 (   )안에 번호를 쓰시오.
1. 책은 우리에게 어떤 구실을 했다고 했나? 아닌 것은?(   )
   (1) 지성인이 되게한다.
   (2) 교양과 인품이 있는 인간을 만든다.
   (3) 역사와 전통을 알게 해준다.
   (4) 삶에 있어서 깊이있는 인간을 만들어 준다.
2. 독서의 생활은 왜 필요한 것인지 궁극적인 목적은?(   )
   (1) 시간 공백을 채워주기 위함
   (2) 교양과 경험을 얻기 위함
   (3) 기록 및 표현 방법을 얻기 위함
   (4) 정신적, 신체적인 건강을 얻기 위함
3. 원만한 인격, 교양이 높은 인간이 되기 위해서는?(   )
   (1) 운동을 열심히 하여 훌륭한 선수가 된다.
   (2) 양서를 많이 읽어 지식을 쌓는다.
   (3) 시험을 위한 공부를 하여 좋은 성적을 얻는다.
   (4) 음악을 즐겨 들으며 이웃에 친절하여 좋은 친구를 사귄다.
4. 책을 선택할 때 유의해야 할 점은?(   )
   (1) 자기 취미에 맞는 책을 선택
   (2) 어른이나 다른 사람이 좋다고 하는 책을 선택
   (3) 문학전집이나 문학서적을 선택
   (4) 자기 수준이나 실력에 알맞은 책을 선택
5. 학교에서 공부하는 이유는 무엇이라고 생각하는가?(   )

(1) 책을 읽고 덕을 쌓기 위해서

(2) 훌륭한 학자나 정치가가 되기 위해서

(3) 원만한 사회 생활을 하기 위한 지식을 쌓기 위해서

(4) 책을 읽음으로써 삶에 대한 깊이를 찾을 수 있기 위해서

6. 다음 문장의 (   )에 알맞은 말을 〈보기〉에서 골라 번호를 쓰시오.

> 인간의 원만한 인격은 높은(   )과 풍부한 (   )을 의미하며 이런 것을 얻기 위해서는 독서 생활이 절대로 필요하다. 책은 인간의 (   )이요, 또한 (   )이다.

〈보기〉 (1) 증인 (2) 기록 (3) 교양 (4) 행동

　　　　 (5) 인격 (6) 경험 (7) 표현 (8) 영양

7. 개개인이 타고난 소질을 개발하기 위해서는?( )

(1) 남들이 좋다는 책을 많이 읽는다.

(2) 책을 보고 부단히 노력하고 창조해 본다.

(3) 다른 사람이 연구한 것 중에 좋은 것을 골라 자기 것으로 만든다.

(4) 친구나 남들의 이야기를 들어 소질을 개발한다.

8. 우리의 취미나 소질은 어떤 식으로 나타나는가?( )

(1) 부모님이 권하는 것을 하게 된다.

(2) 환경과 배경에 따라 바뀌게 된다.

(3) 하루 이틀에 나타난다.

(4) 남이 많이 하는 것을 저절로 따라 하게 된다.

9. 어떤 책이 가장 좋은 책인가?( )

(1) 오랜 기간 동안 읽혀지는 생명이 긴 책

(2) 선전에 많이 나오며 베스트셀러인 책

(3) 외국어 낱말이 많이 섞여 있는 책

(4) 남녀노소가 읽을 수 있는 책

10. 다음 문장의 ( )에 들어갈 알맞은 말을 골라 넣으시오.

이 시대와 발 맞추기 위하여서는 (   )생활이 하나의 불가피한
조건이 되어 있다.

(1) 취미   (2) 독서   (3) 스포츠 (4) 문화

2 2주후 이해도 측정 검사

최초 독서능력검사를 실시한 후 2주 동안 속독 훈련을 한 후, 다시 이해도 측정 검사를 한다.

예문 「서울 구경」의 총 글자수는 1,468자로 1분 동안 읽은 글자수를 적고 측정문제를 풀어 본다. 최초 독서 능력 검사와 비교해 속도가 빨라진 정도, 그리고 이해도가 어느 정도 향상되었는지 확인한다

예문1 서울구경

기철이가 오면 사이좋게 놀도록 해야 한다는 말을 하면서 엄마는 말했습니다. '그 애는 너랑 친척이고 그리고 시골에서 서울 구경을 오는 거란다' 하고 말예요.

친척이란 참 복잡한 건가 보죠? 엄마가 설명을 해 주긴 했지만 난 알 듯도 하고 모를 듯도 했으니까요. 기철이는 우리 할아버지의 동생의 아들이랍니다. 그러니까 할아버지의 동생이 아들을 낳았고 그 아들이 있는데 그 애가 기철이라는 겁니다.

기철이가 서울에 오던 날, 그 애가 타고 온 것은 분명 기차였는데 그 애는 마치 우주선을 타고 어느 별나라에서 온 아이 같았습니다.

역에서 기철이를 택시에 태워 가지고 집으로 오는 동안 기철이는 처음에는 별로 말이 없었어요. 서울 오면 좋아할 거라는 엄마말과는 달리 기철이는 뭔가 화가 난 아이처럼 앉아 있었거든요. 그 애가 엄마에게 물은 건 제 친구 이름이었어요.

「학성이라구 있걸랑유, 그 애 알아유?」

「몰라, 학성이가 누구니?」

「내 친군데유, 걔네는 돼지를 세 마리나 길러유. 집에 가면유 내가 학성이새끼 혼내줄 거예유. 진짜예유.」

「왜? 왜 그앨 혼내 주니?」

「글쎄 있지유, 학성이가 뭐랬는지 알아유? 내가 기차 타고 간다면서 기차 바퀴는 쇠바퀴라니깐 아니라구 자꾸 우기잖어유. 세상에 쇠바퀴가 어디 있네유, 고무 바퀴라잖어유.」

엄마가 웃었어요.

「그래서 어떻게 됐니?」

「내가 졌지유 뭐. 자전거두 그렇구 리어커도 그렇구 자동차도 그렇구 다 고무 바퀴라면서 기차 바퀴도 고무 바퀴라고 우겼거든요. 그랬는데 오늘 보니까 내 말이 맞었지 뭐예유. 진짜 기차는 쇠바퀴를 달었대유.」

참 이상한 아이였어요. 그 아이는 시내로 들어오며 더욱 깜짝 놀랠 얘기만 했지 뭐예요.

「기철아, 저게 남대문이란다. 잘 봐 둬라, 남대문이야」

「남대문이유?」

「그래」

「얼래, 웃기네유 참말루. 무신 문이 집이래유? 서울에는 희한한 거 많다구는 허드구만 진짜 요상허네유. 시상에 무신 집을 가지구 문이라구 헌대유. 참 별나네유, 별나.」

기철이는 서울에 오면서 아주 바쁘고 고단했어요.

할머니를 따라 동네 어린이 놀이터엘 가야 했고 지하철도 타고 백화점 구경을 가서 에스컬레이터도 탔고, 어린이 대공원에도 아빠가 데리고 갔어요.

「저게 남산이란다.」

시내로 나가던 날 아빠가 말했더니 기철이는 중얼거렸어요.

「무신 산에다가 저렇게 집을 디립다 지었대유? 저러면 꿩도 없을 텐디. 가게방 하는 주환이 아저씨라구 있걸랑유, 그 아저씨는 꿩을 얼매나 잘 잡는 줄 아세유? 하여튼 잡는 데는 젤이지유 젤. 토끼 사냥도 겨울에는 젤 잘 해유.」

우리는 백화점에 갔습니다. 들어가기도 전에 기철이는 고개를 발딱 젖히고 건물 높이부터 세어 보았어요.

「높긴 참 높네유. 우리 동네선 전도사님 기시는 교회가 젤루 높아유. 그건 언덕 꼭대기에 지었거든유.」

고가 도로를 지나가면서 그 애는 고개를 갸웃거렸어요.

「강도 아닌데 왜 다리를 놓았대유? 알다가두 모를 일이네유.」

아파트 단지를 보았을 때 기철이는 히야히야 하고 소리를 질렀어요.

「꼭 우리 동네 국민핵교 같네유. 우리 동네선 핵교가 제일 커유. 저 핵교같은 데서 칸칸이 사람이 산단 말예요? 그런디 참 나쁘겠네요? 저 위에 사는 사람은 변소에 갈려면 한참이나 내려와야 할 거 아네유. 저 위에서 연 날리면 좋겠네유? 높은 데 걸릴 것두 없구 말예유.」

지하철을 탔을 때에야 기철이는 알겠다는 듯이 고개를 끄덕였어요.

「아하, 기차로구먼유. 나두 기차 타고 왔잖어유? 무신 굴이 길기는 또 그렇게 길구유.」

기철이가 제일 걱정했던 것은 아빠를 따라서 갔던 빌딩에서였어요. 복도의 의자에 앉아 있을 때 기철이는 아빠의 소매를 잡아 당기며 낮게 물었어요.

「이상허네유, 왜 저렇대유?」

「뭐가?」

「저길 좀 보세유?」

「응 그건 엘리베이터라는 거란다.」

「엘리빈지 뭔지… 저거 보세유 문이 열렸지유? 근데 이제 좀 있다가 보세유. 들어갈 땐 여자 둘이 들어갔는데 나올 땐 딴 사람이 나오 잖아유. 보세유 보세유, 여자는 안나오구 이번엔 딴 남자만 세 명씩 이나 나왔네유.」

기철이를 위해서 우리는 엘리베이터를 타고 빌딩을 세 번씩이나 오 르내려야 했어요. 밖으로 나오며 기철이는 알겠다는 듯이 기분좋게 고개를 끄덕였지만 그러나 또 학성이가 걱정인 모양이었어요.

(총 1,468자)

2주후 이해도 측정 문제

— 「서울구경」을 읽고

■다음 문제를 읽고 맞는 답을 골라(   )안에 번호를 쓰시오.

1. 기철이는 서울에 무엇을 타고 왔나?
   (1) 버스   (2) 비행기   (3) 기차   (4) 우주선
2. 기철이는 집으로 돌아가면 어느 친구를 혼내준다고 했나?
   (1) 거성   (2) 수철   (3) 병수   (4) 학성
3. 기철이는 시내로 들어오면서 4대문 중의 어느 문을 보았나?
   (1) 동대문   (2) 남대문   (3) 성당   (4) 미륵불탑
4. 기철이가 사는 동네는 종교건물로는 무엇이 있었나?
   (1) 절   (2) 교회   (3) 성당   (4) 미륵불탑
5. 기철이는 백화점을 지나 어떤 도로를 달렸나?
   (1) 고가도로 (2) 입체 교차로 (3) 고속도로 (4) 강변도로
6. 기철이는 아파트단지 꼭대기에서 뭘 했으면 좋겠다고 생각했나?
   (1) 종이 비행기를 날린다.   (2) 서울 구경을 한다.
   (3) 연을 날린다.   (4) 소리를 질렀으면 좋겠다.
7. 기철이는 아파트 단지를 보고 무엇과 비교했나?
   (1) 교회건물   (2) 면사무소   (3) 병원   (4) 국민학교
8. 기철이가 아빠를 따라 빌딩에서 신기하게 보았던 것은?
   (1) 에스컬레이터   (2) 엘리베이터
   (3) 자동문   (4) 회전의자
9. 이 글을 읽고 기철이는 어디에 살고 있다고 느끼는가?
       (   )
10. 기철이는 나의 할아버지와 어떤 관계인가?
       (   )

3 4주후 이해도 측정검사

최초 독서 능력검사를 실시한 4주 후에 3차 이해도 측정 검사를 한다. 예문 「백색인간」의 총 글자수는 1,340자로 1분 동안 읽은 후 읽은 글자수와 측정문제 해답을 작성한다. 속독을 4주간 훈련하고 실시하는 검사이므로 독서속도와 이해력이 크게 향상됐음을 알수 있다.

예문1 **백색인간**

이달호는 생명의 은인이자 장발에 가는 금테 안경을 낀 실내 장식가로서 최동오의 생활권 안에 점점 깊숙이 침투해 들어갔다. 그는 매우 신중하게 대처해 나가면서 행동했기 때문에 최동오에게 아주 좋은 인상을 심을 수가 있었다.

난미를 잃음으로써 비탄에 빠져 있던 최동오로서는 그야말로 어느 날 갑자기 등장한 이달호라는 사나이의 존재가 퍽이나 위안이 되었고, 이윽고 그것은 그에 대한 강한 신뢰의 정으로까지 발전하게 되었다. 그가 사람을 사귀는 데 있어 조금이라도 조심성이 있고 신중한 면이 있었다면 한번쯤 이달호에 대해 경계심을 품어 볼만도 했으리라.

그러나 단순하고 사람을 의심할 줄 모르는 그는 매우 빠른 속도로 이달호를 신뢰하고 있었고 그가 쳐놓은 그물 속으로 깊이 빠져 들어갔다.

이달호는 최동오를 만나는데 있어 제삼자와 동석하는 것을 극도로 싫어했다. 최동오는 그를 집으로 초대해서 사의를 표하려고 해도 그는 한사코 사양했고, 그밖에 최동오를 알고 있는 그 누구와도 만나는 것을 기피했다. 따라서 그들은 언제나 단 둘이서만 만났다.

만날 때마다 달호는 상처를 달래준다는 이유로 동오에게 술을 사주었고, 그러기를 몇 번 거듭하자 그들은 흉허물 없는 친구 사이로 발전하게 되었다.

그리하여 그들이 관계를 맺은 지 보름 쯤 지난 그러니까 7월 중순도 다 갈 무렵인 어느 날 이달호는 드디어 행동을 개시했다.

그날도 비가 내리고 있었는데 그가 준비를 마치고 최동오를 만난 것은 저녁 7시께였다. 그때부터 그는 술집을 돌면서 동오에게 술을 먹이기 시작했고 9시쯤에는 그의 몸을 제대로 가눌 수 없도록 만들어 놓았다. 그리고 나서 그를 호텔로 끌고 갔다.

미리 얻어 놓은 호텔방으로 데리고 들어간 그는 맥주에 수면제를 타서 그에게 먹였다.

이윽고 동오가 곯아 떨어지자 이달호는 가발과 안경을 벗었다. 그는 이남표로 돌아갔다. 가발과 안경을 침대 위에 밀어 넣고 나서 최동오의 옷을 벗겼다.

그 옷들은 하나같이 품이 컸지만 두사람의 키가, 서로 비슷했기 때문에 남표에게도 적당히 어울리는 편이었다.

밤색 바지와 하늘색 무늬의 저고리를 걸치고 난 그는 새로 맞춘 안경을 꺼내 끼었다. 그것은 도수만 없다 뿐이지 최동오의 안경과 똑같은 것이었다.

자신의 옷가지를 침대 밑에 깊이 처박고 나서 그는 거울 앞에 섰다.

미장원에서 손질한 머리는 최동오를 닮아 곱슬곱슬했다.

방 열쇠를 호주머니 속에 넣고 방을 나온 그는 밖에서 방문을 열 수 없도록 고정시켜 놓았다.

밖에는 비가 많이 내리고 있었다. 택시를 잡아 탄 그는 시계를 보았다. 9시30분이 지나고 있었다.

10시 30분에 그는 우동철 산부인과 앞을 지나쳤다. 그리고 백미터 쯤 떨어진 곳에서 택시를 버리고 산부인과 쪽으로 되짚어 갔다.

우동철 산부인과는 그 시간에도 불이 켜져 있었다. 그것은 백색의 3층 빌딩으로 1년 전에 신축되었는데, 원장의 의술이 뛰어나 손님들이 많이 몰리고 있었다.

이남표는 산부인과에서 조금 떨어진 골목 어귀에 우산을 받쳐들고 서서 기다렸다. 15분 쯤 지났을 때 그가 기다렸던 것이 나타났다. 크림색 피아트가 산부인과 앞에 와서 멎더니 배가 거대하게 부풀어 오른 젊은 임신부와 노파가 차에서 내렸다. (총 1,340자)

4주후 이해도 측정 문제

— 「백색인간」을 읽고

■다음 문제를 읽고 물음에 맞는 답을 골라 (　) 에 번호를 쓰시오.
1. 이달호의 직업은? (　　)
   (1) 기업가　(2) 회사원　(3) 실내장식가　(4) 화가
2. 최동오는 누구를 잃고 비탄에 빠져 있었나? (　　)
   (1) 기숙　(2) 난미　(3) 여숙　(4)정화
3. 최동오의 성품은? (　　)
   (1) 약고 민첩하다.　　(2) 정확하고 의심적이다.
   (3) 복잡하고 의심적이다.　(4) 단순하여 의심적이 아니다.
4. 이달호는 최동오를 데리고 어디로 갔나? (　　)
   (1) 모텔　(2)여관　(3)호텔　(4) 여인숙
5. 최동오 머리의 특징은? (　　)
   (1)곱슬이다. (2)직모이다. (3)새치가 많다. (4)백발이다.
6. 이달호의 본명은? (　　)
   (1) 이남표　(2) 이정식　(3) 이계숙　(4) 이철수
7. 이달호가 택시를 잡아 탄 시간은? (　　)
   (1) 11시30분　(2) 10시　(3) 9시30분　(4) 9시
8. 이달호는 10시 30분에 어떤 병원을 지나쳤나? (　　)
   (1) 비뇨기과 (2) 산부인과 (3) 내과 (4) 외과
9. 병원은 몇 층이었나? (　　)
   (1) 3층　(2) 5층　(3) 4층　(4) 7층
10. 젊은 임산부와 노파가 타고 온 차는? (　　)
   (1) 로얄　(2) 포니　(3) 피아트　(4) 벤츠

제 3장

집중력 개발 훈련

. . . . .

1 단전호흡법

2 고정점 응시법

3 시점 이동법

1 1단계 - 단전호흡법

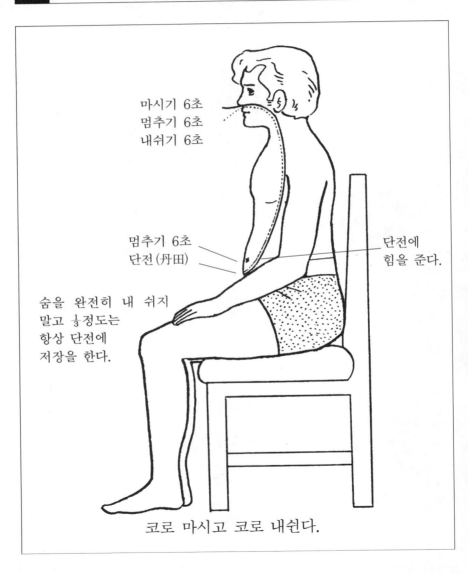

마시기 6초
멈추기 6초
내쉬기 6초

멈추기 6초
단전(丹田)

단전에
힘을 준다.

숨을 완전히 내 쉬지
말고 ⅓정도는
항상 단전에
저장을 한다.

코로 마시고 코로 내쉰다.

2 2단계 - 고정점 응시법

(A)

(B)

(C)

•

(D)

3 3단계 - 시점 이동법

(A)

(B)

제 4 장

시폭 확대 훈련

1 1단계 - 좌우 · 상하 이동법

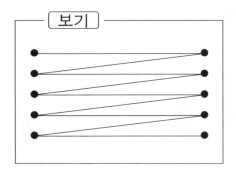

보기

보기와 같이 좌에서 우로 선을 그은 다음 선을 따라 시점을 이동시키면서 빠르게 본다. 이때 머리를 움직이지 말고 목과 눈에 힘을 주지 않는 상태에서 단전호흡과 병행하여 실시한다.

2 2단계 - 상하 · 좌우 역행 이동법

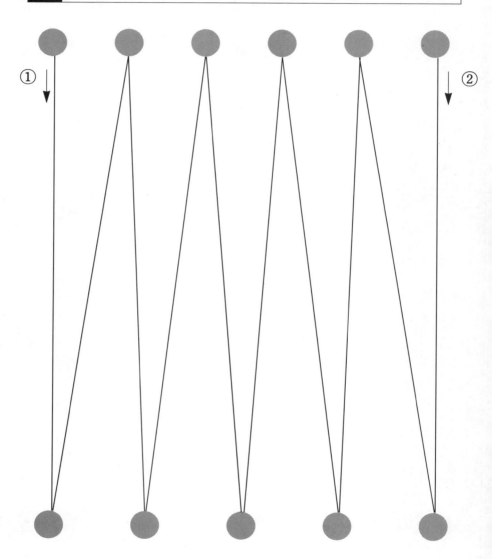

3 3단계 - 대각선 이동법

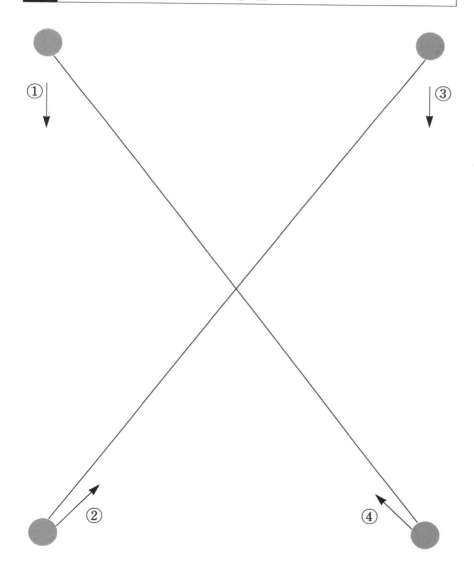

4 4단계 - 페이지 연결법

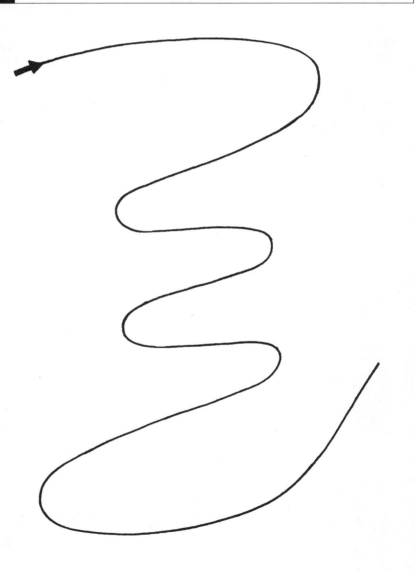

5 5단계 - 원 이동법

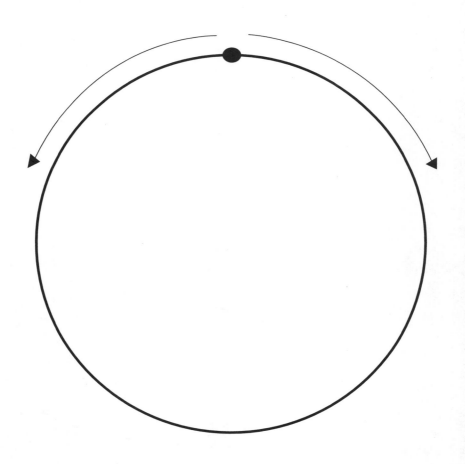

제 5 장

시지각 능력개발 훈련

· · · · ·

1 1단계 - 기호 훈련

① 기호 훈련 발전 과정

기호 안에 점과 눈의 시점이 일치, 시각선이 맺어지면서 지각시야가 넓혀진다.

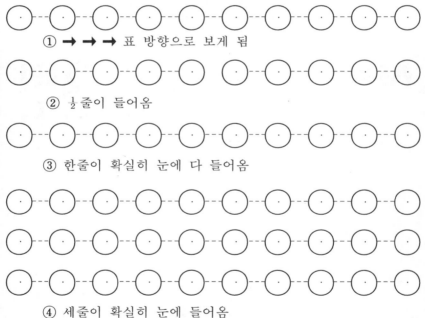

① ➡ ➡ ➡ 표 방향으로 보게 됨

② $\frac{1}{2}$ 줄이 들어옴

③ 한줄이 확실히 눈에 다 들어옴

④ 세줄이 확실히 눈에 들어옴
⑤ $\frac{1}{3}$ 페이지(다섯줄)가 확실히 들어옴
⑥ $\frac{1}{2}$ 페이지(7~8줄) 확실히 들어옴
⑦ 1페이지(150개)가 다 들어옴
※ 시신경이 개개인에 따라 다 다르기 때문에 다소 차이가 있음

*자자 승락없이 복사 · 복제 도용금함.

② 훈련 방법

▶ 책제본선 중앙과 콧날을 일치시켜 놓고 본다.

▶ 기호의 동그라미 하나하나를 찍어 보지 않고 점과 동그라미를 동시에 보아 나간다.

▶ 기호를 한 줄 씩 빠르게 본다.

▶ 처음 2~3일간은 한 줄 씩 빠르게 본다.

▶ 3 ~ 4일이 지나면 기호가 3~2줄씩 눈에 들어온다. 눈에 들어오는 만큼 봐 나간다.

▶ 약 일주일 정도 계속하면 책 한면이 한 눈에 들어온다.

▶ 약10초 이내에 4,500개의 기호를 볼 수 있을 때까지 훈련한다.

▶ 10초 이내에 4,500개를 볼 수 있을 때 이해단계 훈련에 들어간다.

▶ 시지각 능력 개발훈련 1단계 시간별 평균 기록은 다음과 같다. 그러나 개개인의 능력에 따라 다소 차이가 날 수 있다.

기호훈련 시간별 평균 기록

① 1회 (1시간) : 500-800개　　④ 4회 (1시간) : 1200개-4500개
② 2회 (1시간) : 800-1000개　　⑤ 5회 (1시간) : 4500개-20초
③ 3회 (1시간) : 1000-1200개　　⑥ 6회 (1시간) : 20초-8초

※ 지루하지 않게 시지각 능력개발 훈련 1단계와 2단계를 병행한다.

횡서 시지각 능력 개발 훈련 1 단계

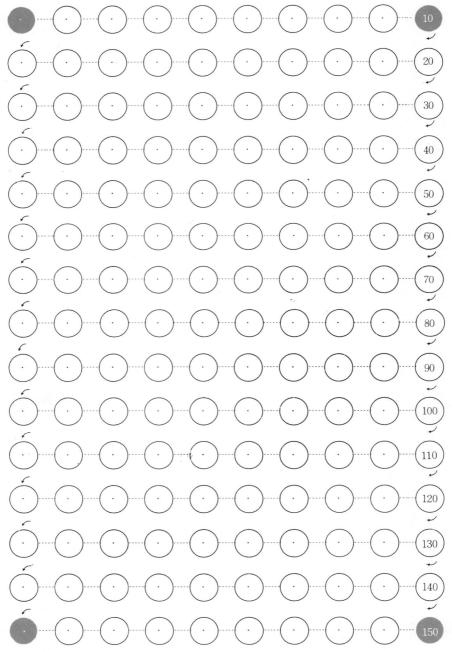

횡서 시지각 능력 개발 훈련 1 단계

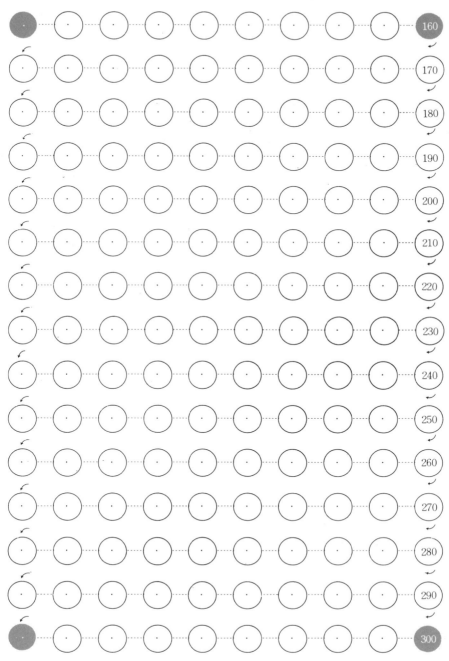

횡서 시지각 능력 개발 훈련 1 단계

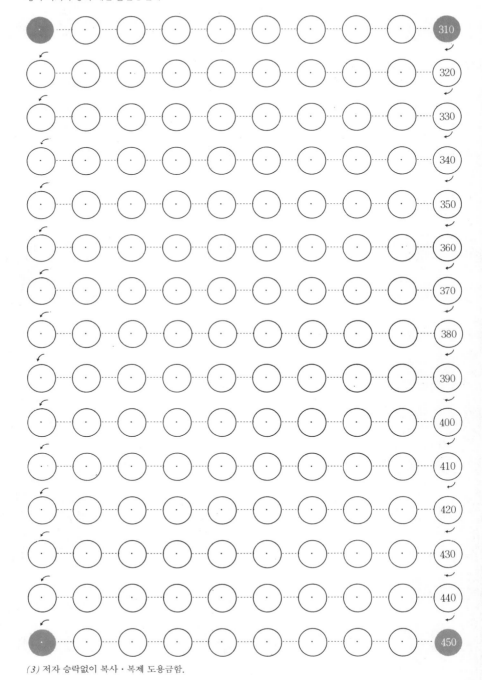

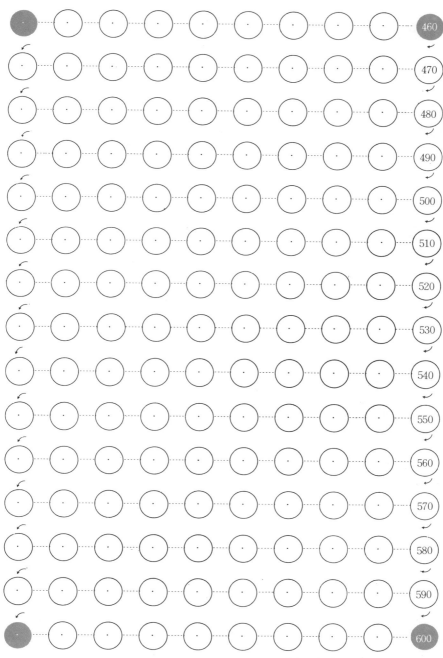

횡서 시지각 능력 개발 훈련 1 단계

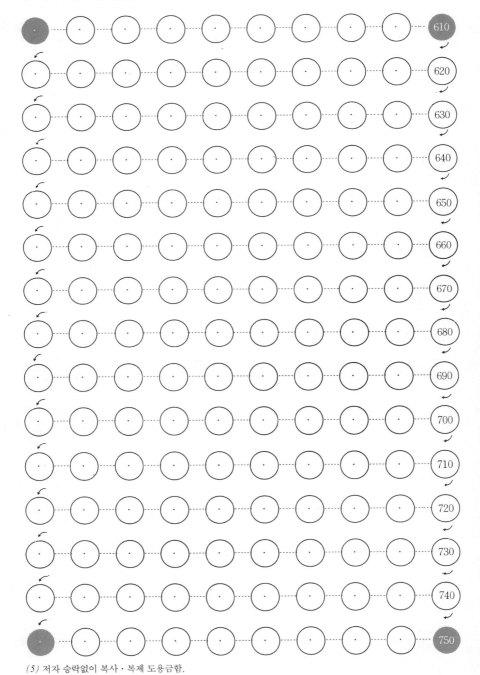

횡서 시지각 능력 개발 훈련 1 단계

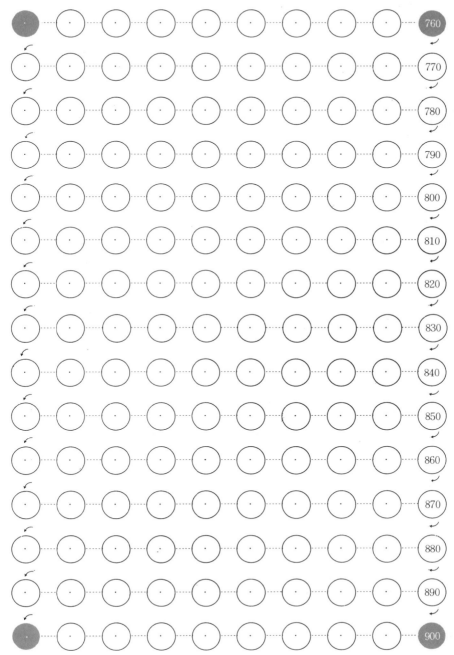

횡서 시지각 능력 개발 훈련 1 단계

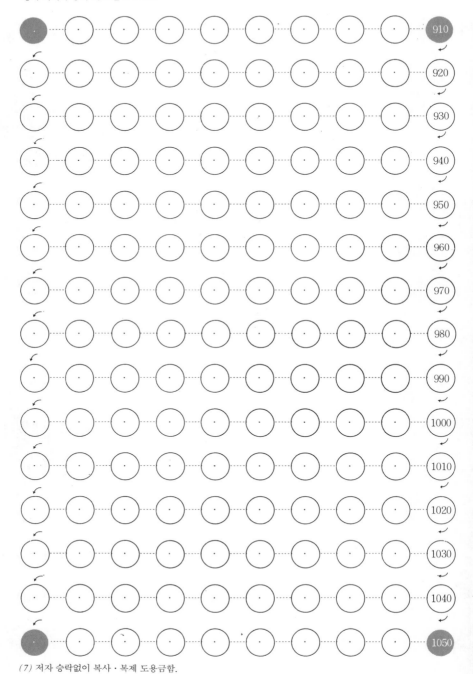

횡서 시지각 능력 개발 훈련 1 단계

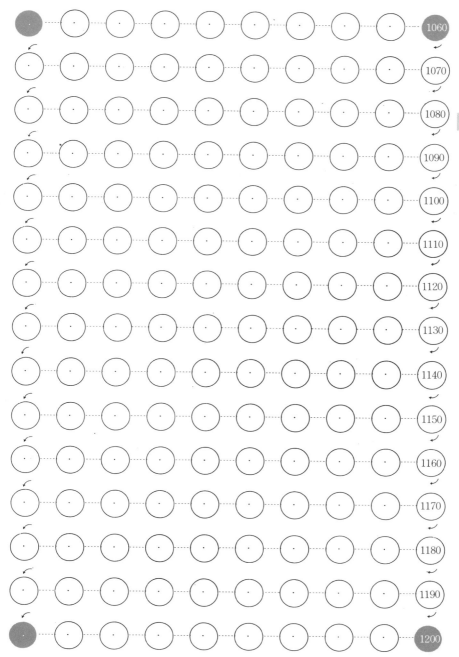

횡서 시지각 능력 개발 훈련 1 단계

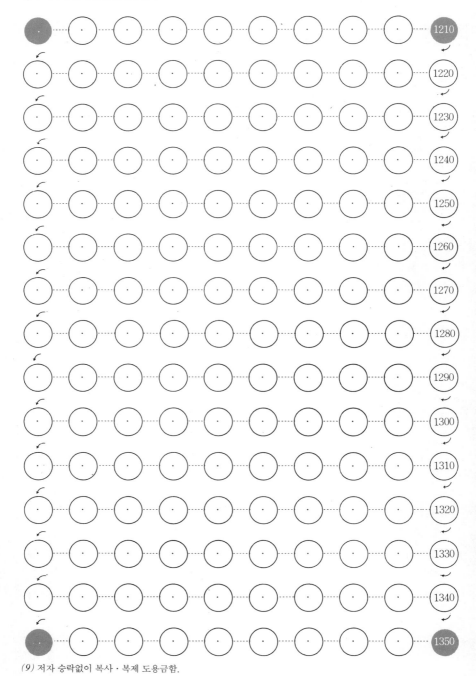

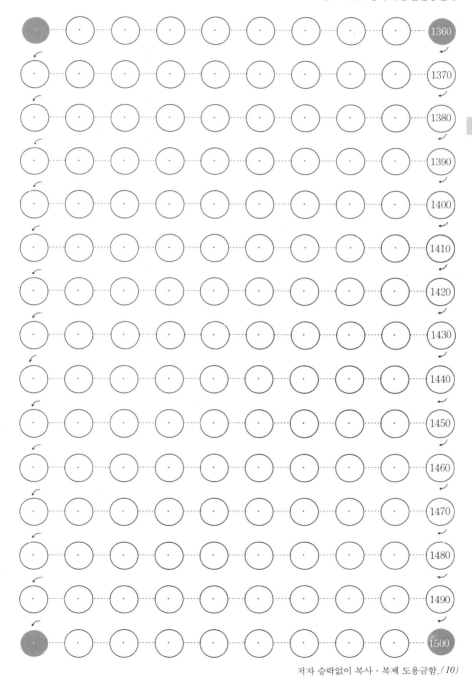

횡서 시지각 능력 개발 훈련 1 단계

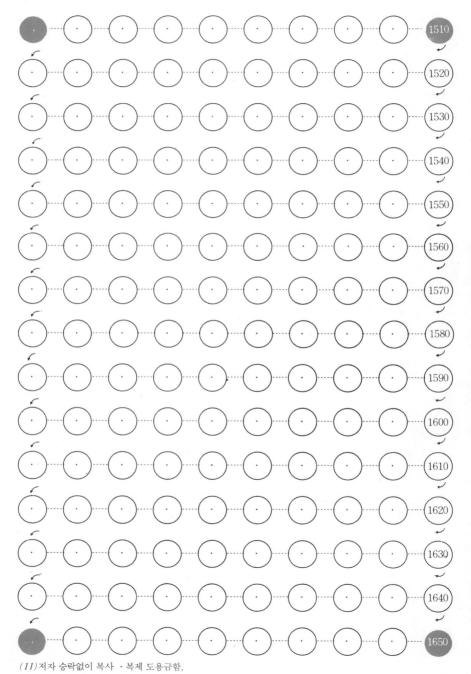

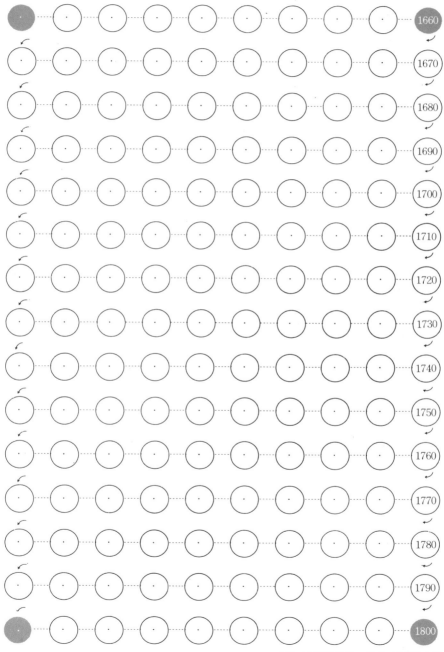

횡서 시지각 능력 개발 훈련 1 단계

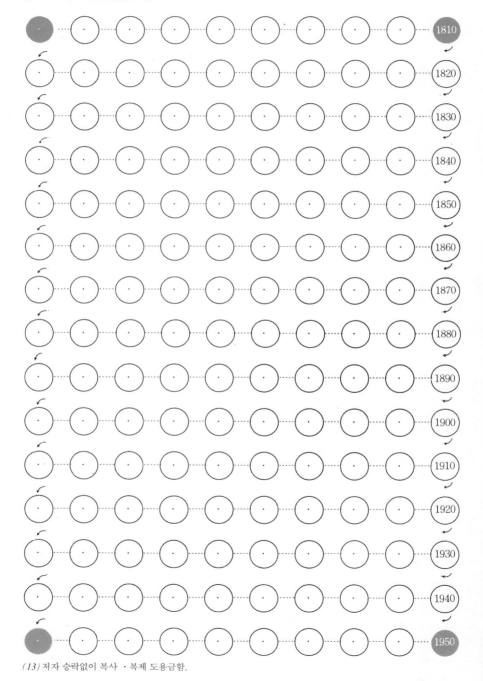

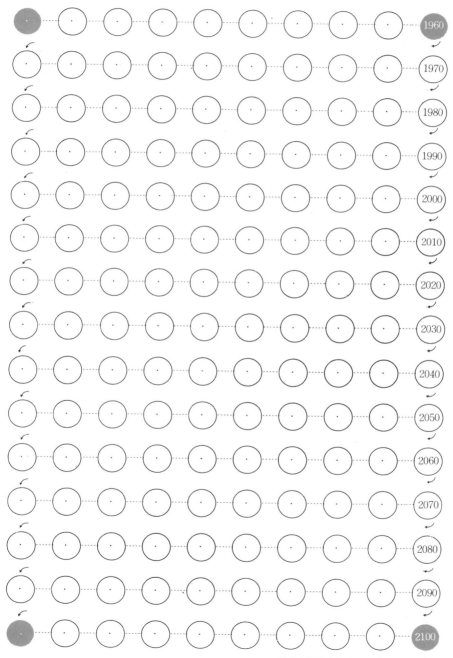

횡서 시지각 능력 개발 훈련 1 단계

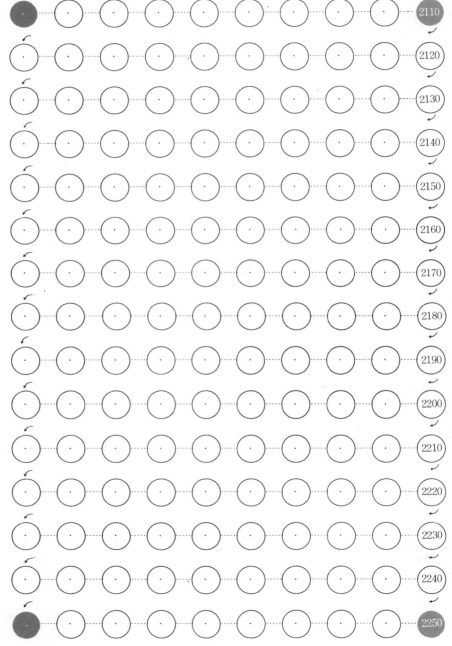

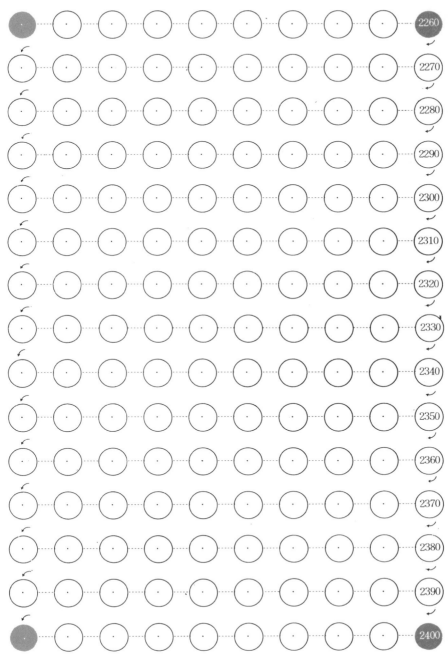

횡서 시지각 능력 개발 훈련 1 단계

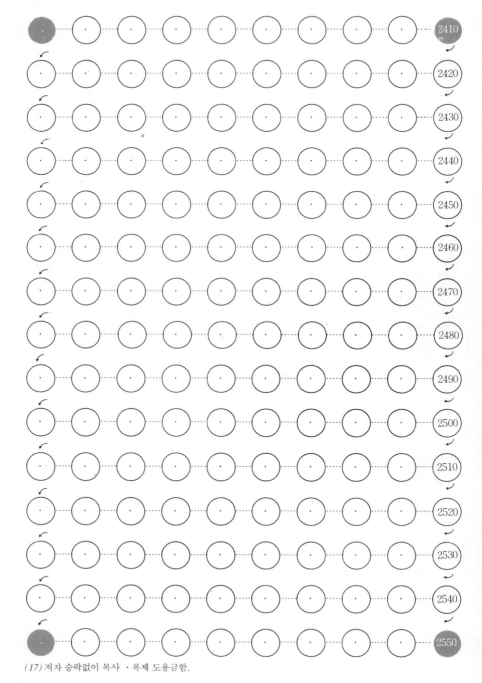

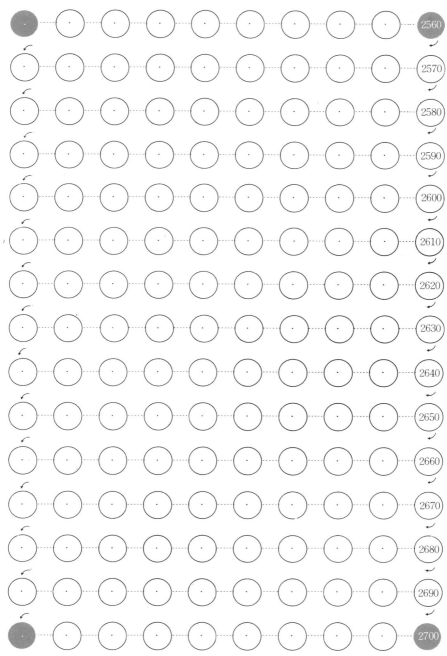

횡서 시지각 능력 개발 훈련 1 단계

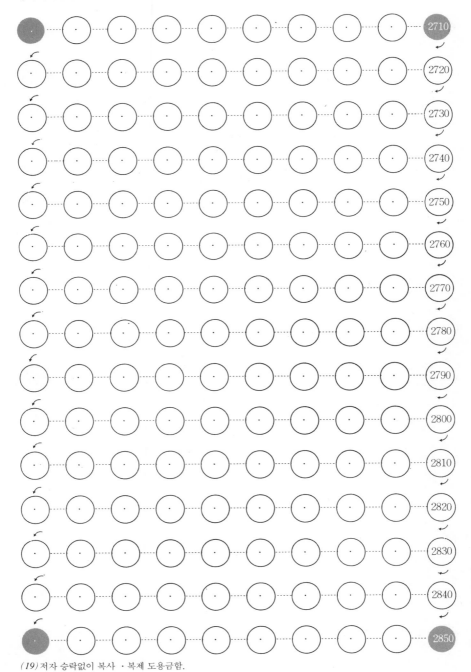

횡서 시지각 능력 개발 훈련 1 단계

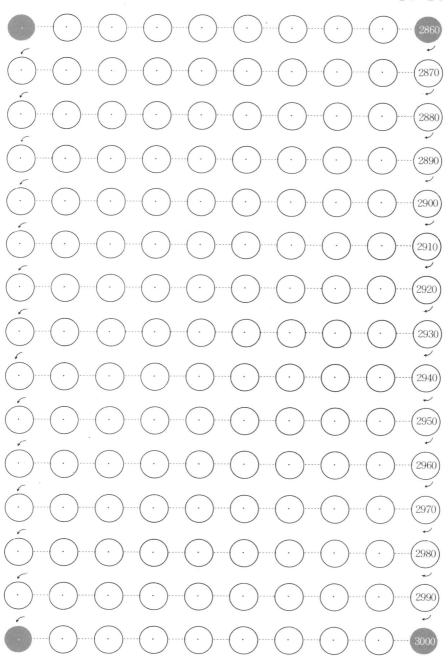

횡서 시지각 능력 개발 훈련 1 단계

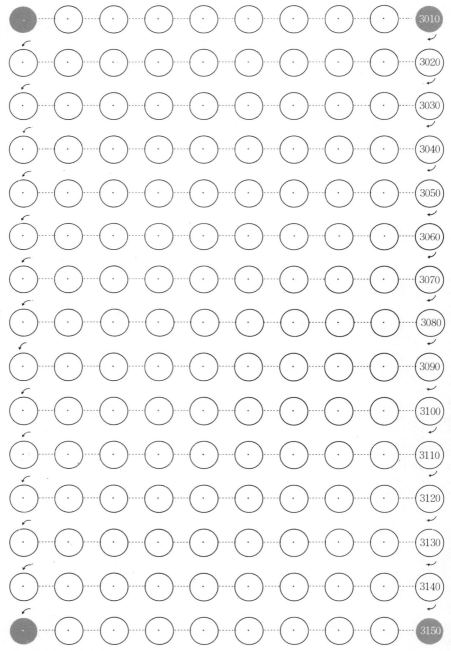

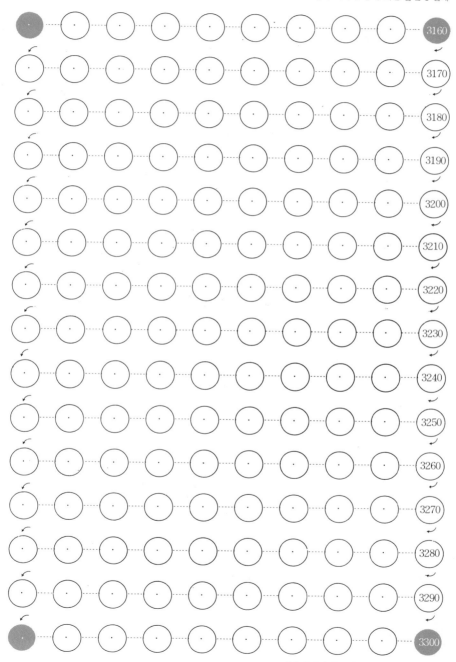

3160
3170
3180
3190
3200
3210
3220
3230
3240
3250
3260
3270
3280
3290
3300

횡서 시지각 능력 개발 훈련 1 단계

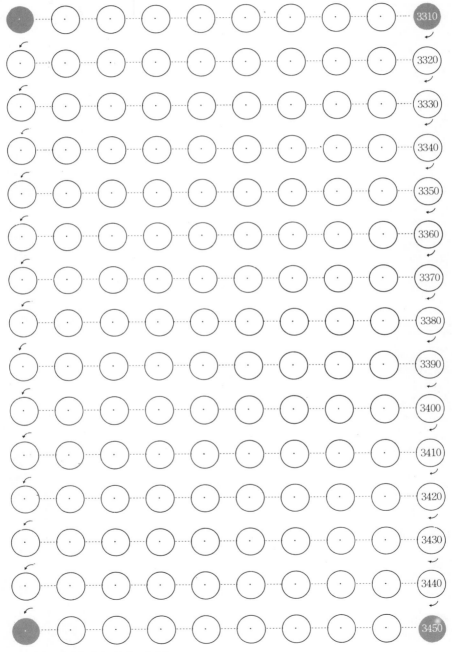

횡서 시지각 능력 개발 훈련 1 단계

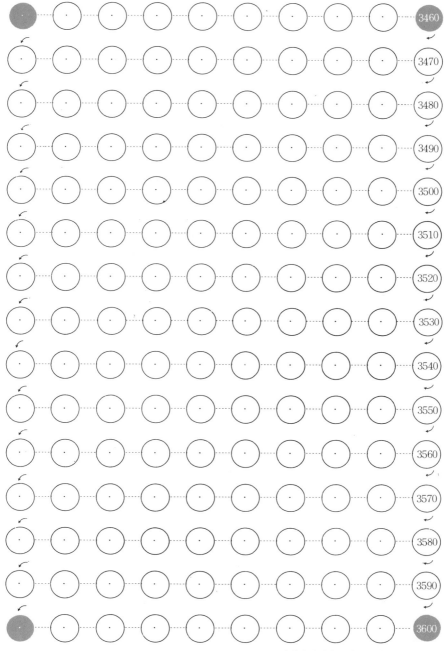

횡서 시지각 능력 개발 훈련 1 단계

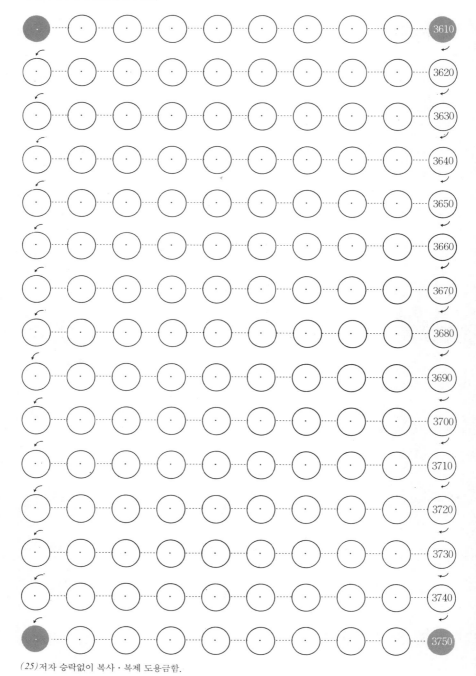

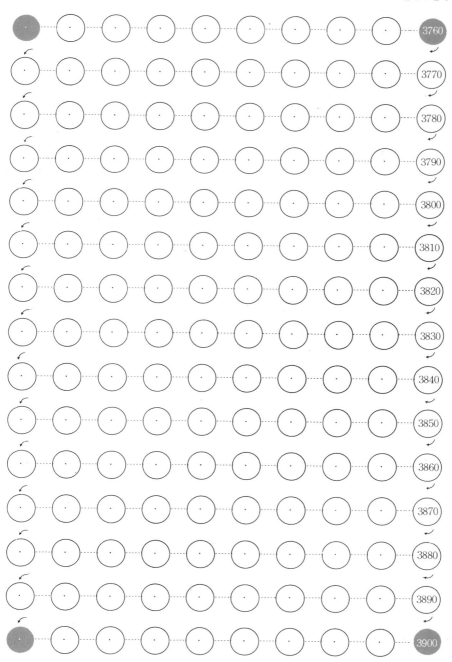

횡서 시지각 능력 개발 훈련 1 단계

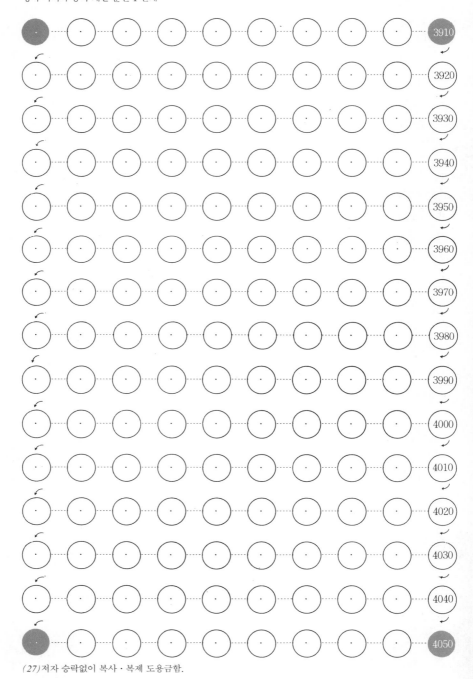

횡서 시지각 능력 개발 훈련 1 단계

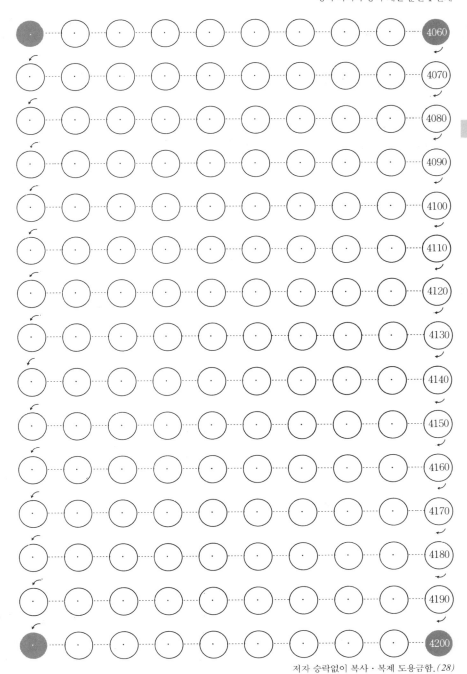

횡서 시지각 능력 개발 훈련 1 단계

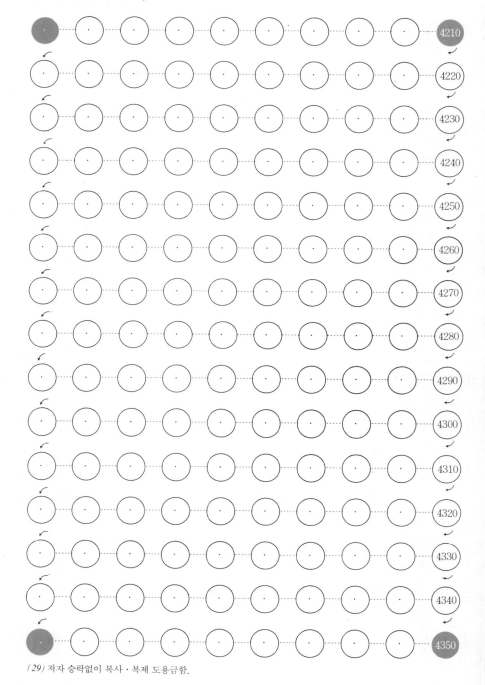

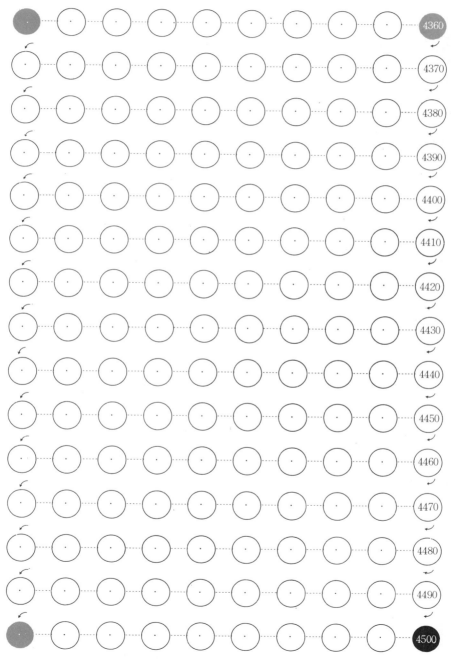

4360
4370
4380
4390
4400
4410
4420
4430
4440
4450
4460
4470
4480
4490
4500

2 2단계 - 문자훈련

① 문자훈련 발전 과정

가 가
① ➡ ➡ ➡ 표 방향으로 보게 됨

ぁ ぁ ぁ ぁ ぁ ぁ ぁ ぁ ぁ ぁ   ぁ ぁ ぁ ぁ ぁ ぁ ぁ ぁ ぁ
② ½줄이 확실히 눈에 들어옴

Ƃ Ƃ Ƃ Ƃ Ƃ Ƃ Ƃ Ƃ Ƃ Ƃ Ƃ Ƃ Ƃ Ƃ Ƃ Ƃ Ƃ Ƃ Ƃ Ƃ
③ 한줄이 확실히 눈에 다들어옴

क ख ग घ ङ क ख ग घ ङ क ख ग घ ङ क ख ग घ ङ क
Ⅶ Ⅶ Ⅶ Ⅶ Ⅶ Ⅶ Ⅶ Ⅶ Ⅶ Ⅶ Ⅶ Ⅶ Ⅶ Ⅶ Ⅶ Ⅶ Ⅶ Ⅶ Ⅶ
é é é é é é é é é é é é é é é é é é é é
④ 3줄이 확실히 눈에 들어옴

⑤ 10줄이 확실히 눈에 들어옴

⑥ 20줄이 확실히 눈에 들어옴

⑦ 1페이지 (30줄)가 확실히 눈에 들어옴

② 훈련방법

▶ 책 제본선 중앙과 콧날을 일치시켜 놓고 본다.

▶ 문자를 하나하나 발음하여 읽어서는 안된다.

▶ 문자이기 때문에 기억이 되지 않는다고 해서 눈동자를 천천히 움직여서는 안된다.

▶ 한 줄씩 빠르게 본다. 국민학생이 한자어를 읽고 이해하지 못해도 볼 수 있듯이 눈으로만 읽는다.

▶ 처음 2~3일간은 한 줄씩 빠르게 본다.

▶ 3~4일이 지나면 문자가 2-3줄씩 눈에 들어 온다. 눈에 들어오는 만큼 봐 나간다.

▶ 4~5일이 지나면 보는 폭을 최대한 넓혀서 본다.

▶ 약15초 이내에 30P의 문자를 볼 수 있을 때까지 훈련한다.

▶ 15초 이내에 30P를 볼 수 있을 때 이해단계 훈련에 들어 간다.

▶ 시지각 능력 개발 훈련 2단계 시간별 평균 기록은 다음과 같다. 그러나 개개인의 능력에 따라 다소 차이가 날 수 있다.

문자훈련 시간별 평균기록

① 1회 (1시간) : 1 - 3P	④ 4회 (1시간) : 10 - 30P
② 2회 (1시간) : 3 - 4P	⑤ 5회 (1시간) : 1분 - 20초
③ 3회 (1시간) : 4 - 10P	⑥ 6회 (1시간) : 20초 - 15초

※ 지루하지 않게 시지각 능력개발 훈련 1단계와 2단계를 병행한다.

가가가가가가가가가가가가가가가가가가가가가가가가가가가가가가가가 *1*

AAAAAAAAAAAAAAAAAAAAAAAAAAAAAAA

金金金金金金金金金金金金金金金金金金金金金金金金金金金金金金

あ あ

क ख ग घ ङ क ख ग घ ङ क ख ग घ ङ क ख ग घ ङ क ख ग घ ङ *5*

ЏЏЏЏЏЏЏЏЏЏЏЏЏЏЏЏЏЏЏЏЏЏЏЏЏЏЏЏЏ

é é

Б Б Б-Б ББ

ι ι ι ι ι ι ι ι ι ι ι ι ι ι ι ι ι ι ι ι ι ι

Ă *10*

ᛉᛉᛉᛉᛉᛉᛉᛉᛉᛉᛉᛉᛉᛉᛉᛉᛉᛉᛉᛉᛉᛉᛉᛉᛉ

ι Ł ι Ł ι Ł ι Ł ι Ł ι Ł ι Ł ι Ł ι Ł ι Ł ι Ł

Ц ᚠ Ч Ч Ӌ Ӂ ᛗ ᚢ Ц ᚠ Ч Ч Ӌ Ӂ ᛗ ᚢ Ц ᚠ Ч Ч Ӌ Ӂ ᛗ ᚢ

ᚼᚼᚼᚼᚼᚼᚼᚼᚼᚼᚼᚼᚼᚼᚼᚼᚼᚼᚼᚼᚼᚼᚼᚼᚼᚼᚼᚼᚼᚼ

Γ Γ Γ Γ Γ Γ Γ Γ Γ Γ Γ Γ Γ Γ Γ Γ Γ Γ Γ Γ Γ Γ Γ Γ Γ Γ Γ Γ *15*

Ĉ Ĉ

나나나나나나나나나나나나나나나나나나나나나나나나나나나나나

В В

李李李李李李李李李李李李李李李李李李李李李李李李李李李李李

ι ι ι ι ι ι ι ι ι ι ι ι ι ι ι ι ι ι ι ι ι ι ι ι ι ι ι ι *20*

च ह ढ क ञ च ह ढ क ञ च ह ढ क ञ च ह ढ क ञ च ह ढ क ञ

ВВВВВВВВВВВВВВВВВВВВВВВВВВВВВВВВВ

ė ė

ДДДДДДДДДДДДДДДДДДДДДДДДДДДДДДД

ι ᵕ ι ᵕ ι ᵕ ι ᵕ ι ᵕ ι ᵕ ι ᵕ ι ᵕ ι ᵕ ι ᵕ ι ᵕ ι ᵕ *25*

Â Â

ᴤᴤᴤᴤᴤᴤᴤᴤᴤᴤᴤᴤᴤᴤᴤᴤᴤᴤᴤᴤᴤᴤᴤᴤᴤᴤᴤᴤᴤᴤ

ᴧ ᴕ ᴌ ᴧ ᴕ ᴌ ᴧ ᴕ ᴌ ᴧ ᴕ ᴌ ᴧ ᴕ ᴌ ᴧ ᴕ ᴌ ᴧ ᴕ ᴌ ᴧ ᴕ

ᵱᵱᵱᵱᵱᵱᵱᵱᵱᵱᵱᵱᵱᵱᵱᵱᵱᵱᵱᵱᵱᵱᵱᵱᵱᵱᵱᵱᵱᵱ *30*

⊿⊿⊿⊿⊿⊿⊿⊿⊿⊿⊿⊿⊿⊿⊿⊿⊿⊿⊿⊿⊿⊿⊿⊿⊿⊿⊿⊿⊿⊿

ĜĜ ĜĜ ĜĜ ĜĜ ĜĜ ĜĜ ĜĜ ĜĜ ĜĜ ĜĜ ĜĜĜĜ ĜĜĜ ĜĜĜ

다다 다다 다다 다다 다다 다다 다다 다다 다다 다다 다다 다다다다다다다다다다

C C C C C C C C C C C C C C C C C C C C C C C C C C C C C C

朴朴朴朴朴朴朴朴朴朴朴朴朴朴朴朴朴朴朴朴朴朴朴朴朴朴朴朴朴朴

う う

ट ठ ड ढ ण ट ठ ड ढ ण ट ठ ड ढ ण ट ठ ड ढ ण ट ठ ड ढ ण ट ठ ड ढ ण

𝕮 𝕮

à à

Ë Ë

[illegible]

o' o' o'o' o' o'o' o'o' o' o'o'o' o'o' o' o'o'o' o' o'o' o'o' o'o' o'o'o'o'

[illegible]

[illegible]

ሐሑሒሓሔሕሖሐሑሒሓሔሕሖሐሑሒሓሔሕሖሐሑሒሓሔሕሖሐሑ

ቀ ቀ

θ θ θ θ θ θ θ θ θ θ θ θ θ θ θ θ θ θ θ θ θ θ θ θ θ θ θ θ θ θ

ĤĤĤ ĤĤĤ ĤĤĤ ĤĤĤĤĤĤĤĤĤĤĤĤĤĤĤ ĤĤĤĤĤĤ

라라라라라라라라라라라라라라라라라라라라라라라라라라라라라라

D D D D D D D D D D D D D D D D D D D D D D D D D D D D D D

崔崔崔崔崔崔崔崔崔崔崔崔崔崔崔崔崔崔崔崔崔崔崔崔崔崔崔崔崔崔

え え

त थ द ध न त थ द ध न त थ द ध न त थ द ध न त थ द ध न त थ द ध न

𝕯 𝕯

ù ù

ЖЖЖЖ ЖЖ ЖЖ ЖЖ ЖЖ ЖЖ ЖЖ ЖЖЖЖ ЖЖЖ ЖЖЖЖ ЖЖЖЖ

[illegible]

u' u' u' u' u' u' u' u' u' u' u' u' u' u' u' u' u' u' u' u' u' u' u' u' u' u' u' u' u' u'

[illegible]

[illegible]

1

5

10

15

20

25

30

ṛ ṛ
oaoaoaoa oaoaoa oaoaoa oaoa oa oaoa oaoaoaoaoaoa
ꞁꞁꞁꞁꞁꞁꞁꞁꞁꞁꞁꞁꞁꞁꞁꞁꞁꞁꞁꞁꞁꞁꞁꞁꞁꞁꞁꞁꞁꞁ
ՂՂՂՂՂ ՂՂՂՂՂ ՂՂՂՂՂ ՂՂՂՂՂ ՂՂՂՂՂՂՂՂՂ
ПППППППППППППППППППППППППППППП
ŬŬŬŬŬŬŬŬŬŬŬŬŬŬŬŬŬŬŬŬŬŬŬŬŬŬŬŬŬŬ
사사사사사사사사사사사사사사사사사사사사사사사사사사사사사사
GGGGGGGGGGGGGGGGGGGGGGGGGGGGGG
尹尹尹尹尹尹尹尹尹尹尹尹尹尹尹尹尹尹尹尹尹尹尹尹尹尹尹尹尹尹
きききききききききききききききききききききききききききききき
श ष स श ष स श ष स श ष स श ष स श ष स श ष स श ष स श ष स श ष स
𝔊𝔊𝔊𝔊𝔊𝔊𝔊𝔊𝔊𝔊𝔊𝔊𝔊𝔊𝔊𝔊𝔊𝔊𝔊𝔊𝔊𝔊𝔊𝔊𝔊𝔊𝔊𝔊𝔊𝔊
ÎÎÎÎÎÎÎÎÎÎÎÎÎÎÎÎÎÎÎÎÎÎÎÎÎÎÎÎÎÎ
ΣΣΣΣΣΣΣΣΣΣΣΣΣΣΣΣΣΣΣΣΣΣΣΣΣΣΣΣΣΣ
ز ز
O' O' O' O'O' O' O' O' O' O' O' O' O' O' O' O' O'O' O' O' O' O' O' O' O' O' O' O'O'
ਹ੍ਰ ਹ୍ਰ ਹ੍ਰ ਹ੍ਰ ਹ੍ਰ ਹ੍ਰ ਹ੍ਰ ਹ੍ਰ
ı ⊦ ı ⊦ ı ⊦ ı ı ⊦ ı ⊦ ı ı ⊦ ı ⊦ ı ı ⊦ ı ⊦ ı ⊦ ı ⊦ ı ⊦ ı ⊦ ı ı ⊦ ı ı ⊦ ı
ሰ ሱ ሲ ሳ ሴ ከ ሶ ሰ ሱ ሲ ሳ ሴ ከ ሶ ሰ ሱ ሲ ሳ ሴ ከ ሶ ሰ ሱ ሲ ሳ ሴ ከ ሶ ሰ ሱ
ፍፍፍፍፍፍፍፍፍፍፍፍፍፍፍፍፍፍፍፍፍፍፍፍፍፍፍፍፍፍ
ΦΦΦΦΦΦΦΦΦΦΦΦΦΦΦΦΦΦΦΦΦΦΦΦΦΦΦΦΦΦ
ĈĈ ĈĈ ĈĈ ĈĈ ĈĈ ĈĈ ĈĈ ĈĈ ĈĈ ĈĈ ĈĈ ĈĈ ĈĈĈĈĈĈ
아아아아아아아아아아아아아아아아아아아아아아아아아아아아아아
HHHHHHHHHHHHHHHHHHHHHHHHHHHHHH
姜姜姜姜姜姜姜姜姜姜姜姜姜姜姜姜姜姜姜姜姜姜姜姜姜姜姜姜姜姜
くくくくくくくくくくくくくくくくくくくくくくくくくくくくくく
ह्रे अ आ द ई उ ऊ ऋ ह्रे अ आ द ई उ ऊ ऋ ह्रे अ आ द ई उ ऊ ऋ ह्रे अ आ द ई उ
ℌℌℌℌℌℌℌℌℌℌℌℌℌℌℌℌℌℌℌℌℌℌℌℌℌℌℌℌℌℌ
ÇÇÇÇÇÇÇÇÇÇÇÇÇÇÇÇÇÇÇÇÇÇÇÇÇÇÇÇÇÇ
ЙЙЙЙЙЙЙЙЙЙЙЙЙЙЙЙЙЙЙЙЙЙЙЙЙЙЙЙЙЙ

횡서 시지각 능력 개발 훈련 2단계

ㄷ ㄷ ㆍㆍㄷ ㄷ ㆍㆍㄷ ㄷ ㆍㆍㄷ ㄷ ㆍㆍㄷ ㄷ ㆍㆍㄷ ㄷ ㆍㆍㄷ ㄷ ㆍ   *1*

u'u'u'u'u'u'u'u'u'u'u'u'u'u'u'u'u'u'u'u'u'u'u'u'u'u'u'u'u'u'u'u'

ᾧᾧᾧᾧᾧᾧᾧᾧᾧᾧᾧᾧᾧᾧᾧᾧᾧᾧᾧᾧᾧᾧᾧᾧᾧᾧᾧ

∾ ∾ ∾ ∾ ∾ ∾ ∾ ∾ ∾ ∾ ∾ ∾ ∾ ∾

中弔弔中弔弔中弔弔中弔弔中弔弔中弔弔中弔弔中弔弔中弔   *5*

ᴿᴿᴿᴿᴿ ᴿᴿᴿᴿ ᴿᴿᴿᴿᴿ ᴿᴿᴿᴿ ᴿᴿᴿᴿᴿ ᴿᴿ

ΨΨΨΨΨΨΨΨΨΨΨΨΨΨΨΨΨΨΨΨΨΨΨΨΨΨΨ

Ĝ Ĝ Ĝ Ĝ Ĝ Ĝ Ĝ Ĝ Ĝ Ĝ Ĝ Ĝ Ĝ Ĝ Ĝ Ĝ Ĝ Ĝ Ĝ

자자자자자자자자자자자자자자자자자자자자자자자자자자자

I I I I I I I I I I I I I I I I I I I I I I I I I I I I I I   *10*

張張張張張張張張張張張張張張張張張張張張張張張張張

けけけけけけけけけけけけけけけけけけけけけけけけけけけ

ᴿᴿᴿ ᴿᴿᴿᴿ ᴿᴿᴿᴿᴿ ᴿᴿᴿᴿ ᴿᴿᴿᴿᴿ ᴿᴿᴿᴿᴿ

ℐℐℐℐℐℐℐℐℐℐℐℐℐℐℐℐℐℐℐℐℐℐℐℐℐℐ

ô   *15*

ЛЛЛЛЛЛЛЛЛЛЛЛЛЛЛЛЛЛЛЛЛЛЛЛЛ

Ⴆ Ⴆ ჄჄႦ ჄჄႦ ჄჄႦ ჄჄႦ ჄჄႦ ჄჄႦ ჄჄႦ

ĂĂĂĂĂĂĂĂĂĂĂĂĂĂĂĂĂĂĂĂĂĂĂĂĂĂĂĂĂ

ᾧᾧᾧᾧᾧᾧᾧᾧᾧᾧᾧᾧᾧᾧᾧᾧᾧᾧᾧᾧᾧᾧᾧᾧᾧᾧ

ᛋ ᛋ ᛋ ᛋᛋ ᛋ ᛋ ᛋᛋ ᛋ ᛋ ᛋᛋ ᛋ ᛋ ᛋᛋ ᛋ ᛋ ᛋᛋ   *20*

ᑎ ᑎᑌ ᑎ ᑌ ᑊᑎᑎ ᑎᑌ ᑎ ᑌ ᑊᑎᑎ ᑎᑌ ᑎ ᑌ ᑊᑎᑎ

ⱣⱣⱣⱣⱣ ⱣⱣⱣⱣⱣ ⱣⱣⱣⱣⱣ ⱣⱣⱣⱣⱣ ⱣⱣⱣⱣⱣⱣ

ΩΩΩΩΩΩΩΩΩΩΩΩΩΩΩΩΩΩΩΩΩΩΩΩΩΩΩΩ

ĤĤĤĤ ĤĤĤ ĤĤ ĤĤĤ ĤĤĤ ĤĤĤĤ ĤĤĤ

차차차차차차차차차차차차차차차차차차차차차차차차차   *25*

J J J J J J J J J J J J J J J J J J J J J J J J J J J

韓韓韓韓韓韓韓韓韓韓韓韓韓韓韓韓韓韓韓韓韓韓韓韓韓韓韓

ㄹ ㄹ ㄹㄹ ㄹ ㄹ ㄹㄹ ㄹ ㄹ ㄹㄹ ㄹ ㄹ ㄹㄹ ㄹ ㄹ ㄹㄹ ㄹ

ᴶᴶᴶᴳᴰ ᴶᴶᴶᴳᴰ ᴶᴶᴶᴳᴰ ᴶᴶᴶᴳᴰ ᴶᴶᴶᴳᴰ

ℑℑℑℑℑℑℑℑℑℑℑℑℑℑℑℑℑℑℑℑℑℑℑℑℑℑ   *30*

û *1*

φ φ φ φ φ φ φ φ φ φ φ φ φ φ φ φ φ φ φ φ φ φ φ φ φ φ φ φ φ

Ψ Ψ Ψ Ψ Ψ Ψ Ψ Ψ Ψ Ψ Ψ Ψ Ψ Ψ Ψ Ψ Ψ Ψ Ψ Ψ Ψ

Â Â

ʒ *5*

Γ Γ Γ Γ Γ Γ Γ Γ Γ Γ Γ Γ Γ Γ Γ Γ Γ Γ Γ Γ Γ Γ Γ Γ Γ Γ Γ Γ Γ

ĵ *10*

카카카카카카카카카카카카카카카카카카카카카카카카카카카카카카카

K K K K K K K K K K K K K K K K K K K K K K K K K K K K K K

吳吳吳吳吳吳吳吳吳吳吳吳吳吳吳吳吳吳吳吳吳吳吳吳吳吳吳

ㅎㅎㅎㅎㅎㅎㅎㅎㅎㅎㅎㅎㅎㅎㅎㅎㅎㅎㅎㅎㅎㅎㅎㅎ

15

K K K K K K K K K K K K K K K K K K K K K K K K K K K K K

ё ё

Ƃ Ƃ

O' O' O' O' O' O' O' O' O' O' O' O' O' O' O' O' O' O' O' O' O' O' O' O' O' O' O' O' O' *20*

ʔ ʔ

ト ト

Δ Δ Δ Δ Δ Δ Δ Δ Δ Δ Δ Δ Δ Δ Δ Δ Δ Δ Δ Δ Δ Δ Δ Δ Δ Δ Δ *25*

Ŝ .

타타타타타타타타타타타타타타타타타타타타타타타타타타타타타타타

L L L L L L L L L L L L L L L L L L L L L L L L L L L L L L L

林林林林林林林林林林林林林林林林林林林林林林林林林林林林

ι ι ι ι ι ι ι ι ι ι ι ι ι ι ι ι ι ι ι ι ι ι ι ι ι ι ι ι ι ι ι *30*

횡서 시지각 능력 개발 훈련 2단계

ㄷㆆㅈㅎⓤ ㄷㆆㅈㅎⓤ ㄷㆆㅈㅎⓤ ㄷㆆㅈㅎⓤ ㄷㆆㅈㅎⓤ ㄷㆆㅈㅎⓤ ㄷㆆㅈㅎⓤ 1

Ⅱ Ⅱ

ⅱ ⅱ

ЫЫЫЫЫЫЫЫЫЫЫЫЫЫЫЫЫЫЫЫЫЫЫЫЫЫЫЫ

Ⅎ 5

u' u' u' u' u' u' u' u' u' u' u' u' u' u' u' u' u' u' u' u' u' u' u' u' u' u' u' u'

ᄙᄙ ᄙᄙ ᄙᄙ ᄙᄙ ᄙᄙ ᄙᄙ ᄙᄙ ᄙᄙ ᄙᄙ ᄙᄙ ᄙᄙ ᄙᄙ ᄙᄙ ᄙᄙ

ᄼ ᄼ ᄾ ᄾ ᄼ ᄼ ᄾ ᄾ ᄼ ᄼ ᄾ ᄾ ᄼ ᄼ ᄾ ᄾ ᄼ ᄼ ᄾ ᄾ ᄼ ᄼ ᄾ ᄾ

ᄼᄾᄼᄿᄾᄿ ᄼᄾᄼᄿᄾᄿ ᄼᄾᄼᄿᄾᄿ ᄼᄾᄼᄿᄾᄿ ᄼᄾᄼᄿᄾᄿ ᄼᄾᄼᄿᄾᄿ

ㄴㄴㄴㄴ ㄴㄴㄴㄴ ㄴㄴㄴㄴ ㄴㄴㄴㄴ ㄴㄴㄴㄴ ㄴㄴㄴㄴ ㄴㄴㄴㄴ 10

θ θ θ θ θ θ θ θ θ θ θ θ θ θ θ θ θ θ θ θ θ θ θ θ θ θ θ θ θ θ θ

Ŭ Ŭ

파파파파파파파파파파파파파파파파파파파파파파파파

M M M M M M M M M M M M M M M M M M M M M M M M M M M M

安安安安安安安安安安安安安安安安安安安安安安安安安安 15

ᆿ ᆿ

ㄷㆆ ᇀ ㄴ ㄷㆆ ᇀ ㄴ ㄷㆆ ᇀ ㄴ ㄷㆆ ᇀ ㄴ ㄷㆆ ᇀ ㄴ ㄷㆆ ᇀ ㄴ

𝔐 𝔐

ü ü

ЮЮЮЮЮЮЮЮЮЮЮЮЮЮЮЮЮЮЮЮЮЮЮЮЮ 20

ᄼ ᄼ

Ä Ä

ᅻ ᅻ

ᄝ ᄝ

ᄉ ᄉ ᄻ ᄉ ᄉ ᄻ ᄉ ᄉ ᄻ ᄉ ᄉ ᄻ ᄉ ᄉ ᄻ ᄉ ᄉ ᄻ ᄉ ᄉ ᄻ ᄉ ᄉ ᄻ 2

ᄙ ᄙ ᄙ ᄙ ᄙ ᄙ ᄙ ᄙ ᄙ ᄙ ᄙ ᄙ ᄙ ᄙ ᄙ ᄙ ᄙ ᄙ ᄙ ᄙ

Λ Λ Λ Λ Λ Λ Λ Λ Λ Λ Λ Λ Λ Λ Λ Λ Λ Λ Λ Λ Λ Λ Λ Λ Λ Λ Λ Λ Λ

Ĉ Ĉ

하하하하하하하하하하하하하하하하하하하하하하하하하하하

N N N N N N N N N N N N N N N N N N N N N N N N N N N N N N 3

宋宋宋宋宋宋宋宋宋宋宋宋宋宋宋宋宋宋宋宋宋宋宋宋宋宋宋宋宋宋

せせせ せせ せせ せせ せせ せせ せせ せせ せせ せせ せせ せせ せせせ せせ せせせ

प फ ब भ म प फ ब भ म प फ ब भ म प फ ब भ म प फ ब भ म प फ ब भ म

N N N N N N N N N N N N N N N N N N N N N N N N N N N N N N

é é

ЯЯЯЯЯЯЯЯЯЯЯЯЯЯЯЯЯЯЯЯЯЯЯЯЯЯЯЯЯЯ

ن ن ذ ز ن ن ذ ز ن ن ذ ز ن ن ذ ز ن ن ذ ز ن ن ذ ز ن ن ذ ز

ÂÂÂÂÂÂÂÂÂÂÂÂÂÂÂÂÂÂÂÂÂÂÂÂÂÂÂÂ ÂÂÂÂÂ

ọ ọ

ༀ ᓚ ᗅ ᒧ ༀ ᓚ ᗅ ᒧ ༀ ᓚ ᗅ ᒧ ༀ ᓚ ᗅ ᒧ ༀ ᓚ ᗅ ᒧ ༀ ᓚ ᗅ ᒧ

ከኩኪካኬክኮ ከኩኪካኬክኮከ ኩኪካኬክኮከ ኩኪካኬክኮ

ፋፋፋፋፋ ፋፋፋፋ ፋፋፋፋፋፋ ፋፋፋፋፋፋ ፋፋፋፋፋ ፋፋፋፋፋ

Ξ Ξ Ξ Ξ Ξ Ξ Ξ Ξ Ξ Ξ Ξ Ξ Ξ Ξ Ξ Ξ Ξ Ξ Ξ Ξ Ξ Ξ Ξ Ξ Ξ Ξ Ξ Ξ Ξ Ξ

ĤĤĤĤ ĤĤĤ ĤĤĤ ĤĤĤĤĤĤĤĤĤĤĤĤĤĤĤĤĤĤĤĤĤ

갸갸갸갸갸갸갸갸갸갸갸갸갸갸갸갸갸갸갸갸갸갸갸갸갸갸갸갸갸갸

OOOOOOOOOOOOOOOOOOOOOOOOOOOOOO

徐徐徐徐徐徐徐徐徐徐徐徐徐徐徐徐徐徐徐徐徐徐徐徐徐徐徐徐徐徐

そそそそそそそそそそそそそそそそそそそそそそそそそそそそそそ

य र ल व य र ल व य र ल व य र ल व य र ल व य र ल व य र ल व य र

𝕺𝕺 𝕺𝕺 𝕺𝕺𝕺 𝕺 𝕺 𝕺 𝕺 𝕺 𝕺 𝕺𝕺 𝕺𝕺𝕺𝕺 𝕺 𝕺 𝕺𝕺𝕺𝕺𝕺𝕺𝕺 𝕺 𝕺

è è è èè è è èè è è èè è è è è èè è è èè è è è èè

Б Б

س س ـسـ ـس س س ـسـ ـس س س ـسـ ـس س س ـسـ ـس س س ـسـ ـس س س ـسـ ـس س

O' O' O' O'O' O' O' O' O' O' O' O' O' O' O' O' O' O'O' O' O'O' O' O' O' O' O'O' O'O'

ọ̤ ọ̤

ஹ ஹ ஹ் ஹஹ ஹ ஹ் ஹஹ ஹ ஹ் ஹஹ ஹ ஹ் ஹஹஹஹ் ஹஹ

ወዉዊዋዌውዎወዉዊዋዌውዎወዉዊዋዌውዎወዉዊዋዌውዎወዉ

ኋ ኋ

П П

Ĵ Ĵ

횡서 시지각 능력 개발 훈련 2단계

냐냐냐냐냐냐냐냐냐냐냐냐냐냐냐냐냐냐냐냐냐냐냐냐냐냐냐냐냐냐 *1*
PPPPPPPPPPPPPPPPPPPPPPPPPPPPPPPPPP
黃黃黃黃黃黃黃黃黃黃黃黃黃黃黃黃黃黃黃黃黃黃黃黃黃黃黃黃
たたたたたたたたたたたたたたたたたたたたたたたたたたたた
ਝਫ਼ਝਫ਼ਝਫ਼ਝਫ਼ਝਫ਼ਝਫ਼ਝਫ਼ਝਫ਼ਝਫ਼ਝਫ਼ਝਫ਼ਝਫ਼ਝਸ *5*
𝕻𝕻𝕻𝕻𝕻𝕻𝕻𝕻𝕻𝕻𝕻𝕻𝕻𝕻𝕻𝕻𝕻𝕻𝕻𝕻𝕻𝕻𝕻𝕻𝕻
âââââââââââââââââââââââââââââââ
ДДДДДДДДДДДДДД ДДДДДДДДДДДДДДДДДД
ट ᵗᴸट ᵗᴸट ट ᵗᴸट ᵗᴸट ट ᵗᴸट ᵗᴸट ट ᵗᴸट ᵗᴸट
u'u'u'u'u'u'u'u'u'u'u'u'u'u'u'u'u'u'u'u'u'u'u'u'u'u' *10*
ﻷﻷﻷﻷﻷﻷﻷﻷﻷﻷﻷﻷﻷﻷﻷﻷﻷﻷﻷﻷﻷﻷﻷﻷﻷﻷﻷﻷ
ᴗ ᴗ ⌐ ⌐ ᴗ ⌐ ᴗ ᴗ ⌐ ⌐ ᴗ ⌐ ᴗ ᴗ ⌐ ⌐ ᴗ
оﻩꝑꝑꝑᴏᴩоﻩꝑꝑꝑᴏᴩоﻩꝑꝑꝑᴏᴩоﻩꝑꝑꝑᴏᴩоﻩ
ςςςςς ςςςςς ςςςςς ςςςςς ςςςςς ςςςςς
ΣΣΣΣΣΣΣΣΣΣΣΣΣΣΣΣΣΣΣΣΣΣΣΣΣΣΣΣΣ
ŝŝŝŝŝ ŝŝŝ ŝŝŝŝŝ ŝŝŝŝ ŝŝŝŝŝ ŝŝŝŝ
댜댜댜댜댜댜댜댜댜댜댜댜댜댜댜댜댜댜댜댜댜댜댜댜댜댜댜댜
QQQQQQQQ QQQ QQQQ QQ QQ QQQQ QQQ QQQQQ
洪洪洪洪洪洪洪洪洪洪洪洪洪洪洪洪洪洪洪洪洪洪洪洪
ㅊㅊㅊㅊㅊㅊㅊㅊㅊㅊㅊㅊㅊㅊㅊㅊㅊㅊㅊㅊㅊㅊㅊㅊㅊㅊㅊㅊㅊ *20*
ह ਡਆਡ ਰਇ ਝ ਉਝਭਹ ਡਆਡ ਰਇ ਝ ਉਝਭਹ ਡਆਡ ਰਇ ਝ ਉਝਭਹ ਡਆਡ ਰਇ ਝ ਉ
ᵮᵮᵮᵮᵮ ᵮᵮᵮᵮᵮ ᵮᵮᵮᵮᵮ ᵮᵮᵮᵮᵮ ᵮᵮᵮᵮᵮ ᵮᵮᵮᵮᵮ
ùùùùùùùùùùùùùùùùùùùùùùùùùùùùùù
ЁЁЁЁЁЁ ЁЁЁЁЁ ЁЁЁЁЁ ЁЁ ЁЁЁЁЁ ЁЁЁ ЁЁ
ﻒ ﻒ ﻒ ﻒ ﻒ ﻒ ﻒ ﻒ ﻒ ﻒ ﻒ ﻒ ﻒ ﻒ ﻒ *25*
ĂĂĂĂĂĂĂ ĂĂ ĂĂĂ ĂĂ ĂĂĂĂĂ ĂĂĂ ĂĂĂĂĂ
ꙗꙗꙗꙗꙗꙗꙗꙗꙗꙗꙗꙗꙗꙗꙗꙗꙗꙗꙗꙗꙗꙗꙗꙗꙗꙗꙗꙗ
ᴗᴗ ᴗᴗ ᴗᴗ ᴗᴗ ᴗᴗ ᴗᴗ ᴗᴗ ᴗᴗ ᴗᴗ ᴗᴗ ᴗᴗ ᴗᴗ
НㅏНㅏНㅏ НㅏН Нㅏ Н ㄱННН Нㅏ Н ㄱННН Нㅏ НㅓㄱННН Н
ᘏᘏᘏᘏ ᘏ ᘏᘏᘏᘏ ᘏ ᘏᘏᘏᘏ ᘏ ᘏᘏᘏᘏ ᘏ ᘏᘏᘏᘏ *30*

ΦΦΦΦΦΦΦΦΦΦΦΦΦΦΦΦΦΦΦΦΦΦΦΦΦΦΦΦΦΦΦΦ *1*
ŬŬ ŬŬ ŬŬ ŬŬ ŬŬ ŬŬ ŬŬ Ŭ ŬŬŬ ŬŬ ŬŬ ŬŬŬŬŬŬŬŬ
랴랴랴랴랴랴랴랴랴랴랴랴랴랴랴랴랴랴랴랴랴랴랴랴랴랴랴랴랴랴
R R R R R R R R R R R R R R R R R R R R R R R R R R
全全全全全全全全全全全全全全全全全全全全全全全全全全 *5*
つ つ つ つ つ つ つ つ つ つ つ つ つ つ つ つ つ つ

ऋ ऌ ऎ ए ऐ ओ औऋ ऌ ऎ ए ऐ ओऔऋ ऌ ऎ ए ऐ ओ औऋ ऌ
R R R R R R R R R R R R R R R R R R R R R R R R R R R R
â â
Ж *10*
ص ص
Â Â
 P. P. P. P. P. P. P. P. P. P. P. P. P. P. P. P. P. P. P. P. P. P. P. P. P. P.
Ʒ Ƨ Ʒ Ʒ Ʒ Ƨ Ʒ Ʒ Ʒ Ƨ Ʒ Ʒ Ʒ Ƨ Ʒ Ʒ Ʒ Ƨ Ʒ Ʒ Ʒ Ƨ Ʒ Ʒ
Ρ Ɽ Ρ Ρ Ρ Ɽ Ρ Ρ Ρ Ɽ Ρ Ρ Ρ Ɽ Ρ Ρ Ρ Ɽ Ρ Ρ Ρ Ɽ Ρ Ρ *15*
ㄹㄹㄹㄹ ㄹㄹㄹㄹ ㄹㄹㄹㄹ ㄹㄹㄹㄹ ㄹㄹㄹㄹ ㄹㄹㄹㄹ ㄹㄹ
Ψ Ψ Ψ Ψ Ψ Ψ Ψ Ψ Ψ Ψ Ψ Ψ Ψ Ψ Ψ Ψ Ψ Ψ Ψ Ψ Ψ Ψ Ψ Ψ Ψ Ψ
Ĉ Ĉ
먀먀먀먀먀먀먀먀먀먀먀먀먀먀먀먀먀먀먀먀먀먀먀먀먀먀먀
S S S S S S S S S S S S S S S S S S S S S S S S S S S S *20*
權權權權權權權權權權權權權權權權權權權權權權權權權權
ㅜㅜㅜㅜㅜㅜㅜㅜㅜㅜㅜㅜㅜㅜㅜㅜㅜㅜㅜㅜㅜ
क ख ग घ ङ क ख ग घ ङ क ख ग घ ङ क ख ग घ ङ क ख ग घ ङ
§ §
ê *25*
3 3 3 3 3 3 3 3 3 3 3 3 3 3 3 3 3 3 3 3 3 3 3 3 3 3 3 3 3 3
ਫ ਫ ਫ ਫ ਫ ਫ ਫ ਫ ਫ ਫ ਫ ਫ ਫ ਫ ਫ ਫ ਫ ਫ ਫ ਫ
O' O' O' O' O' O' O' O' O' O' O' O' O' O' O' O' O' O' O' O' O' O' O' O' O' O'
ㄱ ㄱ
ഡ ഡ ഡ ഡ ഡ ഡ ഡ ഡ ഡ ഡ ഡ ഡ ഡ ഡ *30*

횡서 시지각 능력 개발 훈련 2단계

ㄨ *1*

Ω Ω Ω Ω Ω Ω Ω Ω Ω Ω Ω Ω Ω Ω Ω Ω Ω Ω Ω Ω Ω Ω Ω Ω Ω Ω Ω Ω Ω Ω

Ĝ Ĝ

뱌뱌뱌뱌뱌뱌뱌뱌뱌뱌뱌뱌뱌뱌뱌뱌뱌뱌뱌뱌뱌뱌뱌뱌뱌뱌뱌뱌뱌뱌뱌뱌 *5*

Т Т

柳柳柳柳柳柳柳柳柳柳柳柳柳柳柳柳柳柳柳柳柳柳柳柳柳柳柳柳柳柳柳柳柳

ㅌ ㅌ

ㄷ *10*

Î Î

И И

U' U' U' U' U' U' U' U' U' U' U' U' U' U' U' U' U' U' U' U' U' U' U' U' U' U' U'

ש *15*

Γ Γ Γ Γ Γ Γ Γ Γ Γ Γ Γ Γ Γ Γ Γ Γ Γ Γ Γ Γ Γ Γ Γ Γ Γ Γ Γ Γ Γ Γ Γ Γ Γ Γ Γ

Ĥ *20*

샤샤샤샤샤샤샤샤샤샤샤샤샤샤샤샤샤샤샤샤샤샤샤샤샤샤샤샤샤

U U U U U U U U U U U U U U U U U U U U U U U U U U U U U U U U U

高高高高高高高高高高高高高高高高高高高高高高高高高高

な な

ㄸ ㅌ ㅌ ㄸ ㅌ ㅌ ㄸ ㅌ ㅌ ㄸ ㅌ ㅌ ㄸ ㅌ ㅌ ㄸ ㅌ ㅌ ㄸ ㅌ ㅌ ㄸ ㅌ ㅌ ㄸ ㅌ ㅌ ㄸ *25*

Ⅲ Ⅲ

Ç Ç

И И

ش ش

Ă *30*

1

꾜꾜꾜꾜꾜꾜꾜꾜꾜꾜꾜꾜꾜꾜꾜꾜꾜꾜꾜꾜꾜꾜꾜꾜꾜꾜꾜

ㄴㄴㄴㄴㄴㄴㄴㄴㄴㄴㄴㄴㄴㄴㄴㄴㄴㄴ

ㄲㄲㄲㄲ ㄲㄲㄲㄲ ㄲㄲㄲㄲ ㄲㄲㄲㄲ ㄲㄲㄲㄲ ㄲㄲㄲㄲ ㄲㄲ

ЈЈЈЈ ЈЈЈЈ ЈЈЈЈ ЈЈЈЈ ЈЈЈЈ ЈЈЈЈ ЈЈЈЈ

◿◿◿◿◿◿◿◿◿◿◿◿◿◿◿◿◿◿◿◿◿◿◿◿◿◿◿◿

5

ĵ ĵ ĵ ĵ ĵ ĵ ĵ ĵ ĵ ĵ ĵ·ĵ ĵ ĵ ĵ ĵ ĵ ĵ ĵ ĵ ĵ ĵ ĵ ĵ

야야야야야야야야야야야야야야야야야야야야야야야야야야야

V V V V V V V V V V V V VVV V V V V VVVV V V VV

文文文文文文文文文文文文文文文文文文文文文文文文文文

ㄵㄵㄵ ㄵㄵ ㄵㄵ ㄵㄵ ㄵㄵ ㄵㄵ ㄵㄵ ㄵㄵ ㄵㄵ ㄵㄵ ㄵㄵ

10

ㅋ ㅌ ㄷ ㅂ ㅎ ㅋ ㅌ ㄷ ㅂ ㅎ ㅋ ㅌ ㄷ ㅂ ㅎ ㅋ ㅌ ㄷ ㅂ ㅎ ㅋ ㅌ ㄷ ㅂ ㅎ

ㅂㅂㅂㅂㅂㅂㅂㅂㅂㅂㅂㅂㅂㅂㅂㅂㅂㅂㅂㅂㅂㅂㅂㅂㅂㅂ

ô ô

ЛЛЛЛЛЛЛЛЛЛЛЛЛЛЛЛЛЛЛЛЛЛЛЛЛЛЛ

ᄂᄂ ᄂᄂ ᄂᄂ ᄂᄂ ᄂᄂ ᄂᄂ ᄂᄂ ᄂᄂ ᄂᄂ ᄂᄂ ᄂᄂ ᄂᄂ

15

Â Â

ㅓㅓㅓㅓㅓㅓㅓㅓㅓㅓㅓㅓㅓㅓㅓㅓㅓㅓ

L L L L L L L L L L L L L L L L L L L L L L L L L L

ㅇ ㅇ ㅇ ㅇ ㅇ ㅇ ㅇ ㅇ ㅇ ㅇ ㅇ ㅇ ㅇ ㅇ ㅇ ㅇ ㅇ ㅇ

ㄱㄱ ㄱㄱ ㄱㄱ ㄱㄱ ㄱㄱ ㄱㄱ ㄱㄱ ㄱㄱ ㄱㄱ ㄱㄱ ㄱㄱ

20

θ θ θ θ θ θ θ θ θ θ θ θ θ θ θ θ θ θ θ θ θ θ θ θ θ θ θ θ

Ŝ Ŝ

쟈쟈쟈쟈쟈쟈쟈쟈쟈쟈쟈쟈쟈쟈쟈쟈쟈쟈쟈쟈쟈쟈쟈쟈쟈

WWWWWWWWWWWWWWWWWWWWWWWW

白白白白白白白白白白白白白白白白白白白白白白白白白

25

ㅆㅆㅆㅆㅆㅆㅆㅆㅆㅆㅆㅆㅆㅆㅆㅆㅆㅆㅆㅆㅆㅆㅆㅆ

ㄱ ㅍ ㄹ ㅂ ㅋ ㄱ ㅍ ㄹ ㅂ ㅋ ㄱ ㅍ ㄹ ㅂ ㅋ ㄱ ㅍ ㄹ ㅂ ㅋ

ㅃㅃㅃㅃㅃㅃㅃㅃㅃㅃㅃㅃㅃㅃㅃㅃㅃㅃ

û û

φ φ φ φ φ φ φ φ φ φ φ φ φ φ φ φ φ φ φ φ φ φ φ φ φ φ φ

30

ㅣ ㅣ ㄴㅣ ㄴㅣ ㅣ ㄴ ㅣ ㄴ ㅣ ㄴ ㄴ ㅣ ㄴ ㅣ ㄴ ㅣ ㄴ ㅣ ㄴ ㅣ ㄴ ㅣ ㄴ ㅣ ㄴ ㄴ ㅣ   *1*

O' O' O' O'O' O' O' O' O'O' O' O' O'O' O' O' O' O'O' O' O'O' O' O'O' O' O'O' O' O'O' O'O'

김김김김김김김김김김김김김김김김김김김김김김김김김김김김김김김

ㅣㄴㅣㄴㅣㄴㅣㄴㄴㅣㄴㅣㄴㅣㄴㅣㄴㅣㄴㄴㅣㄴㅣㄴㄴㅣㄴㅣㄴㅣㄴㅣㄴ

요 요 요 요 요 요요 요 요요 요 요 요 요요 요 요 요 요요 요 요요 요 요요 요   *5*

ㄹㄹㄹㄹㄹ ㄹㄹㄹㄹㄹ ㄹㄹㄹㄹㄹ ㄹㄹㄹㄹㄹ ㄹㄹㄹㄹ ㄹㄹㄹㄹㄹ ㄹㄹ

ＡＡＡＡＡＡＡＡＡＡＡＡＡＡＡＡＡＡＡＡＡＡＡＡＡＡＡＡＡＡＡＡＡＡＡＡ

ŬŬ ŬŬ ŬŬ ŬŬ ŬŬ ŬŬ ŬŬ ŬŬ ŬŬŬ ŬŬ ŬŬ ŬŬŬ ŬŬŬŬŬŬŬ

챠챠챠챠챠챠챠챠챠챠챠챠챠챠챠챠챠챠챠챠챠챠챠챠챠챠챠챠챠

ＸＸＸＸＸＸＸＸＸＸＸＸＸＸＸＸＸＸＸＸＸＸＸＸＸＸＸＸＸＸ   *10*

梁梁梁梁梁梁梁梁梁梁梁梁梁梁梁梁梁梁梁梁梁梁梁梁梁梁

ねねねねねね ねねね ねねね ねねね ねねね ねねね ねねね ねねね ねねね

ㅂㅋㄹ ㅂㅋㄹ ㅂㅋㄹ ㅂㅋㄹ ㅂㅋㄹ ㅂㅋㄹ ㅂㅋㄹ ㅂㅋㄹ

ＸＸＸＸＸＸＸＸＸＸＸＸＸＸＸＸＸＸＸＸＸＸＸＸＸＸＸＸＸＸＸＸ

ё̈ ё̈ ё̈ ё̈ ё̈ ё̈ ё̈ ё̈ ё̈ ё̈ ё̈ ё̈ ё̈ ё̈ ё̈ ё̈ ё̈   *15*

ББББББ Б Б Б Б ББ Б Б Б Б Б Б Б Б Б Б Б Б Б Б Б Б Б Б

u' u' u' u' u' u' u' u' u' u' u' u' u' u' u' u'u' u' u' u' u' u' u' u' u' u' u' u' u' u' u'u'

ㄹㄹ ㄹㄹ ㄹㄹ ㄹㄹ ㄹㄹ ㄹㄹ ㄹㄹ ㄹㄹ ㄹㄹ ㄹㄹ ㄹㄹ ㄹㄹ ㄹㄹ   *20*

θ θ θ θ θ θ θ θ θ θ θ θ θ θ θ θ θ θ θ θ θ θ θ θ θ θ θ θ θ

ЕЕЕЕЕЕЕЕЕЕЕЕЕЕЕЕЕЕЕЕЕЕЕЕЕЕЕЕЕЕ

Ĉ ĈĈĈĈ

캬캬캬캬캬캬캬캬캬캬캬캬캬캬캬캬캬캬캬캬캬캬캬캬캬캬캬캬캬   *25*

Y Y Y Y Y Y Y Y Y Y Y Y Y Y Y Y Y Y Y Y Y Y Y Y Y Y Y Y Y Y Y

申申申申申申申申申申申申申申申申申申申申申申申申申申申

の の

श प ह श प ह श प ह श प ह श प ह श प ह श प ह श प ह

ㅂㅂㅂㅂㅂㅂㅂㅂㅂㅂㅂㅂㅂㅂㅂㅂㅂㅂㅂㅂㅂㅂㅂㅂㅂㅂ   *30*

Ĭ *1*
ЫЫЫЫЫЫЫЫЫЫЫЫЫЫЫЫЫЫЫЫЫЫЫЫЫЫЫЫЫЫЫ
ÄÄÄÄÄÄÄÄÄÄÄÄÄÄÄÄÄÄÄÄÄÄÄÄÄÄÄÄÄÄÄ
5

ℰℰℰℰℰℰℰℰℰℰℰℰℰℰℰℰℰℰℰℰℰℰℰℰℰℰℰℰℰℰℰ
ΠΠΠΠΠΠΠΠΠΠΠΠΠΠΠΠΠΠΠΠΠΠΠΠΠΠΠΠΠΠΠ
ĜĜĜĜĜĜĜĜĜĜĜĜĜĜĜĜĜĜĜĜĜĜĜĜĜĜĜĜĜĜĜ *10*
탸탸탸탸탸탸탸탸탸탸탸탸탸탸탸탸탸탸탸탸탸탸탸탸탸탸탸탸탸탸탸
Z Z Z Z Z Z Z Z Z Z Z Z Z Z Z Z Z Z Z Z Z Z Z Z Z Z Z Z Z Z Z
係係係係係係係係係係係係係係係係係係係係係係係係係係係係係係係
ははははははははははははははははははははははははははははははは
15
Z Z Z Z Z Z Z Z Z Z Z Z Z Z Z Z Z Z Z Z Z Z Z Z Z Z Z Z Z Z Z
űűűűűűűűűűűűűűűűűűűűűűűűűűűűűűű
ЮЮЮЮЮЮЮЮЮЮЮЮЮЮЮЮЮЮЮЮЮЮЮЮЮЮЮЮЮЮЮ
ÂÂÂÂÂÂÂÂÂÂÂÂÂÂÂÂÂÂÂÂÂÂÂÂÂÂÂÂÂÂÂ *20*
오오오오오오오오오오오오오오오오오오오오오오오오오오오오오오오
ㅜㅜㅜㅜㅜㅜㅜㅜㅜㅜㅜㅜㅜㅜㅜㅜㅜㅜㅜㅜㅜㅜㅜㅜㅜㅜㅜㅜㅜㅜㅜ
ЦЦЦЦЦЦЦЦЦЦЦЦЦЦЦЦЦЦЦЦЦЦЦЦЦЦЦЦЦЦЦ
ΣΣΣΣΣΣΣΣΣΣΣΣΣΣΣΣΣΣΣΣΣΣΣΣΣΣΣΣΣΣΣ *25*
ĤĤĤĤĤĤĤĤĤĤĤĤĤĤĤĤĤĤĤĤĤĤĤĤĤĤĤĤĤĤĤ
퍄퍄퍄퍄퍄퍄퍄퍄퍄퍄퍄퍄퍄퍄퍄퍄퍄퍄퍄퍄퍄퍄퍄퍄퍄퍄퍄퍄퍄퍄퍄
A A A A A A A A A A A A A A A A A A A A A A A A A A A A A A A
劉劉劉劉劉劉劉劉劉劉劉劉劉劉劉劉劉劉劉劉劉劉劉劉劉劉劉劉劉劉劉
℧℧℧℧℧℧℧℧℧℧℧℧℧℧℧℧℧℧℧℧℧℧℧℧℧℧℧℧℧℧℧ *30*

횡서 시지각 능력 개발 훈련 2단계

裏裏裏裏裏裏裏裏裏裏裏裏裏裏裏裏裏裏裏裏裏裏裏裏裏裏裏裏裏裏裏裏 *1*
∧∧∧∧∧∧∧∧∧∧∧∧∧∧∧∧∧∧∧∧∧∧∧∧∧∧∧∧∧∧∧
ヨ등ㄲㄲ곅ㅊ등ㄲㄲ곅ㅊ등ㄲㄲ곅ㅊ등ㄲㄲ곅ㅊ등ㄲㄲ곅ㅊ등ㄲㄲ곅
ⅭⅭⅭⅭⅭⅭⅭⅭⅭⅭⅭⅭⅭⅭⅭⅭⅭⅭⅭⅭⅭⅭⅭⅭⅭⅭⅭⅭⅭⅭ
âââââââââââââââââââââââââââââââ *5*
ДДДДДДДДДДДДДДДДДДДДДДДДДДДД
ز ز
ĂĂĂĂĂĂĂĂĂĂĂĂĂĂĂĂĂĂĂĂĂĂĂĂĂĂĂĂĂĂ Ă
ㅋ ㅋ
ㅣㅏ ㅣ ㅏ ㅣㅏ ㅣ ㅏ ㅣㅏ ㅣ ㅏ ㅣㅏ ㅣ ㅏ ㅣㅏ ㅣ ㅏ ㅣㅏ ㅣ ㅏ ㅣ *10*
ㅠㅠㅠㅠㅠㅠㅠㅠㅠㅠㅠㅠㅠㅠㅠㅠㅠㅠㅠㅠㅠㅠㅠㅠㅠㅠㅠㅠㅠㅠㅠ
ㄱ ㄱ
ΩΩΩΩΩΩΩΩΩΩΩΩΩΩΩΩΩΩΩΩΩΩΩΩΩΩΩΩΩΩΩ
ŬŬ ŬŬ ŬŬ ŬŬ ŬŬ ŬŬ ŬŬ ŬŬŬ ŬŬ ŬŬ ŬŬŬ ŬŬŬ
너너너너너너너너너너너너너너너너너너너너너너너너너너너너너너 *15*
DDDDDDDDDDDDDDDDDDDDDDDDDDDDDDD
青青青青青青青青青青青青青青青青青青青青青青青青青青青青青青青
ほほほほほほほほほほほほほほほほほほほほほほほほほほほほほ
ㄷㄹㄱㄲㅌㄷㄹㄱㄲㅌㄷㄹㄱㄲㅌㄷㄹㄱㄲㅌㄷㄹㄱㄲㅌㄷㄹㄱㄲㅌ
ロロロロロロロロロロロロロロロロロロロロロロロロロロロロロロ *20*
ù ù
ËËËËËËËËËËËËËËËËËËËËËËËËËËËËËË
ㄷ ㄷ ㅡ ㄷ ㄷ ㅡ ㄷ ㄷ ㅡ ㄷ ㄷ ㅡ ㄷ ㄷ ㅡ ㄷ ㄷ ㅡ ㄷ ㄷ ㅡ ㄷ
ÂÂÂÂÂÂÂÂÂÂÂÂÂÂÂÂÂÂÂÂÂÂÂÂÂÂÂ ÂÂÂ
ق *25*
ﻭ ﻭ
ᄱᄱᄱᄱᄱᄱᄱᄱᄱᄱᄱᄱᄱᄱᄱᄱᄱᄱᄱᄱᄱᄱᄱ
บบบบบบบบบบบบบบบบบบบบบบบบบบบบบบ
ГГГГГГГГГГГГГГГГГГГГГГГГГГГГГГГГ
Ĉ *30*

횡서 시지각 능력 개발 훈련 2단계

더더더더더더더더더더더더더더더더더더더더더더더더더더더더더더더더 *1*

E E E E E E E E E E E E E E E E E E E E E E E E E E E E E E E

盧盧盧盧盧盧盧盧盧盧盧盧盧盧盧盧盧盧盧盧盧盧盧盧盧盧盧盧盧盧盧盧

�663ᆷ ᆷ

�犬 ᄀ ᄆ ᄃ ᄇ ᄀ ᄆ ᄃ ᄇ ᄀ ᄆ ᄃ ᄇ ᄀ ᄆ ᄃ ᄇ ᄀ ᄆ ᄃ ᄇ *5*

Ε Ε Ε Ε Ε Ε Ε Ε Ε Ε Ε Ε Ε Ε Ε Ε Ε Ε Ε Ε Ε Ε Ε Ε Ε Ε Ε Ε Ε Ε

â â

ЖЖЖ ЖЖ ЖЖ ЖЖ ЖЖ ЖЖ ЖЖ ЖЖЖ ЖЖЖ ЖЖЖ ЖЖЖ

Ƅ Ƅ

O' O' O' O'O' O' O' O'O' O'O'O' O'O'O' O'O'O' O' O'O'O' O' O'O'O' O' O'O'O' *10*

ᄃ ᄃ

ᄬ ᄬ ᄬ ᄬᄬ ᄬ ᄬ ᄬᄬ ᄬ ᄬ ᄬᄬ ᄬ ᄬ ᄬᄬ ᄬ ᄬ

ШШШ-ᄓᄔ ᄔᄂ ᄶᄴ ШШШ-ᄓᄔ ᄔᄂ ᄶᄴ ШШШ-ᄓᄔ ᄔᄂ ᄶᄴ ШШШ-ᄓᄔ ᄔᄂ ᄶᄴ ШШШ-

ᄃ ᄃ

◿ *15*

ĜĜ ĜĜ ĜĜ ĜĜ ĜĜ ĜĜ ĜĜ ĜĜ ĜĜĜ ĜĜĜ ĜĜĜ

러러러러러러러러러러러러러러러러러러러러러러러러러러러러러러러러러러

F F F F F F F F F F F F F F F F F F F F F F F F F F F F F F F F

朱朱朱朱朱朱朱朱朱朱朱朱朱朱朱朱朱朱朱朱朱朱朱朱朱朱朱朱朱朱

み *20*

ᄝ Ƅ ᄇ ᄡ ᄀ ᄝ Ƅ ᄇ ᄡ ᄀ ᄝ Ƅ ᄇ ᄡ ᄀ ᄝ Ƅ ᄇ ᄡ ᄀ ᄝ Ƅ ᄇ ᄡ ᄀ

F̅F̅F̅F̅ F̅F̅ F̅F̅ F̅F̅ F̅F̅ F̅F̅ F̅F̅ F̅F̅ F̅F̅ F̅F̅ F̅F̅ F̅F̅ F̅F̅ F̅F̅

ê ê

3 3 3 3 3 3 3 3 3 3 3 3 3 3 3 3 3 3 3 3 3 3 3 3 3 3 3 3 3 3 3 3

ᄔ *25*

u' u' u' u' u' u' u' u' u' u' u' u' u' u' u' u' u' u' u' u' u' u' u' u' u' u' u' u' u' u' u' u' u'

ᅵ ᅵ

ᄂ ᄂ Ƅ ᄂ ᄂ Ϲ ᄂ ᄂ Ϲ ᄂ ᄂ Ϲ ᄂ ᄂ Ϲ ᄂ ᄂ Ϲ ᄂ ᄂ Ϲ ᄂ ᄂ Ϲ ᄂ ᄂ

ᄽ *30*

θθθθθθθθθθθθθθθθθθθθθθθθθθθθθθ *1*

ĤĤĤ ĤĤĤ ĤĤĤ ĤĤĤ ĤĤĤ ĤĤĤ ĤĤĤ ĤĤĤ ĤĤ

머머머머머머머머머머머머머머머머머머머머머머머머머머

G G G G G G G G G G G G G G G G G G G G G G G G

沈沈沈沈沈沈沈沈沈沈沈沈沈沈沈沈沈沈沈沈沈沈沈沈沈沈沈沈 *5*

ㅂㅂㅂㅂㅂㅂㅂㅂㅂㅂㅂㅂㅂㅂㅂㅂㅂㅂㅂㅂㅂㅂㅂㅂㅂㅂ

66 66 66 66 66 66 66 66 66 66 66 66 66

ÎÎÎÎÎÎÎÎÎÎÎÎÎÎÎÎÎÎÎÎÎÎÎÎÎ

ИИИИИИИИИИИИИИИИИИИИИИИИИИ *10*

ÄÄÄÄÄÄÄÄÄÄÄÄÄÄÄÄÄÄÄÄÄÄÄÄÄÄÄÄ

ĴĴĴĴĴĴĴĴĴĴĴĴĴĴĴĴĴĴĴĴĴĴĴĴĴ *15*

ΛΛΛΛΛΛΛΛΛΛΛΛΛΛΛΛΛΛΛΛΛΛΛΛΛΛΛ

ĵĵĵĵĵĵĵĵĵĵĵĵĵĵĵĵĵĵĵĵĵĵĵĵĵ

버버버버버버버버버버버버버버버버버버버버버버버버버버

HHHHHHHHHHHHHHHHHHHHHHHHHH *20*

車車車車車車車車車車車車車車車車車車車車車車車車車

ㅂㅂㅂㅂㅂㅂㅂㅂㅂㅂㅂㅂㅂㅂㅂㅂㅂㅂㅂㅂㅂㅂ

ÇÇÇ ÇÇ ÇÇ ÇÇ ÇÇ ÇÇ ÇÇ ÇÇ ÇÇ ÇÇ ÇÇ Ç *25*

ĴĴĴĴĴĴĴĴĴĴĴĴĴĴĴĴĴĴĴĴĴĴĴĴĴ

ÂÂÂÂÂÂÂÂÂÂÂÂÂÂÂÂÂÂÂÂÂÂÂÂÂÂ *30*

횡서 시지각 능력 개발 훈련 2단계

ᠲᠲᠲᠲᠲᠲᠲᠲᠲᠲᠲᠲᠲᠲᠲᠲᠲᠲᠲᠲᠲᠲᠲᠲᠲᠲᠲᠲ *1*

ᢀᢀᢀᢀᢀᢀᢀᢀᢀᢀ ᢀᢀᢀᢀᢀ ᢀᢀᢀᢀᢀ ᢀᢀᢀᢀᢀ

ΞΞΞΞΞΞΞΞΞΞΞΞΞΞΞΞΞΞΞΞΞΞΞΞΞΞΞΞ

ŜŜŜŜŜŜŜŜŜŜŜŜŜŜŜŜŜŜŜŜŜŜŜŜŜŜŜŜ

서서서서서서서서서서서서서서서서서서서서서서서서서서서서서 *5*

I I I I I I I I I I I I I I I I I I I I I I I I I I I I

南南南南南南南南南南南南南南南南南南南南南南南南南南南南

ꝁꝁꝁꝁꝁꝁꝁꝁꝁꝁꝁꝁꝁꝁꝁꝁꝁꝁꝁꝁꝁꝁꝁꝁꝁꝁꝁꝁꝁ

ﻫ ﺷ ﺁ ﺭ ﺩ ﺝ ﺫ ﻫ ﺷ ﺁ ﺭ ﺩ ﺝ ﺫﻫ ﺷ ﺁ ﺭ ﺩ ﺝ ﺫ ﻫ ﺷ ﺁ ﺭ ﺩ

ƷƷƷƷƷ ƷƷƷ Ʒ ƷƷ Ʒ Ʒ Ʒ Ʒ Ʒ Ʒ Ʒ Ʒ Ʒ Ʒ Ʒ Ʒ Ʒ Ʒ Ʒ Ʒ Ʒ *10*

ÔÔÔÔ Ô

ЛЛЛЛЛЛЛЛЛЛЛЛЛЛЛЛЛЛЛЛЛЛЛЛЛЛЛЛ

ɼ ɼ ⌐ ɼ ⌐ ɼ ⌐ ⌐ ɼ ⌐ ɼ ⌐ ⌐ ɼ ⌐ ɼ ⌐ ⌐ ɼ ⌐ ɼ ⌐ ⌐ ɼ

O' O' O' O'O' O' O' O' O'O' O' O' O' O'O' O' O' O'O' O' O'O' O' O' O'O'

ಆಆಆಆಆಆಆಆಆಆಆಆಆಆಆಆಆಆಆಆಆಆಆಆಆಆಆಆ *15*

ᄆ ᄆ ᄆ ᄆ ᄆ ᄆ ᄆ ᄆ ᄆ ᄆ ᄆ ᄆ ᄆ ᄆ

ᑎ ᒧᑫ ᑎ ᗉᑭᑎ ᑎ ᒧᑫ ᑎ ᗉᑭᑎ ᑎ ᒧᑫ ᑎ ᗉᑭᑎ ᑎ ᒧᑫ ᑎ ᑭᑎ ᑎ

ᵚᵚᵚᵚᵚᵚᵚᵚᵚᵚᵚᵚᵚᵚᵚᵚᵚᵚᵚᵚᵚᵚᵚᵚᵚᵚᵚᵚ

∏∏∏∏∏∏∏∏∏∏∏∏∏∏∏∏∏∏∏∏∏∏∏∏∏∏∏∏

ŬŬŬŬŬŬŬŬŬŬŬŬŬŬŬŬŬŬŬŬŬŬŬŬŬŬŬŬ *20*

어어어어어어어어어어어어어어어어어어어어어어어어어어어어

J J J J J J J J J J J J J J J J J J J J J J J J J J J J

康康康康康康康康康康康康康康康康康康康康康康康康康康康康

ꙮꙮꙮꙮꙮꙮꙮꙮꙮꙮꙮꙮꙮꙮꙮꙮꙮꙮꙮꙮꙮꙮꙮꙮꙮꙮꙮꙮ

ﺡ ﻝ ﻝ ﻩ ﻉ ﺀ ﺁ ﺁ ﺡ ﻝ ﻝ ﻩ ﻉ ﺀ ﺁ ﺁ ﺡ ﻝ ﻝ ﻩ ﻉ ﺀ ﺁ ﺁ ﺡ ﻝ *25*

ɈɈɈɈɈɈɈɈɈɈɈɈɈɈɈɈɈɈɈɈɈɈɈɈɈɈɈɈ

ûûûûûûûûûûûûûûûûûûûûûûûûûûûûûû

φφφφφφφφφφφφφφφφφφφφφφφφφφφφ

ᴜ ᴜ ᴊᴜ ᴜ ᴊᴜ ᴜ ᴊᴜ ᴜ ᴊᴜ ᴜ ᴊᴜ ᴜ ᴊᴜ ᴜ ᴊᴜ ᴜ ᴊ

u'u'u'u'u'u'u'u'u'u'u'u'u'u'u'u'u'u'u'u'u'u'u'u'u'u'u'u'u'u' *30*

우 *1*

ㄟ ㄴ ㅗ ㄴ ㄟ ㄴ ㄟ ㄴ ㅗ ㄴ ㄟ ㄴ ㅗ ㄴ ㄟ ㄴ ㅗ ㄴ

ㅜ ㅌ ㅜ ㅌ ㅜ ㅌ ㅜ ㅌ ㅜ ㅌ ㅜ ㅌ ㅜ ㅌ ㅜ ㅌ ㅜ ㅌ ㅜ ㅌ ㅜ ㅌ ㅜ ㅌ ㅜ ㅌ ㅜ ㅌ ㅜ ㅌ ㅜ ㅌ ㅜ ㅌ ㅜ ㅌ ㅜ ㅌ

Ꝭ Ꝭ

Σ Σ Σ Σ Σ Σ Σ Σ Σ Σ Σ Σ Σ Σ Σ Σ Σ Σ Σ Σ Σ Σ Σ Σ Σ Σ Σ *5*

Ĉ Ĉ

저저저저저저저저저저저저저저저저저저저저저저저저저저저저저

K K K K K K K K K K K K K K K K K K K K K K K K K K K K K K K K

田 田

ιφ ιφ ιφ ιφ ιφ ιφ ιφ ιφ ιφ ιφ ιφ ιφ ιφ ιφ ιφ ιφ ιφ ιφ ιφ ιφ ιφ ιφ *10*

कखग घ ड़ कखग घ ड़ कखग घ ड़ कखग घ ड़ कखग घ ड़

K K K K K K K K K K K K K K K K K K K K K K K K K K K K K K K K K

ё́ ё́

Б Б

ᴗ *15*

Ă Ă

ㄹ ㄹ

ᆱ ᆱ ᆱ ᆱ ᆱ ᆱ ᆱ ᆱ ᆱ ᆱ ᆱ ᆱ ᆱ ᆱ ᆱ ᆱ ᆱ ᆱ ᆱ ᆱ

ㄱ ㄱ

ㅜ *20*

Ф Ф

Ĝ Ĝ Ĝ Ĝ Ĝ Ĝ Ĝ Ĝ Ĝ Ĝ Ĝ Ĝ Ĝ Ĝ Ĝ Ĝ Ĝ Ĝ Ĝ Ĝ

처처처처처처처처처처처처처처처처처처처처처처처처처처처처처처

L L L L L L L L L L L L L L L L L L L L L L L L L L L L

任任任任任任任任任任任任任任任任任任任任任任任任任任任任 *25*

よ よ

ㄱ ㄱ

Ⴑ Ⴑ

ĭ ĭ

ЫЫЫЫЫЫЫЫЫЫЫЫЫЫЫЫЫЫЫЫЫЫЫЫ *30*

é *1*

ЯЯЯЯЯЯЯЯЯЯЯЯЯЯЯЯЯЯЯЯЯЯЯЯЯЯЯЯЯЯЯЯЯЯЯ

ص ص

u'u'u'u'u'u'u'u'u'u'u'u'u'u'u'u'u'u'u'u'u'u'u'u'u'u'u'u'u'u'u'

ړ *5*

ꝫ �526 ꝫ ꝫ ꝫ ꝫ ꝫ ꝫ ꝫ ꝫ ꝫ ꝫ ꝫ ꝫ ꝫ ꝫ ꝫ ꝫ ꝫ ꝫ

 กๅ-ฦๅ ก ฦ ก ฦ กๅ-ฦๅ ก ฦ ก ฦ กๅ-ฦๅ ก ฦ ก ฦ

ɀɀɀɀɀ ɀ ɀɀɀɀ ɀɀɀɀɀ ɀ ɀɀɀɀ ɀ ɀ ɀɀɀɀ

ᖚ ᖚ

ŝ *10*

퍼퍼퍼퍼퍼퍼퍼퍼퍼퍼퍼퍼퍼퍼퍼퍼퍼퍼퍼퍼퍼퍼퍼퍼퍼퍼

OOOOOOOOOOOOOOOOOOOOOOOOOOOOOOOOOO

禹禹禹禹禹禹禹禹禹禹禹禹禹禹禹禹禹禹禹禹禹禹禹禹禹

ɦɦɦɦɦɦɦɦɦɦɦɦɦɦɦɦɦɦɦɦɦɦɦɦɦɦɦɦɦɦ

ᗡ ᖴ ᗷ ᖴ ᗡ ᖴ ᗷ ᖴ ᗡ ᖴ ᗷ ᖴ ᗡ ᖴ ᗷ ᖴ ᗡ ᖴ ᗷ ᖴ ᗡ ᖴ ᗷ ᖴ *15*

ⴑ ⴑ

è è

Б Б

ق ق

Ă *20*

ʔ ʔ

ᗡ ᗡ

Ⴇ Ⴔ Ⴘ Ⴗ Ⴒ Ⴗ Ⴤ Ⴇ Ⴔ Ⴘ Ⴗ Ⴒ Ⴗ Ⴤ Ⴇ Ⴔ Ⴘ Ⴗ Ⴒ Ⴗ Ⴤ Ⴇ Ⴔ Ⴗ

ᏝᏝᏝᏝᏝᏝᏝᏝᏝᏝᏝᏝᏝᏝᏝᏝᏝᏝᏝᏝᏝᏝᏝᏝᏝᏝ

◿ *25*

Ŭ Ŭ

허허허허허허허허허허허허허허허허허허허허허허허허허허

P P P P P P P P P P P P P P P P P P P P P P P P P P P P P P

ᅮ ᅮ

ぁぁぁぁぁぁぁぁぁぁぁぁぁぁぁぁぁぁぁぁぁぁぁぁぁぁ *30*

횡서 시지각 능력 개발 훈련 2단계

1

5

10

15

20

25

30

池池池池池池池池池池池池池池池池池池池池池池池池池池池池池池池池池 *1*
ううううううううううううううううううううううううううううううう
ह आ र उ ज ह ह आ र उ ज ह ह आ र उ ज ह ह आ र उ ज ह
ЯЯЯЯЯЯЯЯЯЯЯЯЯЯЯЯЯЯЯЯЯЯЯЯЯЯЯЯ
â *5*
ЖЖЖЖ ЖЖ ЖЖ ЖЖ ЖЖ ЖЖ ЖЖЖ ЖЖЖЖЖ ЖЖЖЖЖ
ᄃᄃᄃᄃ ᄃᄃ ᄃᄃ ᄃᄃ ᄃᄃ ᄃᄃ ᄃᄃᄃ ᄃᄃᄃᄃᄃ ᄃᄃᄃᄃᄃ
u'u'u'u'u'u'u'u'u'u'u'u'u'u'u'u'u'u'u'u'u'u'u'u'u'u'u'u'u'u'u'
ᄌᄌᄌᄌᄌᄌᄌᄌᄌᄌᄌᄌᄌᄌᄌᄌᄌᄌᄌᄌᄌᄌᄌᄌ
ᄂᄼᄂᄼᄂᄼᄂᄼᄂᄼᄂᄼᄂᄼᄂᄼᄂᄼᄂᄼᄂᄼᄂᄼ *10*
РRRРРРРРРРРРРРРРРРРРР
ᅔᅔᅔᅔᅔᅔᅔᅔᅔᅔᅔᅔᅔᅔᅔᅔᅔᅔᅔᅔᅔ
ᄐᄐᄐᄐᄐᄐᄐᄐᄐᄐᄐᄐᄐᄐᄐᄐᄐᄐᄐᄐᄐᄐᄐᄐᄐ
ĤĤĤĤĤĤĤ ĤĤĤ ĤĤĤĤĤĤĤĤĤ ĤĤĤĤĤĤĤ
뎌뎌뎌뎌뎌뎌뎌뎌뎌뎌뎌뎌뎌뎌뎌뎌뎌뎌뎌뎌뎌뎌뎌뎌뎌 *15*
SSSSSSSSSSSSSSSSSSSSSSSSSSSSSS
元元元元元元元元元元元元元元元元元元元元元元元元元元元元
ᆽᆽᆽᆽᆽᆽᆽᆽᆽᆽᆽᆽᆽᆽᆽᆽᆽᆽᆽᆽᆽᆽᆽᆽᆽᆽᆽᆽ
ह ल ए ऍ ओ ऑ ह ल ए ऍ ओ ऑ ह ल ए ऍ ओ ऑ ह ल
SSSSSSSSSSSSSSSSSSSSSSSS *20*
ê ê
3 3 3 3 3 3 3 3 3 3 3 3 3 3 3 3 3 3 3 3 3 3 3 3 3 3 3 3 3 3
ᆝᆝᆝᆝᆝᆝᆝᆝᆝᆝᆝᆝᆝᆝᆝᆝᆝᆝᆝᆝᆝᆝᆝᆝ
Ă Ă
ᄅᄅᄅᄅᄅᄅᄅᄅᄅᄅᄅᄅᄅᄅᄅᄅᄅᄅᄅᄅᄅᄅᄅ *25*
ᆝᆝᆝᆝᆝᆝᆝᆝᆝᆝᆝᆝᆝᆝᆝᆝᆝᆝᆝᆝᆝᆝᆝᆝ
ᄋᄋᄋᄋᄋᄋᄋᄋᄋᄋᄋᄋᄋᄋᄋᄋᄋᄋᄋᄋᄋᄋᄋᄋ
ᅡᅡᅡᅡᅡᅡᅡᅡᅡᅡᅡᅡᅡᅡᅡᅡᅡᅡᅡᅡᅡᅡᅡᅡᅡ
ПППППППППППППППППППППП
ĵ ĵ ĵ ĵ ĵ ĵ ĵ ĵ ĵ ĵ ĵ·ĵ ĵ ĵ ĵ ĵ ĵ ĵ ĵ ĵ ĵ ĵ ĵ *30*

려려려려려려려려려려려려려려려려려려려려려려려려려려려려려려려려려려려 *1*

ＴＴＴＴＴＴＴＴＴＴＴＴＴＴＴＴＴＴＴＴＴＴＴＴＴＴＴＴＴＴＴＴＴＴＴ

閔閔閔閔閔閔閔閔閔閔閔閔閔閔閔閔閔閔閔閔閔閔閔閔閔閔閔

おおおおおおおおおおおおおおおおおおおおおおおおおおおお

5

ＵＵＵＵＵＵＵＵＵＵＵＵＵＵＵＵＵＵＵＵＵＵＵＵＵＵＵＵＵＵ

ИИИИИИИИИИИИИИИИИИИИИИИИИИИИИИИИ

10

ＬＬＬＬ ＬＬＬＬＬＬＬＬＬＬ ＬＬＬＬＬ ＬＬＬＬＬＬ ＬＬＬＬＬ ＬＬＬＬ

ΣΣΣΣΣΣΣΣΣΣΣΣΣΣΣΣΣΣΣΣΣΣΣΣΣΣΣΣΣΣΣΣ

15

며며며며며며며며며며며며며며며며며며며며며며며며며며며며며며

ＵＵＵＵＵＵＵＵＵＵＵＵＵＵＵＵＵＵＵＵＵＵＵＵＵＵＵＵ

具具具具具具具具具具具具具具具具具具具具具具具具具具具具

か *20*

ＨＨＨＨＨＨＨＨＨＨＨＨＨＨＨＨＨＨＨＨＨＨＨＨＨＨＨＨＨＨＨＨ

ИИИИИИИИИИИИИИИИИИИИИИИИИИИИИИИИ

25

ＯＯＯＯＯＯＯＯＯＯＯＯＯＯＯＯＯＯＯＯＯＯＯＯＯＯＯＯＯ

30

ФФФФФФФ Ф Ф Ф Ф Ф Ф Ф ФФ Ф Ф Ф Ф Ф Ф Ф Ф ФФ *1*

ŬŬ ŬŬ ŬŬ ŬŬ ŬŬ ŬŬ ŬŬ ŬŬ ŬŬŬŬ ŬŬ ŬŬ ŬŬŬŬŬŬŬ

벼벼벼벼벼벼벼벼벼벼벼벼벼벼벼벼벼벼벼벼벼벼벼벼벼벼

V V V V V V V V V V V V V V V V V V V V V V VV

嚴嚴嚴嚴嚴嚴嚴嚴嚴嚴嚴嚴嚴嚴嚴嚴嚴嚴嚴嚴嚴嚴嚴嚴嚴嚴 *5*

킈 킈

ᄃ ᄒ ᄀ ᄃ ᄒ ᄀ ᄃ ᄒ ᄀ ᄃ ᄒ ᄀ ᄃ ᄒ ᄀ ᄃ ᄒ ᄀ ᄃ ᄒ ᄀ

ᄇ ᄇ

Ô Ô

ЛЛЛЛЛЛЛЛЛЛЛЛЛЛЛЛЛЛЛЛЛЛЛЛЛЛЛ *10*

ᄼ ᄼ

u' u' u' u' u' u' u' u' u' u' u' u' u' u' u' u' u' u' u' u' u' u' u'

ᄁ ᄁ ᄁ ᄁ ᄁ ᄁ ᄁ ᄁ ᄁ ᄁ ᄁ ᄁ ᄁ ᄁ ᄁ ᄁ ᄁ ᄁ ᄁ

ᅵ ᅳ ᅵ ᅳ ᅵ ᅳ ᅵ ᅳ ᅵ ᅳ ᅵ ᅳ ᅵ ᅳ ᅵ ᅳ ᅵ ᅳ ᅵ ᅳ ᅵ ᅳ

Я *15*

ㅓㅓㅓㅓ ㅓㅓㅓㅓ ㅓㅓㅓㅓ ㅓㅓㅓㅓ ㅓㅓㅓㅓ ㅓㅓㅓㅓ

Ψ Ψ Ψ Ψ Ψ Ψ Ψ Ψ Ψ Ψ Ψ Ψ Ψ Ψ Ψ Ψ Ψ Ψ Ψ Ψ Ψ Ψ Ψ Ψ

Ĉ Ĉ Ĉ Ĉ Ĉ Ĉ Ĉ Ĉ Ĉ Ĉ Ĉ Ĉ Ĉ Ĉ Ĉ Ĉ ĈĈĈĈ

셔셔셔셔셔셔셔셔셔셔셔셔셔셔셔셔셔셔셔셔셔셔셔셔셔셔

WWWWWWWWWWWWWWWWWWWWWWW *20*

方方方方方方方方方方方方方方方方方方方方方方方方

く く

ᄀ ᄃ ᄒ ᄂ ᄀ ᄃ ᄒ ᄂ ᄀ ᄃ ᄒ ᄂ ᄀ ᄃ ᄒ ᄂ ᄀ ᄃ ᄒ ᄂ ᄀ ᄃ ᄒ ᄂ

ᆵ ᆵ

û *25*

φ φ φ φ φ φ φ φ φ φ φ φ φ φ φ φ φ φ φ φ φ φ φ φ φ φ

ᄾ ᄾ ᄾ ᄾ ᄾ ᄾ ᄾ ᄾ ᄾ ᄾ ᄾ ᄾ ᄾ ᄾ ᄾ ᄾ ᄾ

Ă Ă

ᅟ ᅟ

�껴ᅠᅠ ᅠᅠ ᅠᅠ ᅠᅠ ᅠᅠ ᅠᅠ ᅠᅠ ᅠᅠ ᅠᅠ ᅠᅠ ᅠᅠ ᅠᅠ ᅠᅠ *30*

횡서 시지각 능력 개발 훈련 2단계

ጸ ጹ ጺ ጸ ጼ ጽ ጸ ጸ ጹ ጺ ጸ ጼ ጽ ጸ ጸ ጹ ጺ ጸ ጼ ጽ ጸ ጸ ጹ ጺ ጸ ጼ ጽ ጸ ጸ ጸ ጹ

ϟ ϟ

ΩΩΩΩΩΩΩΩΩΩΩΩΩΩΩΩΩΩΩΩΩΩΩΩΩΩΩΩΩΩ

ĜĜ ĜĜ ĜĜ ĜĜ ĜĜ ĜĜ ĜĜ ĜĜ ĜĜ ĜĜ ĜĜĜ ĜĜĜ ĜĜĜ

여여여여여여여여여여여여여여여여여여여여여여여여여여여여여여여

XXXXXXXXXXXXXXXXXXXXXXXXXXXXXXX

成成成成成成成成成成成成成成成成成成成成成成成成成成成成成成成

けけけけけけけけけけけけけけけけけけけけけけけけけけけけけけ

प फ ब भ म प फ ब भ म प फ ब भ म प फ ब भ म प फ ब भ म प फ ब भ म

Ӿ Ӿ

e̋ e̋ e̋ e̋ e̋ e̋ e̋ e̋ e̋ e̋ e̋ e̋ e̋ e̋ e̋ e̋ e̋ e̋ e̋ e̋ e̋ e̋ e̋ e̋ e̋ e̋ e̋ e̋ e̋ e̋

БББББББББББББББББББББББББББББББ

ȷ ȷ

ÂÂÂÂÂÂÂÂÂÂÂÂÂÂÂÂÂÂÂÂÂÂÂÂÂÂÂÂÂ ÂÂÂÂÂ

ẕ ẕ

o a o a o a o a o a o a o a o a o a o a o a o a o a o o a o a o a o a o a o a

θ θ- θ θ θ θ θ θ θ- θ θ θ θ θ θ θ- θ θ θ θ θ θ- θ θ θ θ θ θ θ-

ϛ ϛ

ΓΓΓΓΓΓΓΓΓΓΓΓΓΓΓΓΓΓΓΓΓΓΓΓΓΓΓΓΓΓ

ĤĤĤĤ ĤĤĤ ĤĤĤ ĤĤĤĤĤĤĤĤĤĤĤĤĤĤ ĤĤĤĤĤĤĤ

져져져져져져져져져져져져져져져져져져져져져져져져져져져져져져

YYYYYYYYYYYYYYYYYYYYYYYYYYYYYY

幸幸幸幸幸幸幸幸幸幸幸幸幸幸幸幸幸幸幸幸幸幸幸幸幸幸幸幸幸幸幸

こここここここここここここここここここここここここここここ

य र ल व य र ल व य र ल व य र ल व य र ल व य र ल व य र ल व य र

ÿ ÿ

I̋ I̋ I̋ I̋ I̋ I̋ I̋ I̋ I̋ I̋ I̋ I̋ I̋ I̋ I̋ I̋ I̋ I̋ I̋ I̋ I̋ I̋ I̋ I̋ I̋ I̋ I̋ I̋ I̋ I̋

ЫЫЫЫЫЫЫЫЫЫЫЫЫЫЫЫЫЫЫЫЫЫЫЫЫЫЫЫЫЫ

ȷ ȷ

ГГГГГГГГГГГГГГГГГГГГГГГГГГГГГГ

O' O' O' O'O' O' O'O' O'O'O' O'O'O' O'O'O' O' O'O'O' O' O'O'O'O'O'O' O' O'O'O'O' *1*

?﹚

ZZZ ZZZZZZZZZ ZZZZZZZZZZZZ *5*

쳐쳐쳐쳐쳐쳐쳐쳐쳐쳐쳐쳐쳐쳐쳐쳐쳐쳐쳐쳐쳐쳐쳐쳐

ZZZZ ZZZZZZZZ Z ZZZZZZ ZZZZZZZ

10

ㅎㅎㅎ ㅎ ㅎㅎ ㅎㅎ ㅎㅎ ㅎㅎ ㅎ ㅎㅎㅎ ㅎㅎ ㅎ ㅎㅎㅎ ㅎㅎ

ZZZZ ZZZZZ Z Z Z Z Z Z Z Z Z Z Z Z Z Z Z Z Z Z Z Z

ЮЮЮЮЮЮЮЮЮЮЮЮЮЮЮЮЮЮЮЮЮЮЮЮЮЮЮ *15*

?﹚

20

θθθθθθθθθθθ θθθ θθθθθθθ θθθθθθ θθ

커커커커커커커커커커커커커커커커커커커커커커커커커

AAAAAAAAAAAAAAAAAAAAAAAAAAA *25*

蔡蔡蔡蔡蔡蔡蔡蔡蔡蔡蔡蔡蔡蔡蔡蔡蔡蔡蔡蔡蔡蔡蔡蔡蔡蔡

ㄴㄴㄴㄴㄴㄴㄴㄴㄴㄴㄴㄴㄴㄴㄴㄴㄴㄴㄴㄴㄴㄴㄴㄴㄴㄴㄴ

ΦΦΦΦΦΦΦΦΦΦΦΦΦΦΦΦΦΦΦΦΦΦΦΦΦΦ *30*

횡서 시지각 능력 개발 훈련 2단계

é *1*

Я Я

Ь Ь

Ă Ă

ᱛ *5*

ᚠ ᚠ ᚠ ᚠ ᚠ ᚠ ᚠ ᚠ ᚠ ᚠ ᚠ ᚠ ᚠ ᚠ ᚠ ᚠ ᚠ ᚠ

U Ա Ч Ч Ꙡ U U Uᱚ Ч Ч Ꙡ U UU Ա Ч Ч Ꙡ U U U Ա Ч Ч Ꙡ U U U Ա Ч Ч Ꙡ U U U

Ӿ Ӿ

Λ Λ Λ Λ Λ Λ Λ Λ Λ Λ Λ Λ Λ Λ Λ Λ Λ Λ Λ Λ Λ Λ Λ Λ Λ Λ Λ Λ Λ Λ

Ŭ *10*

텨텨텨텨텨텨텨텨텨텨텨텨텨텨텨텨텨텨텨텨텨텨텨텨텨텨텨텨텨텨텨

B B B B B B B B B B B B B B B B B B B B B B B B B B B B

玄玄玄玄玄玄玄玄玄玄玄玄玄玄玄玄玄玄玄玄玄玄玄玄玄玄玄玄玄玄

ㅎ ㅎ

ऋ ल ॡ ए ऐ औ ऒ ऋ ल ॡ ए ऐ औ ऒ ऋ ल ॡ ए ऐ औ ऒ ऋ ल ॡ ए ऐ औ ऒ ऋ ल *15*

Ⴐ Ⴐ

ĕ ĕ

Б Б

ᱛ ᱛ ᱛ ᱛ ᱛ ᱛ ᱛ ᱛ ᱛ ᱛ ᱛ ᱛ ᱛ ᱛ ᱛ ᱛ ᱛ ᱛ ᱛ ᱛ

Â *20*

ഇ ഇ

Λ Ⴖ Ⴓ Λ Ⴆ Ⴖ Λ Ⴖ Ⴓ Λ Ⴆ Ⴖ Λ Ⴖ Ⴓ Λ Ⴆ Ⴖ Λ Ⴖ Ⴓ Λ Ⴆ Ⴖ Λ Ⴖ Ⴓ Λ Ⴆ Ⴖ

ᶘ ᶘ

Ξ Ξ Ξ Ξ Ξ Ξ Ξ Ξ Ξ Ξ Ξ Ξ Ξ Ξ Ξ Ξ Ξ Ξ Ξ Ξ Ξ Ξ Ξ Ξ Ξ Ξ Ξ Ξ Ξ Ξ *25*

Ĉ Ĉ

펴펴펴펴펴펴펴펴펴펴펴펴펴펴펴펴펴펴펴펴펴펴펴펴펴펴펴펴펴펴

C C C C C C C C C C C C C C C C C C C C C C C C C C C C C C C

陳陳陳陳陳陳陳陳陳陳陳陳陳陳陳陳陳陳陳陳陳陳陳陳陳陳陳陳陳

せ *30*

1

5

10

15

20

25

30

제 6 장

뇌기능 활성화 훈련

1 기억력 훈련

그림1 다음 그림을 5초 동안 보고 물음에 답하시오.

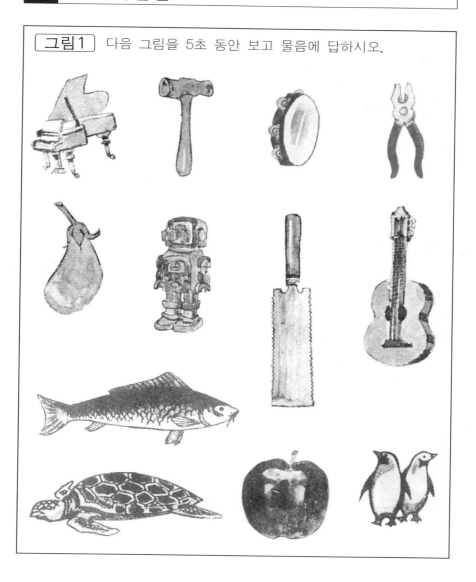

[문제1] 그림1에 열거된 사물의 종류를 보고 기억을 되살려 기억나는 만큼 그 이름을 적어 봅시다.

① _____ ② _____ ③_____

④ _____ ⑤ _____ ⑥ _____

⑦ _____ ⑧ _____ ⑨_____

⑩ _____ ⑪ _____ ⑫_____

[문제2] 악기의 종류는 몇 개인가?

[문제3] 바다에서 나는 고기류나 동물류는?

[문제4] 건축할 때 필요한 공구는 몇 개인가?

[문제5] 어린이 장난감은 몇 개인가?

[문제6] 과일 종류는 몇 개인가?

그림2 다음 숫자를 5초 동안 보고 물음에 답하시오.

102   101

02

114   424

709

01   419

113

문제1 그림2에 열거된 숫자는 9종류이다. 기억을 되살려 순서에
관계 없이 적어보시오.

① _____ ② _____ ③_____

④ _____ ⑤ _____ ⑥ _____

⑦ _____ ⑧ _____ ⑨_____

문제2 두자리 숫자는 2개입니다. 그 번호를 적으시오.

① _____ ② _____

문제3 제일 단위가 큰 숫자를 적어 봅시다.

문제4 단위가 제일 작은 숫자를 적어봅시다.

문제5 전화번호문의는 위에서 몇 번째 번호인가?

문제6 113번호는 아래에서 몇 번째인가?

그림3 다음 글자를 5초 동안 보고 물음에 답하시오.

붓

책상

인형

자

칼

책

전축

연필

화분

시계

붓

먹

[문제1] 그림 3의 단어는 12개이다. 기억을 되살려 모두
　　　　적어 넣으십시오.

① _____　　② _____　　③ _____

④ _____　　⑤ _____　　⑥ _____

⑦ _____　　⑧ _____　　⑨ _____

⑩ _____　　⑪ _____　　⑫ _____

[문제2] 이중으로 기재된 글자는 어떤 글자인가?

[문제3] 받침 글씨가 기역으로 형성된 글자는?

　　① _____　　　　② _____

[문제4] 학용품을 적어 보시오.

　　① _____　　② _____　　③ _____

2 어휘력 훈련

어휘력 훈련은 ①어휘적용 훈련, ②낱말 묶이 훈련, ③언어추리력 훈련으로 나눠 실시한다.

① 어휘적용 훈련

■ 각 문제의 괄호 안에 적당한 낱말을 넣어서 문장의 뜻이 가장 잘 통하도록 하는 문제이다. 보기와 같이 적당한 낱말을 하나만 골라서 문장을 완성시키시오.

┌─ 보기 ─────────────────────────────────┐

① 새벽부터 온종일 일했더니 몸이 아주 (ㄴ)
  ㉠아프다 ㉡고단하다 ㉢놀래다 ㉣건강하다
② 초저녁부터 잠을 자려고 무척 애를 썼으나 (ㄴ) 잠이 오지 않았다.
  ㉠아무리 해도 ㉡도무지 ㉢도대체 ㉣깜박

└──┘

문제1 많은 책을 닥치는 대로 읽는 것보다 좋은 책을 가려서 읽는 사람이 더 (   )
  ㉠재주가 있다 ㉡약삭 빠르다 ㉢현명하다 ㉣중요하다

문제2 직공들은 보수가 적고 시설이 나쁜데 대해서는 불평을 하고 있었지만 노동시간이 긴 것은 (   )않는 것 같았다.
  ㉠좋아하지 ㉡요구하지 ㉢문제삼지 ㉣단축하지

문제3 옛날의 선비는 (   )을 자기 생명과 같이 여겼기 때문에 재물을 가져서는 안되는 것으로 알고 있었다.

302 ★ 훈련편 · 뇌기능 활성화 훈련

        ㉠예의 범절   ㉡학문   ㉢관직   ㉣청빈

문제4   움직이고 말하는 영화, 그리고 사진을 처음 본 옛날 사람
들은 기가 막히도록 (   )것이다.
       ㉠무서웠을   ㉡웃었을   ㉢놀랐을   ㉣기뻐했을

문제5   젊었을 때에 받은 그 많은 모욕과 학대를 갚기 위해서
그 사나이는 오로지 (   )의 일념에 불타 있었다.
       ㉠선동   ㉡복수   ㉢욕망   ㉣투쟁

문제6   영양의 결핍이나 부족의 결과가 하루 이틀 사이에
겉으로 나타나지 않기 때문에 영양에 대한 고려를
(   )하는 경향이 있다.
       ㉠중요시   ㉡엄격히   ㉢신중히   ㉣등한시

문제7   이번 우리 합창단은 많은 (   )의 결과로써 좋은 노래를
들려 줄 수 있었던 것입니다.
       ㉠노력   ㉡연습   ㉢박수   ㉣이해

문제8   그들을 타도하라! 나는 젊은 시절에 당했던 모욕에 대한
(   )을 가지고 있다.
       ㉠복수   ㉡분개   ㉢원한   ㉣추억

문제9   있는 그대로를 (   )없이 표현한 문장이 훌륭한 문장이
다. 수식이 많은 것보다 간결하게 쓴 문장이 훨씬 내 마음
에 들기 때문이다.

　　　⊙감정　　　ⓛ남김　　　ⓒ과장　　　ⓔ유감

문제10 그것은 너무 오래 된 일이라서 (　　) 잊어 버렸다.
　　　⊙갑자기　　　ⓛ까맣게　　　ⓒ아주　　　ⓔ잠깐

문제11 그가 사회 사업에 그와 같은 많은 돈을 희사하다니
믿을 수 없는 일이다. 지금까지는 (　　)사람으로 이름이
높았으니까.
　　　⊙친절한　　　ⓛ인색한　　　ⓒ절약하는　　　ⓔ근면한

문제12 남녀간의 윤리가 극도로 엄격한 그 사회에서 그와
같은 (　　) 춤을 볼 수 있다는 것은 참으로 의외였다.
　　　⊙아름다운　　　ⓛ고상한　　　ⓒ환각적인　　　ⓔ환상적인

문제13 세상 인심이 메말라 갈수록 가난한 이웃을 돕는
(　　)마음씨가 아쉬워진다.
　　　⊙솔직한　　　ⓛ풍부한　　　ⓒ따뜻한　　　ⓔ부유스런

문제14 어떤 (　　)시의 내용으로 하든지 그 내용은 어디까지나
진실성이 있어야 한다.
　　　⊙소재를　　　ⓛ형식을　　　ⓒ운율을　　　ⓔ제목을

문제15 그 교수의 강의에는(　　)가 없기 때문에 재미있다기 보
다는 교훈적이다.
　　　⊙기지　　　ⓛ지혜　　　ⓒ성의　　　ⓔ근거

[문제16] 사람들은( ) 들리는 말일수록 그 말에 잘 속아 넘어
간다.
㉠서툴게   ㉡엉큼하게   ㉢그럴듯하게   ㉣희미하게

[문제17] 두 문제가 완전히 ( )때문에 그것을 생각할 필요가 있
다.
㉠무관하기   ㉡이론적이기   ㉢불합리하기   ㉣현실적이기

[문제18] 역사적인 면에서 위기란 수세기 동안 ( ) 문제들이 갑
자기 개방되는 때이다.
㉠누적된   ㉡요구되던   ㉢그리워했던   ㉣상상했던

[문제19] 그곳에 내가 ( )했던 것보다는 퍽 아름다운
고장이었다.
㉠좋아   ㉡여행   ㉢그리워   ㉣상상

[문제20] 토끼 한 마리 쯤은 누구나 잡을 수 있지만 범을 잡는 데
에는 큰 ( )필요하다.
㉠용기가   ㉡사냥이   ㉢정성이   ㉣속임수가

② 낱말묶이 훈련

■ 다음 문제는 4개의 비슷한 낱말과 관계가 없는 한 개의 낱말로 되어있는 문제이다. 다섯 개의 낱말 중에서 관계가 없는 낱말을 하나 고르시오.

A. ①우표 　②편지 　③전보 　④전화 　⑤엽서

B. ①호미 　②곡괭이 　③삽 　④낫 　⑤쟁기

C. ①구두 　②발 　③모자 　④장갑 　⑤양말

D. ①마을 　②고향 　③동네 　④부락 　⑤고을

E. ①홀로 　②외로이 　③단독으로 　④함께 　⑤혼자서

F. ①서리 　②이슬 　③비 　④바람 　⑤눈

G. ①추측하다 　②상상하다 　③짐작하다 　④생각하다 　⑤움직이다

H. ①다리미 　②라디오 　③재봉틀 　④가위 　⑤바늘

I. ①주석 　②석탄 　③은 　④구리 　⑤철

J. ①뜀틀 　②철봉 　③배구 　④평균대 　⑤평행봉

K. ①만들다 　②그리다 　③칠하다 　④아름답다 　⑤조각하다

L. ①사탕 　②과자 　③캬라멜 　④땅콩 　⑤엿

M. ①붕어 　②미꾸라지 　③올챙이 　④메기 　⑤뱀장어

N. ①노래하다 　②말하다 　③듣다 　④속삭이다 　⑤중얼대다

O. ①희다 　②검다 　③붉다 　④밝다 　⑤푸르다

P. ①사철나무 　②감나무 　③버드나무 　④참나무 　⑤소나무

Q. ①아기 　②어른 　③소녀 　④어린이 　⑤노인

R. ①아픈 　②놀라운 　③명랑한 　④슬픈 　⑤우스운

③ 언어 추리력 훈련

■ 주어진 낱말과 뜻의 관계를 풀어보는 문제다. 앞의 낱말과 같은 관계가 되도록 빈칸에 골라 넣으시오.

┌─ 보기 ┐

ⓐ발 → 구두, 머리 → ③ : ① 신발　② 얼굴　③ 모자　④ 이발

ⓑ소 → 　풀, 사람 → ③ : ① 농장　② 먹다　③ 곡식　④ 마시다

A. 옷 → 세탁, 집 → _____
　①건축　　　　②수리　　　　③장식　　　　④청소

B. 그림 → 조각, 수필 → _____
　①소설　　　　②문학　　　　③문장　　　　④작가

C. 피리 → 나팔, 피아노 → _____
　①북　　　　　②바이올린　　③올갠　　　　④노래

D. 죄 → 벌, 원인 → _____
　①이유　　　　②종말　　　　③결과　　　　④반응

E. 동물 → 이동, 식물 → _____
　①정지　　　　②성장　　　　③뿌리　　　　④재배

F. 연필 → 필기, 대포 → _____
　①포탄　　　　②사격　　　　③포병　　　　④무기

G. 방송국 → 방송, 신문사 → _____
　①기자　　　　②편집　　　　③보도　　　　④뉴스

H. 해리 → 바다, 마일 → _____
　①거리　　　　　　②육지　　　　　③공간　　　　　④야드

I. 봄 → 입춘, 가을 → _____
　①추분　　　　　　②춘분　　　　　③입추　　　　　④입하

J. 전쟁 → 이기다, 장사 → _____
　①팔다　　　　　　②벌다　　　　　③사다　　　　　④비싸다

K. 붕어 → 물고기, 사과 → _____
　①과수원　　　　　②배　　　　　　③과일　　　　　④능금

L. 글 → 편지, 말 → _____
　①발음　　　　　　②사람　　　　　③전화　　　　　④신문

M. 사과 → 배, 참외 → _____
　①감　　　　　　　②포도　　　　　③귤　　　　　　④수박

N. 병 → 치료, 고장 → _____
　①수선　　　　　　②사고　　　　　③검사　　　　　④진단

O. 고사리 → 식물, 잠자리 → _____
　①기생충　　　　　②곤충　　　　　③벌레　　　　　④동물

P. 손가락 → 팔, 발가락 → _____
　①발　　　　　　　②무릎　　　　　③다리　　　　　④발톱

Q. 학교 → 학생, 병원 → _____
　①의사　　　　　　②환자　　　　　③간호원　　　　④조수

3 사고력 훈련

① 판단력 훈련

■ 다음 물음에 대하여 답하시오. (1문제당 3초 이내)

문제1 인도에서는 자기 미망인의 언니나 누이동생과는
결혼할 수 없다. 왜 그럴까요?

답 _____

문제2 나의 외삼촌의 누이동생은 나의 외숙모가 아니다.
그럼 그녀와 나와의 관계는?

답 _____

문제3 목화솜 1kg과 바위1kg의 무게는 다르다고 하는데 정답은?

답 _____

문제4 어떤 사람이 오른손에 가진 물건을 절대로 왼손으로
잡을 수 없게 하려면 무엇을 오른손에 쥐게 하면 될까.
단, 어떤 물건을 잡게 해도 상관이 없다.

답 _____

문제5 브라질에 이민(移民)가서 현재 브라질에 살고 있는
한국 사람은 비록 가족이 그것을 희망하더라도 브라질 땅
에 매장할 수 없다. 왜 그럴까요?

답 _____

문제6 다음 그림은 성냥개비로 만든 한마리의 돼지이다.
불쌍하게 이 돼지는 뒤로부터 쏜살같이 달려온 콜택시에
치어 죽어 버렸다. 어떻게 되었을까, 성냥개비 2개만
움직여 답하여라.

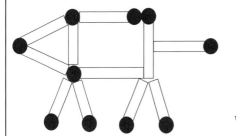

답 _____

문제7 다음 그림과 같은 위치에 사이가 좋지 않은 세 가족이
살고 있다. 그래서 A는 A, B는 B, C는 C의 문에서
드나들 수 있도록 길을 만들고 싶다. 단, 서로 길에서
만나는 일이 없도록 서로 교차하지 않는 길로 만들려면
어떻게 하면 좋을까요?

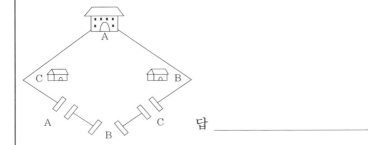

답 _____

② 공간도형 훈련

문제1 다음 문제는 동일한 4개의 그림과 한개의 다른 그림으로
되어 있다. 다른 한 개를 골라 보기와 같이 표시하시오.

보기

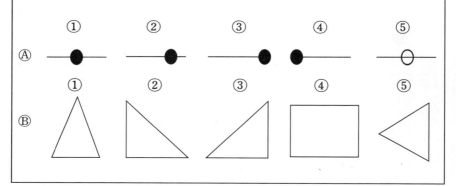

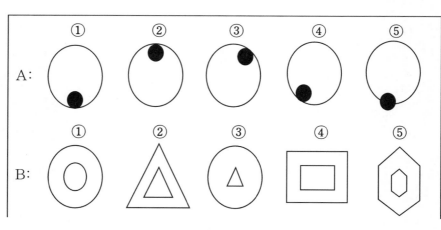

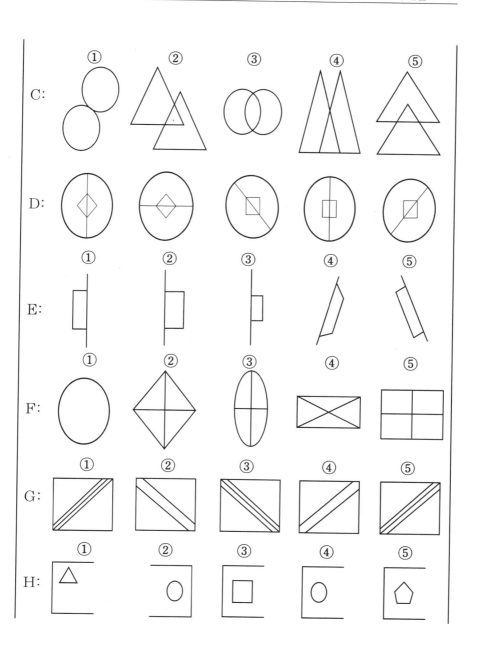

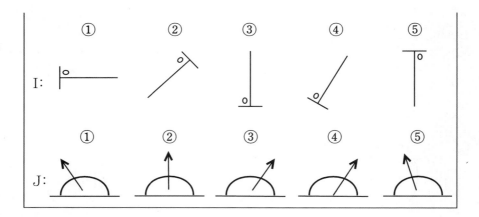

③ 퍼즐 훈련

문제1 다음 도형을 가지고 정사각형을 만드시오.

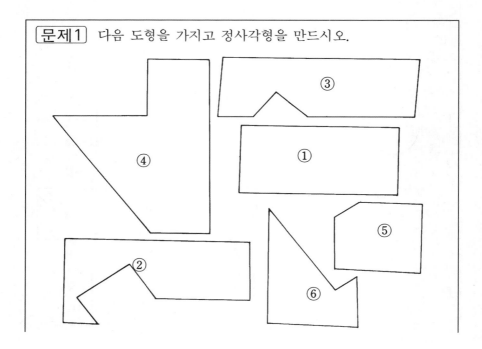

[문제2] 다음 도형으로 정사각형을 만드시오.

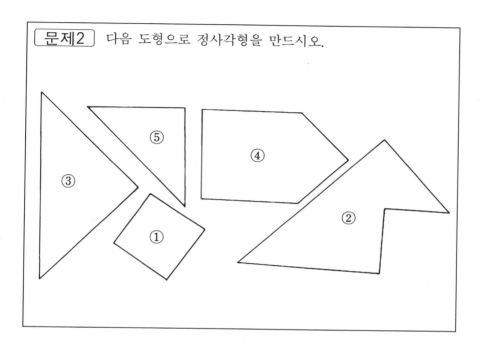

④ 수열 추리 훈련

1) 수리력 훈련
   다음 숫자는 일정한 법칙상을 띠고 있다. 맨끝 숫자 다음에
   와야할 숫자는 어느 것인지 찾아 〈보기〉와 같이 ○표를 하시오.

┌─ 보기 ┐

①	1	2	3	4	5	·········	⑥	7	8	9
②	2	4	6	8	10	·········	10	11	⑫	14
③	1	3	5	7	9	·········	10	⑪	12	13

문제1

1)	7	11	15	19	23	27	31	__	……	32	33	34	35
2)	1	2	4	8	16	32	64	__	……	96	112	120	128
3)	2	4	8	16	32	64	128	__	……	160	192	224	256
4)	10	8	11	9	12	10	13	__	……	10	11	12	16
5)	14	16	17	19	20	22	23	__	……	24	25	26	27
6)	8	6	9	7	10	8	11	__	……	9	12	13	14
7)	9	2	10	3	11	4	12	__	……	4	5	6	20
8)	10	8	6	18	16	14	42	__	……	32	36	38	40
9)	4	5	4	3	4	5	4	__	……	3	4	5	7
10)	5	6	5	4	5	6	5	__	……	4	5	6	7
11)	1	2	4	5	10	11	22	__	……	23	24	33	44
12)	7	4	1	10	7	4	13	__	……	1	9	10	16
13)	5	20	10	40	20	80	40	__	……	20	45	80	160
14)	1	2	4	7	11	16	22	__	……	27	28	29	30
15)	68	34	80	40	36	18	14	__	……	7	8	9	10
16)	0	10	8	6	16	14	12	__	……	2	10	16	22
17)	4	7	8	7	10	11	10	__	……	9	11	13	14
18)	5	9	10	9	13	14	13	__	……	14	15	16	17
19)	152	76	72	36	32	16	12	__	……	6	8	10	24
20)	13	10	14	9	15	8	16	__	……	7	9	15	25
21)	2	4	7	3	6	9	5	__	……	3	8	10	14
22)	2	4	6	12	14	28		__	……	30	36	42	56
23)	34	32	16	48	46	23		__	……	21	25	46	69
24)	4	8	16	8	16	32	24	__	……	16	24	32	48
25)	16	8	24	12	36	18	54	__	……	27	36	42	46

26)	6	7	9	27	28	30	90	__	……	91	108	150	270
27)	6	4	2	10	8	6	14	__	……	12	22	24	70
28)	100	50	48	24	22	11		__	……	10	9	8	7
29)	70	68	34	32	16	14		__	……	6	7	8	9
30)	8	24	12	36	18	54	27	__	……	30	54	63	81
31)	3	4	2	6	7	5	15	__	……	13	16	20	30
32)	86	84	42	40	20	18	9	__	……	5	7	11	13
33)	12	14	17	20	24	28	33	__	……	35	36	38	39
34)	18	22	19	21	20	24	21	__	……	20	22	23	25
35)	3	6	12	15	30	60	63	__	……	66	123	126	189
36)	45	36	28	21	15	10	6	__	……	4	3	2	1
37)	15	17	21	23	27	29		__	……	31	32	33	34
38)	17	15	18	19	17	20	21	__	……	18	19	22	24
39)	15	20	17	21	26	23	27	__	……	31	32	33	34
40)	55	57	60	30	10	12		__	……	4	6	14	15
41)	38	40	20	24	12	18	9	__	……	13	15	17	19
42)	21	23	25	23	25	27	25	__	……	23	25	27	29
43)	30	3	13	50	5	15	70	__	……	7	17	25	45
44)	98	49	46	23	20	10		__	……	5	6	7	8
45)	15	5	8	24	21	7	10	__	……	7	13	20	30
46)	6	4	8	5	15	11	44	__	……	10	11	12	39
47)	39	33	35	42	38	40	47	__	……	43	49	51	54
48)	5	4	8	7	14	13		__	……	26	24	20	17
49)	7	9	11	14	18	22	27	__	……	29	32	33	34
50)	15	13	10	13	9	4	9	__	……	3	5	7	14
51)	13	14	15	11	13	15	11	__	……	7	9	12	14

52)	5	7	9	12	16	20	25	__	……	28	29	30	31
53)	13	11	8	11	7	2	7	__	……	1	3	5	12
54)	15	17	34	14	17	51	21	__	……	23	24	25	26
55)	2	3	5	9	16	27	43	__	……	49	59	65	75
56)	64	56	49	46	39	33	30	__	……	22	24	25	27
57)	54	46	39	36	29	23	20	__	……	12	14	15	17
58)	4	8	7	13	11	19	16	__	……	13	18	24	26

2) 마방진 훈련

문제1 1에서 9까지의 자연수를 써 넣어 가로나
세로 또는 대각선의 어느 방향으로 합하든지 그 합이
같아지게 하라.

힌트▶1에서 9까지의 합이 45이므
로 가로 세로의 합은 모두 15가 된
다.

문제2 1에서 25까지의 자연수를 써넣어 가로나
세로 또는 대각선의 어느 방향으로 합하든지 그 합이
같아지게 하라.

힌트▶첫 숫자 1과 마지막 숫자 25
는 중앙열의 양끝에 배치한다.

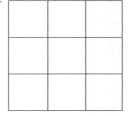

문제3 각 칸에 1에서 16까지의 자연수를 넣어 가로, 세로 및 대각선 방향의 합이 모두 같아지도록 만들어라.

힌트▶ 1에서 16까지의 합이 136이
므로 한방향의 합은 34가 된다.

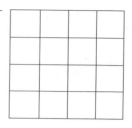

4 논리적 창작력 훈련

그림을 보고 줄거리의 흐름을 상상해 처음부터 끝까지 하나의 완성된 이야기로 창작하는 문제이다. 그림을 잘 보면서 논리적으로 이야기의 앞뒤가 맞도록 창작력을 발휘해 보자.

논리적창작력훈련1 　울어버린 호랑이

　　논리적창작력훈련1을 보고 논리적으로 이야기의 줄거리를 창작해 글로
적으시오.

논리적창작력훈련2 동물들의 여행

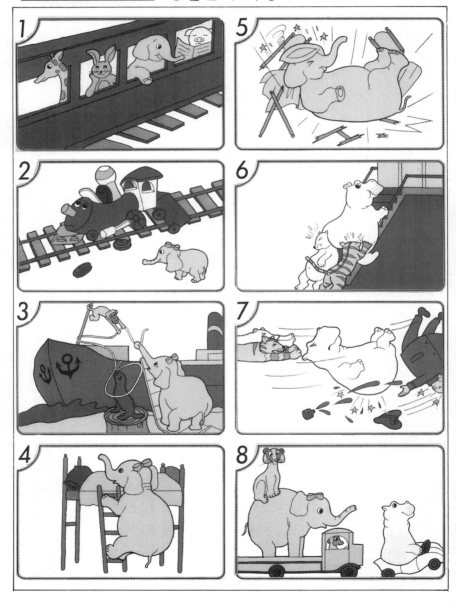

논리적창작력훈련2를 보고 논리적으로 이야기의 줄거리를 창작해 글로 적으시오.

논리적창작력훈련3 호랑이와 두 남매

논리적창작력훈련3을 보고 논리적으로 이야기의 줄거리를 창작해 글로 적으시오.

논리적창작력훈련4 아기 사슴 목도리

　　논리적창작력훈련4를 보고 논리적으로 이야기의 줄거리를 창작해 글로
적으시오.

논리적창작력훈련5 심술꾸러기 하마

논리적창작력훈련5를 보고 논리적으로 이야기의 줄거리를 창작해 글로 적으시오.

논리적창작력훈련6　코끼리와 나비꿈

　논리적창작력훈련6을 보고 논리적으로 이야기의 줄거리를 창작해 글로 적으시오.

논리적창작력훈련7   미키와 꼬마병정

　　논리적창작력훈련7을 보고 논리적으로 이야기의 줄거리를 창작해 글로
적으시오.

논리적창작력훈련8 은혜갚은 개미

논리적창작력훈련8을 보고 논리적으로 이야기의 줄거리를 창작해 글로 적으시오.

논리적창작력훈련9 까마귀와 물병

논리적창작력훈련9를 보고 논리적으로 이야기의 줄거리를 창작해 글로 적으시오.

늑대와 할머니

논리적창작력훈련10을 보고 논리적으로 이야기의 줄거리를 창작해 글로 적으시오.

논리적창작력훈련11　병아리의 탄생

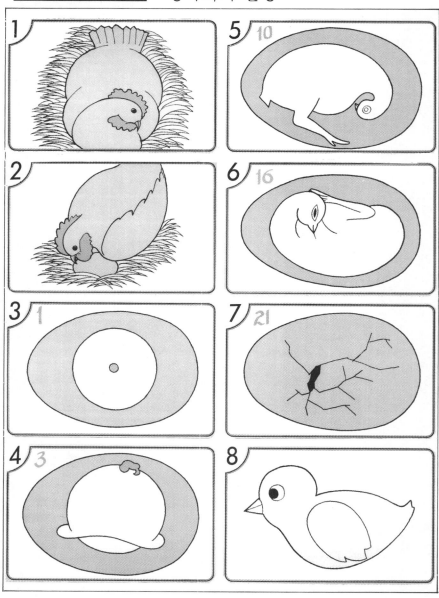

논리적창작력훈련11을 보고 논리적으로 이야기의 줄거리를 창작해 글로 적으시오.

논리적창작력훈련12 생쥐와 개구리

　　논리적창작력훈련12를 보고 논리적으로 이야기의 줄거리를 창작해 글로
적으시오.

논리적창작력훈련13 사냥꾼 토끼와 여우

　　논리적창작력훈련13을 보고 논리적으로 이야기의 줄거리를 창작해 글로 적으시오.

논리적창작력훈련 14 피리부는 나뭇군

논리적창작력훈련14를 보고 논리적으로 이야기의 줄거리를 창작해 글로 적으시오.

논리적창작력훈련15   오리와 황금알

논리적창작력훈련15를 보고 논리적으로 이야기의 줄거리를 창작해 글로
적으시오.

논리적창작력훈련16 　여우와 두루미

　논리적창작력훈련16을 보고 논리적으로 이야기의 줄거리를 창작해 글로
적으시오.

논리적창작력훈련17　성난 딱정벌레

논리적창작력훈련17을 보고 논리적으로 이야기의 줄거리를 창작해 글로 적으시오.

논리적창작력훈련18 새들의 보금자리

논리적창작력훈련18을 보고 논리적으로 이야기의 줄거리를 창작해 글로 적으시오.

논리적창작력훈련 19 학과 여우

　　논리적창작력훈련19를 보고 논리적으로 이야기의 줄거리를 창작해 글로
적으시오.

논리적창작력훈련20   오리와 물고기

논리적창작력훈련20을 보고 논리적으로 이야기의 줄거리를 창작해 글로 적으시오.

5 상상추리 훈련

문제1 자동 엘리베이터가 있는 10층 건물의 아파트가 있습니다. 10층의 주민 A군은 가끔 혼자서 외출하는데 내려갈 때는 반드시 엘리베이터를 사용하면서 올라갈 때는 거의 사용하지 않는다고 합니다. 언제나 정해진듯이 1층의 엘리베이터 부근 주위를 둘러보고 인기척이 없는 것을 알면 혼자서 계단을 올라가는 것입니다. A군은 왜 이런 행동을 하였을까요?

문제2 유명한 보석상에서 어느 여성이 다음 그림과 같이 진주를 박은 목걸이의 수리를 부탁해 왔습니다. 그녀는 보석상 주인의 눈앞에서 「위에서 세어 아래까지 13개, 위에서 세어 왼쪽으로 돌아도, 오른쪽으로 돌아도 13개입니다.」하고 다짐을 하고 돌아갔습니다.

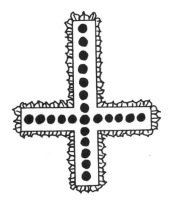

그런데 수리를 끝냈을 때, 목걸이의 진주 중 2개를 보석상 주인이 욕심이 나 몰래 빼어 갔습니다.
여자는 전과 같이 세어 보았지만 2개 줄어 있는 것을 알아차리지 못하고 안심하며 돌아갔습니다.
그러면 이 악덕 보석상 주인은 어떤 수법을 사용해서 진주를 가졌을까요?

문제3 「한쪽 귀가 귀머거리」인 사람이 있습니다.
이 사람의 귀가 한쪽만 멀었는지 알아 보려면 어떻게
하면 될 까요?

문제4 A · B · C세 사람의 남자가 그림과 같은 방향으로 서 있는
데, A는 B, C의 등만 보이고 B는 C의 등만 보이고, C는
A도 B도 보이지 않습니다. 이러한 상태의 세 사람의 등에
어떤 사람이 빨갛고 하얀 리본을 하나씩 붙였습니다. 물론
당사자는 빨갛고 하얀 것을 모릅니다. 최초 있던 리본의
수는 빨강 2개, 흰색 3개라는 것만을 세 사람에게 알려 주
었습니다. 그런데 어떤 사람이 A에게, A의 등에 붙어 있
는 리본의 색깔을 물었더니, A는 모른다고 대답했습니다.
또, B에게 같은 질문을 했더니 B도 A와 같은 대답을 했
습니다.

그런데 이 주고 받는 얘기를 듣고 있
던 C는 선뜻 자기의 등 뒤의 리본의 색
깔을 맞추었습니다. C는 어떻게 해서 자
기의 리본의 색깔을 알았던 것일까요?
또 실제로 리본의 색을 무슨 색깔이었을
까요?

문제5 어느 여인숙에서 생긴 일이다. 세사람의 학생이 한 사람
당 천원씩 숙박료를 종업원에게 주었습니다. 그런데 종업
원이 3천원을 카운터에 가져다 주었더니 지배인이 「학생이
라면 5백원 깎아 주지.」하고 백원짜리 5개를 돌려 주었습
니다. 종업원은 그것을 가지고 방으로 돌아오는 도중에 세

사람에게 5백원을 나누어 주려고 생각하다 2백원을 슬쩍 자기 호주머니에 감추고 한사람당 백원씩 돌려 주었습니다. 그런데 이 주고 받은 것을 잘 생각해 보면 세사람의 학생은 결국 한사람당 9백원씩 2천7백원 거기에다 종업원이 실례한 돈 2백원을 더하면 합계 2천 9백원이 됩니다. 그러면 나머지 백원은 어떻게 된 것일까요?

문제6 어느 가파른 고갯길을 앞에서 끌고 뒤에서 밀며 땀을 흘리며 수레를 밀고 있었습니다. 먼저 끌고 있는 사람에게 묻기를 「뒤에서 밀고 있는 사람이 당신 아들입니까?」하고 물어 보았더니 「예」하고 대답했습니다. 그런데, 뒤로 돌아가서 아들에게 「앞에서 밀고 있는 사람이 자네 아버지라면서?」하고 물어 보았더니 「아니오」라고 언성을 높였습니다. 그러면 이 두 사람의 관계는?

문제7 길가에 나무 한 그루가 있습니다. 그리고 그 나무의 뿌리 밑에는 길이 2m의 튼튼한 끈으로 콧등을 완전히 뀐 소가 있습니다. 그런데 지금 소를 기르는 주인이 찾아와 나무에서 꼭 3m 떨어진 위치에 소의 먹이를 두고 돌아갔지만, 이 소는 여느 때처럼 먹이를 모두 먹어치우고 말았습니다. 소는 어떻게 해서 먹을 수 있었던 것일까요? (물론 줄이 끊어지거나 풀어지거나 하지는 않았습니다.)

문제8 어느 학교에서 두 사람의 남학생이 입학을 했는데, 얼굴모습과 생년월일, 양친의 이름도 꼭 같았습니다. 그래서 「너희들은 쌍둥이니?」하고 물었더니 뜻밖에도 「아니요」하는 것이었습니다.
이 두 사람의 관계는?

6 기타 두뇌 회전 훈련

① 문장풀이 및 문장 완성 훈련

■ 다음 도표를 보고 보기와 같이 문장 풀이 및 완성을 시켜 봅시다.
(1문제당 시간은 30초임)

[도표 1] (문제1~문제2)

	1	2	3	4	5	6	7	8	9
01	속	ㅉ	ㄲ		ㅄ	ㄶ	ㄵ	ㅣ	독
02	ㄱ	ㅆ	ㄸ	ㄶ	ㄺ	ㄳ		2	ㄴ
03		ㅎ	ㅏ	ㅃ	ㄿ	ㄻ	ㅇ	ㄷ	3
04	ㅍ	ㅑ	ㅔ	ㄾ		ㄼ	9		ㄹ
05	ㅌ	ㅓ	ㅐ	ㅖ	ㄽ	8		4	
06	ㅁ	ㅋ		ㅝ	ㅡ	ㅚ	ㅙ	ㅂ	ㅊ
07		7	ㅗ	6	ㅠ	ㅘ	ㅟ	ㅒ	ㅅ
08	ㅛ	ㅈ	ㅛ	ㅜ	ㅢ		ㅕ	ㅖ	육

[보기 1]

(1) 문장풀이 훈련 (좌선 상후)

대　　　　　한　　　　　민　　　　　국　　　　　만　　　　　세
(038, 053) (032, 033, 029) (061, 018, 029) (021, 084, 021) (061, 033, 029) (079, 043)

(2) 문장 완성 훈련 (좌선 상후)

(029, 033, 061)　　(068, 084, 021)　　(051, 073, 037)　　(037, 018, 049)
　　남　　　　　　북　　　　　　통　　　　　　일

문제1 문장풀이 훈련 (1문제당 30초)

ㄱ 우　리　의　소　원　은　통　일

(　)(　)(　)(　)(　)(　)(　)(　)

ㄴ 속　독　법　교　육　은　영　재　의　길

(　)(　)(　)(　)(　)(　)(　)(　)(　)

ㄷ 하　면　된　다　는　인　간　의　지

(　)(　)(　)(　)(　)(　)(　)(　)(　)

문제2 문장 완성 훈련

ㄱ (068, 053, 021) (038, 084) (079, 033, 029) (069, 052, 029) (082, 018) (061, 073, 079)

_____

ㄴ (032, 033, 029) (049, 033) (079, 033, 029) (068, 053, 021) (049, 073, 021) (038, 033, 061)

_____

ㄷ (021, 076, 029) (038, 073, 037) (041, 033, 049) (021, 064, 037)

_____

도표2 (문제3~문제4)

/	09	08	07	06	05	04	03	02	01
8	독	▨	ㄴㅈ	ㅇ	2	ㅂ	ㅘ	ㅅ	서
7	ㅈ	ㅆ	7	ㅏ	▨	ㅡ	ㄴㅎ	3	▨
6	ㄹㅎ	8	▨	5	ㄸ	6	▨	ㅠ	ㄹㅁ
5	9	ㅁ	ㅔ	ㄱ	ㅣ	ㅓ	ㅎ	4	ㄹㅂ
4	▨	ㄹㅍ	ㅜ	ㅄ	ㅒ	ㄴ	ㅚ	ㅌ	ㄱㅅ
3	가	10	ㅐ	ㅑ	ㅋ	더	ㅛ	▨	ㅑ
2	ㅊ	ㄹㅌ	ㄹ	ㅟ	▨	ㄲ	ㅕ	ㅗ	ㄷ
1	교	거	▨	ㅉ	ㄹㅅ	녀	ㅢ	ㅍ	육

보기2

(1) 문장풀이 훈련 (하선 좌후)

무	궁	화	삼	천	리
(085, 074)	(065, 074, 068)	(035, 038)	(028, 067, 085)	(092, 045, 044)	(072, 055)

(2) 문장 완성 훈련 (하선 좌후)

(065, 067)	(072, 022)	(087, 047)	(065, 055)	(068, 074, 044)	(012, 022, 068)
가	로	쓰	기	운	동

문제3 문장풀이 훈련 (1문제당 30초)

속   독   의   원   리   는
(   ) (   ) (   ) (   ) (   ) (   )

눈   과   두   뇌   의
(   ) (   ) (   ) (   ) (   )

잠   재   능   력   개   발   이   다
(   ) (   ) (   ) (   ) (   ) (   ) (   ) (   )

문제4 문장 완성 훈련

㉠ (028, 022, 065) (098) (048, 045, 048) (035, 033) (065, 038)

_____

㉡ (068, 067, 044) (065, 074) (068, 074, 044) (012, 022, 068)

_____

㉢ (028, 055) (072, 013, 065) (065, 067, 068) (035, 038)

_____

도표3 (문제5~문제6)

	01	02	03	04	05	06	07	08	09
1	속	ㅋ	ㅏ	ㅈ	10	ㅃ	ㄷ	ㄹㅂ	독
2	ㄲ	3	ㅉ	ㄹㅌ		ㅊ	ㄹㅅ		ㅣ
3	ㄹ		ㅐ	ㅌ	ㅅ	ㅆ	8	ㅛ	ㅂ
4	ㅜ	4	ㄱ	ㅔ	ㅡ		ㅓ	ㄹㅎ	
5	2	ㅇ	ㅢ	ㅗ	ㅖ	ㄴ	9	ㄴㅎ	ㅕ
6		ㅘ	ㅑ		ㄸ	ㄲ	ㅒ		ㅎ
7	ㅚ	ㅄ	7	ㄹㄱ	6	ㅍ	ㅖ	5	ㄳ
8	훈	ㅝ		ㄴㅈ	ㅁ	ㄹㅁ		ㅟ	련

보기

(1) 문장풀이 훈련(상선 좌후)

두   뇌   개   발

(071, 014)   (065, 017)   (034, 033)   (093, 031, 013)

(2) 문장 완성 훈련(상선 좌후)

(058, 074)   (013, 092)   (013, 054, 013)   (063, 074)   (013, 031)

머   리   를   써   라

문제5 문장풀이 훈련(1문제당 30초)

성 공 하 는 자 중 단 하 지 않 고

( ) ( ) ( ) ( ) ( ) ( ) ( ) ( ) ( ) ( ) ( )

중 단 하 는 자 성 공 하 지 못 한 다

( ) ( ) ( ) ( ) ( ) ( ) ( ) ( ) ( ) ( ) ( ) ( )

문제6 문장 완성 훈련

㉠ (053, 045, 034) (071, 045, 034) (025, 035) (025, 095, 013) (067, 014, 025)

㉡ (041, 092, 093) (041, 014, 025) (013, 095, 034) (034, 033) (093, 031, 013)

㉢ (058, 014, 034) (071, 045, 034) (034, 026) (058, 045, 034) (071, 045, 034)

② 영어 단어 풀이 및 단어 완성 훈련

■ 다음 도표를 보고 보기와 같이 단어 풀이 및 완성을 시켜 봅시다.
(1문제당 30초)

도표1 (문제1~문제2)

	감	배	귤	밤	사과	포도	딸기	배추
소	C	E	e	H	Z	?	N	B
개	U	p	▨	n	▨	w	i	c
양	P	h	k	d	r	J	o	q
말	▨	I	v	▨	R	z	K	W
닭	g	y	T	A	Q	▨	s	I
뱀	▨	u	▨	P	S	V	▨	M
쥐	b	O	f	t	▨	m	x	a
용	D	▨	X	G	j	L	Y	F

보기1

(1) 단어 및 문장 풀이 훈련(좌선 상후)
　　　　Dog　　　　　I　　　　am　　　　a　　　　boy.
(용감, 양딸기, 닭감)　(말배)　(쥐배추, 쥐포도)　(쥐배추)　(쥐감, 양딸기, 닭배)

(2) 단어 및 문장 완성 훈련(좌선 상후)
　　　　Bag　　　　　　You　　　　　　are　　　　a
(소배추, 쥐배추, 닭감)　(용딸기, 양딸기, 뱀배)　(쥐배추, 양사과, 소귤)　(쥐배추)
　　　girl.
(닭감, 개딸기, 양사과, 닭배추)

문제1 단어 및 문장 풀이 훈련

㉠ Blackboard

　　(　　　　　)

ⓛ My　　name　　is　　Sun-hi.
　(　)　(　)　(　)　(　)

ⓒ That　　is　　a　　pen.
　(　)　(　)　(　)　(　)

ⓔ You　　and　　I　　are　working　now.
　(　)　(　)　(　)　(　)　(　)　(　)

ⓜ I　　am　　a　　boy.
　(　)　(　)　(　)　(　)

ⓗ What　　is　　this?
　(　)　(　)　(　)

───

문제2 단어 및 문장 완성 훈련

㉠뱀배추 양딸기 쥐밤 양배 소귤 양사과
　(　　　　　　　　　　)

㉡용배추 쥐배추 쥐밤 양배 소귤 양사과
　(　　　　　　　　　　)

㉢닭귤 양배 개딸기 닭딸기,　개딸기 닭딸기,　쥐배추,　개배 소귤 개밤
　(　　　　　　　)　(　　　　　　　)　(　　)　(　　　　　　　　)

㉣용감 양딸기,　닭배 양딸기 뱀배,　양배 쥐배추 말귤 소귤,　쥐배추,
　(　　　)　(　　　　)　(　　　　)　(　　　)　(　　　)
　쥐감 양딸기 양딸기 양귤?

㉤말배추 양배 소귤 양사과 소귤,　닭배 양딸기 뱀배,　닭감 양딸기
　(　　　　)　(　　　　)　(　　　)

㉥말사과 소귤 개배 뱀배 쥐감 닭배추 개딸기 개배추,　양딸기 쥐귤,
　(　　　　) → (　　　　) → (　　　　) →
　말딸기 양딸기 양사과 소귤 쥐배추

도표2 (문제3~문제4)

	술	담배	커피	우유	여자	사랑	결혼	아내
눈	H	h	P	▨	O	T	n	I
코	i	▨	r	c	y	b	q	▨
입	R	A	Y	▨	V	▨	Q	W
발	j	▨	▨	a	▨	Z	C	w
손	▨	X	S	p	N	t	g	U
귀	G	d	k	m	D	B	▨	?
목	I	▨	F	o	J	u	E	e
팔	K	z	x	▨	s	M	f	L

보기2

(1) 문장 풀이 훈련 (좌선 상후)

    She   is   a   girl.

(손커피 눈담배 목아내) (코술, 팔여자) (발 우유) (손결혼, 코술, 코커피, 목술)

(2) 문장 완성 훈련 (좌선 상후)

    He   is   Tom.

(눈술, 목아내) (코술, 팔여자) (눈사랑, 목우유, 귀우유)

문제3 문장 풀이 훈련

㉠Who   are   you?
(   ) (   ) (   )

㉡How   are   you?
(   ) (   ) (   )

㉢What is your name?
(   ) (   ) (   ) (   )

㉣Let   it   be   done.
(   ) (   ) (   ) (   )

문제4 단어 및 문장 완성 훈련

㉠(귀사랑, 목우유, 목우유, 귀커피)

(   )

ⓛ(귀담배 목아내 팔여자 귀커피)

(   )

ⓒ(눈사랑 눈담배 코술 팔여자) (코술 팔여자) (발우유)

(손우유 목아내 눈결혼)

(   )

ⓔ(손커피 목우유) (손결혼 목우유 목우유 귀담배)

(   )

도표3   (문제5~문제6)

	소	개	양	말	돼지	닭	토끼	뱀
일	F	O	w	▨	N	▨	K	R
이	Y	▨	G	d	p	C	M	Z
삼	f	e	z	B	S	j	o	D
사	▨	A	V	▨	J	t	▨	n
오	T	r	?	U	i	z	x	h
육	l	▨	b	k	s	▨	W	I
칠	E	v	L	▨	X	g	y	▨
팔	a	P	q	m	c	H	u	Q

보기3

(1) 문장 풀이 훈련(상선좌후)

    Here   you   are.

(닭팔 개삼 개오 개삼) (토끼칠 토끼삼 토끼팔) (소팔 개오 개삼)

(2) 문장 완성 훈련(상선좌후)

    I   beg   your

(뱀육) (양육 개삼 닭칠) (토끼칠 토끼삼 토끼팔 개오)

              pardon   ?

(돼지이 소팔 개오 말이 토끼삼 뱀사) (양오)

[문제5] 문장 풀이 훈련

㉠ This   is   a   book.
(   ) (   ) (   ) (   )

㉡ How   old   are   you?
(   ) (   )   (   )   (   )

㉢ It   is   a   dog.
(   ) (   )   (   )   (   )

㉣ I   have   a   pen.
(   )   (   )   (   )

[문제6] 문장 완성 훈련

㉠(소이 개삼 돼지육), (뱀육), (돼지팔, 소팔, 뱀사)
(   ) (   ) (   )

㉡(토끼육 뱀오 소팔 닭사), (돼지오 돼지육), (닭사 뱀오 돼지오 돼지육),
(   ) (   ) (   )

(양오)
(   )

㉢(양이 토끼삼 토끼삼 말이), (말팔 토끼삼 개오 뱀사 돼지오 뱀사 닭칠)
(   ) (   )

㉣(토기육 뱀오 개삼 개오 개삼), (돼지오 돼지육), (뱀오 개삼), (양오)
(   ) (   ) (   ) (   )

7 뇌기능 활성화 훈련 문제 정답

기억력훈련문제

그림1

문제1) ①피아노 ②망치 ③템버린 ④집게 ⑤가지 ⑥로보트
⑦펭귄 ⑧사과 ⑨기타 ⑩톱 ⑪물고기 ⑫거북이
문제2) 3개 문제3) 붕어, 거북이, 펭귄 문제4) 3개
문제5) 로보트 문제6) 사과

그림2

문제1) ①102 ②101 ③02 ④114 ⑤424 ⑥709 ⑦01 ⑧419
⑨113 문제2) ①01 ②02 문제3) 709
문제4) 01 문제5) 네번째 문제6) 첫번째

그림3

문제1) 붓, 책상, 인형, 자, 칼, 책, 전축, 연필, 시계, 화분, 먹, 붓
문제2) 책, 붓 문제3) 책, 먹, 축 문제4) 자, 칼, 연필

어휘력훈련문제

1. 어휘 적용 훈련

문제1) ㉢ 문제2) ㉢ 문제3) ㉣ 문제4) ㉢ 문제5) ㉡
문제6) ㉣ 문제7) ㉡ 문제8) ㉢ 문제9) ㉢ 문제10) ㉡
문제11) ㉡ 문제12) ㉢ 문제13) ㉢ 문제14) ㉠ 문제15) ㉠
문제16) ㉢ 문제17) ㉢ 문제18) ㉠ 문제19) ㉣ 문제20) ㉠

2. 낱말묶이 훈련

A)④ B)④ C)② D)② E)④ F)④ G)⑤ H)② I)② J)③

K)④ L)④ M)⑤ N)③ O)④ P)② Q)⑤ R)③
3. 언어 추리력 훈련
A)④ B)① C)③ D)③ E)② F)② G)③ H)② I)③ J)②
K)③ L)③ M)④ N)① O)② P)① Q)②

사고력훈련문제

1. 판단력 훈련
(1) 자기가 죽었기 때문
(2) 이모
(3) 같다
(4) 왼쪽 팔목을 잡으면 된다.
(5) 살아 있기 때문에

(6)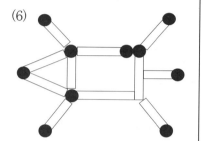

2. 공간도형훈련
A) ⑤ B) ③ C) ① D) ④ E) ④
F) ① G) ① H) ① I) ② J) ④
3. 퍼즐문제
(※문제 해결이 안될시 본 교육원
　에 문의 바람)

(7)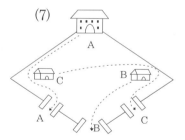

4. 수열 · 추리 훈련
(1) 수리력 훈련 생략
(2) 마방진 훈련

문제 ①

8	1	6
3	5	7
4	9	2

문제 ②

17	24	1	8	15
23	5	7	14	16
4	6	13	20	22
10	12	19	21	3
11	18	25	2	9

문제 ③

16	2	3	13
5	11	10	8
9	7	6	12
4	14	15	1

상상추리훈련문제

답1) A군은 어린아이입니다.
엘리베이터 속의 1층용 보턴에는 손이 닿지만, 10층용 보턴에는 손이 닿지 않았던 것이고 주위를 돌아보는 것은 보턴을 눌러 줄 어른이 없는가 찾은 것입니다.

답2)

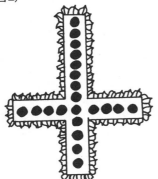

원래 목걸이에는 위에서 8번째의 진주에서 좌우로 나누어져 있었는데, 여기에서는 9번째부터 되어 있고 그녀의 세는 방법으로 세어 본다면 앞의 것과 다름이 없는데, 전체적으로 보면 23개에서 21개로 되어 버린 것입니다.

답3) 그 사람의 양쪽의 귀에 동시에 뜻은 다르지만 같은 길이의 말을 속삭여 보면 됩니다. 정말로 한쪽 귀가 들리지 않는다면 그 반대 귀에서 들었던 말을 되풀이 할 수가 있고 양쪽 다 들을 수 있는 사람은 동시에 두개의 말이 혼동되어 들리기 때문에 무슨 말을 했는지 알 수가 없습니다. 실지로 테스트 해 보면 잘 알수 있습니다.

답4) ①우선 C는 자기의 리본을 「빨강」이라고 가정한다.
②그러면 B와 C가 보이는 A는 즉, 「B」와 「빨강」을 보고 있는 것이 된다.
③그런데 「빨강」은 전부 두개 밖에 없다. 하지만, A는 「알 수 없다」라고 대답하고 있다.

④한편 B는 C가「빨강」을 보고 있는 것이므로 A가 B와 C를 보고「알 수 없다」라고 대답하면 곧 자기가「흰색」인 것을 알 수 있을 것이다. 그런데 B가 A의 알 수 없다고 하는 말을 들으면서 더구나, 자기의 색을 알 수 없다고 대답하고 있다.

⑤이것은 즉 B가「빨강」색의 리본을 보고 있지 않다는 것을 의미한다. 따라서 처음에 C가 자기의 리본의 색깔을「빨강」이라고 가정했던 것 자체가 잘못이라고 생각하지 않을 수 없다.

⑥즉, C의 리본 색깔은「흰색」이다.

답5) 계산 방법이 이상하다.

세 사람의 학생이 최종적으로 지불했던 금액은 2천 7백원이고, 종업원이 중에서 2백원을 슬쩍 훔친 것이고 2천7백원에서 2백원을 뺀 2천5백원이 카운터로 들어갔던 것이므로 아무런 하자가 없는 것이다. 따라서 2천7백원에다 2백원을 더한 계산은 아무런 의미가 없다.

답6) 어머니와 그의 아들

답7) 이 문제의 함정은 소구멍에 붙들어 맨 밧줄에 있다. 문제를 잘 읽으면 알 수 있듯이 소 코에 맨 밧줄이 나무에 붙들어 매어 있다는 서술은 전혀 없다. 그럼에도 불구하고 만일 이 밧줄을 나무에 묶어 놓은 사람이 있다면 그것은 바로 이 문제가 지닌 함정에 빠져버렸다는 것을 뜻한다. 이것은 보통 상식에 따르면 당연히 소는 밧줄로 나무나 말뚝에 매어 두는 법이기 때문이다.

답8) 세 쌍둥이 (또는 둘이상) 중의 두 사람

기타두뇌회전훈련문제

1. 문장 풀이 및 문장 완성 훈련

문제1) ㉠ (037, 084)　(049, 018)　(037, 085)　(079, 073)　(037, 087,
029)　(037, 065, 029)　(037, 065, 029)　(051, 073, 037)
(037, 018, 049)

㉡ (001)　(019)　(068, 052, 068)　(081)　(089)　(037, 065, 029)
(037, 064, 037)　(082, 053)　(037, 085)　(012, 018, 049)

㉢ (032, 033)　(061, 064, 029)　(038, 066, 029)　(038, 033)
(029, 065, 029)　(037, 018, 029)　(021, 033, 029)　(037,
085)　(082, 018)

문제2) ㉠백두산 천지못 ㉡한라산 백록담 ㉢관동팔경

문제3) (028, 022, 065)　(012, 022, 065)　(068, 031)　(068, 032, 044)
(072, 055)　(044, 047, 044)　(044, 074, 044)　(065, 038)
(012, 074)　(044, 034)　(068, 031)　(097, 067, 085)　(097,
073)　(044, 047, 068)　(072, 013, 065)　(065, 073)　(048, 067,
072)　(068, 055)　(012, 067)

문제4) ㉠속독법 효과 ㉡안구 운동 ㉢시력강화

문제5) (053, 074, 025)　(034, 045, 025)　(096, 031)　(065, 054, 065)
(041, 031)　(041, 014, 025)　(071, 031, 065)　(096, 031)
(041, 092)　(025, 031, 085)　(034, 045)　(041, 014, 025)
(071, 031, 065)　(096, 031)　(065, 054, 065)　(041, 031)
(053, 074, 025)　(034, 045, 025)　(096, 031)　(041, 092)
(058, 045, 053)　(096, 031, 065)　(071, 031)

문제6) ㉠속독의 열풍 ㉡집중력 개발 ㉢묵독과 목독

2. 영어 단어 풀이 및 단어 완성 훈련

문제1) ㉠(소배추, 닭배추, 쥐배추, 개배추, 양귤, 쥐감, 양딸기, 쥐배추, 닭사과, 양밤)

㉡(뱀배추, 닭배) (개밤, 쥐배추, 쥐포도, 소귤) (개딸기, 닭딸기) (뱀사과, 뱀배, 개밤, 양배, 개딸기)

㉢(닭귤, 양배, 쥐배추, 쥐밤) (개딸기, 닭딸기) (쥐배추) (개배, 소귤, 개밤)

㉣(용딸기, 양딸기, 뱀배) (쥐배추, 개밤, 양밤) (말배) (쥐배추, 양사과, 소귤) (개포도, 양딸기, 양사과, 양귤, 개딸기, 개밤, 닭감)

㉤(말배) (쥐배추, 쥐포도) (쥐배추) (쥐감, 양딸기, 닭배)

㉥(말배추, 양배, 쥐배추, 쥐밤) (쥐밤, 양배, 개딸기, 닭딸기) (뱀귤)

문제2) ㉠Mother   ㉡Father

㉢This is a pen.   ㉣Do you have a book?

㉤Where are you go?   ㉥Republic of Korea

문제3) ㉠(입아내, 눈담배, 목우유) (발우유, 코커피, 목아내) (코여자, 목우유, 목사랑) (코아내)

㉡(눈술, 목우유, 발아내) (발우유, 코커피, 목아내) (코여자, 목우유, 목사랑) (코아내)

㉢(입아내, 눈담배, 발우유, 손사랑) (코술, 팔여자) (코여자, 목우유, 목사랑, 코커피) (눈결혼, 발우유, 귀여자, 목아내) (코아내)

㉣(팔아내, 목아내, 손사랑) (코술, 손사랑) (코사랑, 목아내) (귀담배, 목우유, 눈결혼, 목아내)

문제4) ㉠Book   ㉡desk   ㉢This is a pen.   ㉣So good.

문제5) ㉠(소오, 뱀오, 돼지오, 돼지육) (돼지오, 돼지육)

(소팔) (양육, 토끼삼, 토끼삼, 말육)

ⓒ(닭팔, 토끼삼, 양일) (토끼삼, 소육, 말이) (소팔, 개오, 개삼) (토끼칠, 토끼삼, 토끼팔) (양오)

ⓒ(뱀육, 닭사) (돼지오, 돼지육) (소팔) (말이, 토끼삼, 닭칠)

ⓔ(뱀육) (뱀오, 소팔, 개칠, 개삼) (소팔) (돼지이, 개삼, 뱀사)

문제6) ㉠Yes, I can.　　㉡What is this?
　　　 ㉢Good morning.　 ㉣Where is he?

제 7 장

문장 적용 훈련

. . . . .

1 문장적응 1단계

독수리와 집게벌레

독수리 한 마리가 아까부터 토끼를 쫓아왔습니다.

"살려주세요."
하며 토끼는 애원했지만 소용이 없었어요.

그런데 토끼의 앞에 한 마리의 집게벌레가 보였습니다.

토끼는 아무리 작은 집게벌레이지만 간곡히 부탁했습니다.

◆ 속독도움말

1. 기본훈련을 마치고 이해훈련으로 전환하는 과정에서 심리적인 불안감을 해소하기 위해 부담이 없는 예문으로 시작한다.

2. 예문은 활자크기가 크고 문장이 짧으며 어휘가 쉬워 이해가 용이한 것으로 택한다.

◆ 훈련방법

1. 1회에는 1분이내 5페이지, 2회째는 55초이내에 5페이지를 읽는다는 목표로 실시한다.

2. 이와같은 방법으로 개인능력에 따라 10회~20회 반복

우리 속담에도 물에 빠진 사람은 지푸라기라도 잡는다는 말이 있잖아요.

집게벌레는 토끼의 딱한 사정을 알고 독수리에게 부탁했습니다.

"독수리님, 제발 요번만 토끼를 좀 살려 주세요."

그러나 독수리는,

"네가 뭘 안다고 그래, 조그만한 것이!"

하고 집게벌레를 무시해 버린 채 그가 보

한다.

3. 처음부터 내용이 이해가 되지않아도 속도를 늦추지 않도록 한다.

◆ 효과적인 속독이 되려면

1. 읽고 난 후 이야기 내용을 그림으로 그린다.

2. 속독 영상화 훈련을 함으로써 이야기 내용이 뇌로 빨리 전달돼 장기기억을 할 수 있다.

는 앞에서 토끼를 잡아 먹고 말았습니다.

집게벌레는,

'나를 깔보았지, 어디 한번 두고보자!'

하고 마음깊이 이 일을 새겨 두었습니다.

이런 일이 있은 후 독수리가 알을 낳아놓기만 하면 집게 벌레가 올라가 알을 굴려 떨어뜨려서 깨뜨려 버렸습니다.

처음에는 누구의 짓인지를 모르던 독수리

는 여러 번 그런 일을
당하자 나중에는,

"이건 틀림없이 집게
벌레의 짓이군."

하고 알아채었습니다.

그때만 해도 독수리
란 새는 신들의 최고
신인 제우스의 심부름
을 하였습니다.

그래서 제우스는 집
게벌레로부터 자기 알
을 보호해달라는 독수
리의 부탁을 쉽게 들어
주게 되었습니다.

제우스는,

"그럼 내 무릎에다 알을 낳도록 해라!"

하고 독수리의 편의를 봐 주었습니다.

그러나 제우스의 발 밑에서 이 말을 듣고 있던 집게벌레는 어느 날 똥을 뭉쳐서 제우스의 무릎 위에 갖다 놓았습니다.

제우스는 깜짝 놀라서,

"에잇, 더러워."

하며 벌떡 일어났습니다.

그러는 통에 독수리의 알은 무릎에서 굴러 떨어져 깨어지고 말았습니다.

결국 작은 고추가 맵다는 말이 들어 맞은 것이지요.

그후부터 독수리는 집게벌레가 나올 무렵에는 알을 낳지 않는다는 말이 생겨나게 되었지요.

2 문장적응 2단계

아버지와 두 딸

시집 갈 만큼 나이가 찬 두 딸을 데리고 사는 아버지가 있었습니다.

두 딸이 모두 행복한 결혼을 하는 것이 이 아버지의 소원이었습니다.

그래서 그 아버지는 딸 하나는 원예사에게 시집을 보내고, 다른 딸은 도자기를 굽는 사람에게 시집을 보냈습니다.

시집을 가게 된 두 딸은 각각 남편이 장만한 새 집으로 이사를 하게 되어 아버지는 혼자서 살아야만 했습니다.

그런데 몇 달이 지난 어느 날, 그 날은 화창한 봄날이었습니다.

아버지는 외롭게 지내다가 문득 딸들이 보고 싶어졌습니다.

"날씨도 따뜻하니 딸네집을 한번 가볼까? 어떻게들 살고 있는지."

그래서 먼저 원예사에게 시집간 딸을 찾아갔습니다.

"그래, 그 동안 아무 탈없이 잘 지내고 있니?"

아버지의 물음에 딸은 생글생글 웃으며,

기 내용을 그림으로 그린다.

2. 이러한 속독 영상화 훈련을 함으로써 이야기 내용이 뇌로 빨리 전달돼 장기기억을 할 수 있다.

"예, 아버지, 아주 행복해
요."

하고 대답하며 오래간만에
찾아온 아버지를 반가이 맞
아 잘 대접해 드렸습니다.

"그런데 아버지, 저는 모
든 것이 다 있지만 한 가지
부족한 것이 있어요."

딸의 이러한 말에 궁금히
여긴 아버지는,

"그래, 그것이 무엇이냐?"
하고 물었습니다.

"예, 비가 좀 내렸으면 좋
겠어요. 그래야만 정원의 나
무들이 물을 흠씬 먹어 무럭
무럭 자랄 것 아니겠어요?
봄비가 촉촉히 내려 주었으

면 더 이상 바랄 것이 없지
요."

"정말 그렇겠구나!"

아버지는 딸의 말이 당연
한 것이라고 생각했습니다.

그리고 딸의 말대로 비가
당장이라도 쏟아졌으면 좋겠
다고 생각했습니다.

그것이 부모 마음 아니겠
어요? 며칠이 지난 다음에
이번에는 도자기를 굽는 사
람에게 시집간 딸을 찾았습
니다.

"어떻게 요사이 잘 지내고
있냐?"

아버지는 환하게 웃는 행
복하게 보이는 딸에게 말했

습니다.

"그럼요. 저는 아주 행복해요. 원하는 것을 모두 가지고 있거든요. 아버지는 어떠세요?"

하며 상냥한 딸은 아버지를 위로해 드리며 그 동안의 못했던 얘기를 나눴습니다.

"그런데 아버지, 저에게는 부족한 것이 하나 있어요."

"그게 뭐냐?"

"예. 햇볕이 쨍쨍 내리 쬐이는 맑은 날이 계속되었으면 좋겠어요. 그래야만 구운 도자기를 완전히 말릴 수 있거든요."

아버지는 이러한 딸의 말

에 또 그럴 것이 당연하다
고 생각하면서도,
 "오, 하나님. 저는 어찌
해야 좋겠습니까?"

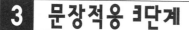

3 문장적응 3단계

◆ **속독도움말**

활자크기가 2단계보다 작고 긴 문장으로 돼있는 예문으로 한다.

◆ **훈련방법**

1. 처음 1회째는 1분에 5페이지, 2회째는 55초만에 5페이지를 읽도록 한다.
2. 이와같은 방법으로 개인능력에 따라 2회~5회 반복한다.
3. 처음부터 내용이 이해되지 않아도 속도를 늦추지 않도록 한다.

◆ **효과적인 속독이 되려면**

1. 읽고난 후 이야기 내용을 그림으로 그린다.
2. 이러한 속독 영상화 훈련을 함으로써 이야기 내용이 뇌로 빨리 전달돼 장기기
   억을 할 수 있다.

분   필

사회 생활 시간입니다.
선생님은 분필을 들어 칠판에 굵직하게 '화

랑도'라고 씁니다. 학생들의 눈은 일제히 선생님의 분필 끝으로 쏠렸습니다. 학생들은 이 사회 시간이 어느 시간보다 재미있었습니다. 그도 그럴 것이, 선생님은 사회시간이면 언제나 즐거운 듯이 가르치고 또 교과서 외의 이야기도 섞어서 여간 열심히 가르치지 않습니다.

'화랑도'라고 굵직하게 쓰고 난 선생님이,

"화랑도라는 것은……."

하고 막 설명을 시작하려 할 때였습니다.

문이 드르르 열리더니,

"선생님, 서울서 전화왔습니다."

하고 사환이 말하고는, 교실문을 열어 놓은 채 가 버렸습니다. 선생님은,

"응!"

하고는 곧 슬리퍼를 끌며 교단에서 내려서더니, 교단 위로 다시 돌아가 싱긋 웃으며 분필 하나를 집어 들었습니다.

학생들은 약간 놀라며 선생님 손끝을 바라보았습니다. 선생님은 뜻밖에도 분필을 교탁

위에 꼿꼿이 세웠습니다.

그리고 엄한 얼굴로,

"내가 전화를 받고 올 동안 이 분필이 지킬 테니 조용히들 해요."

하고는 얼굴을 누그러뜨리고 다시 싱긋 웃었습니다.

학생들은 기다렸다는 듯이,

"예!"

하고 일제히 교실이 떠나갈 듯 고함을 질렀습니다. 문을 닫고 나간 선생님의 슬러퍼 소리가 교무실 쪽으로 사라지자마자, 교과서에 눈을 주고 있던 맨 앞줄의 학생 하나가,

"후후!"

하고 입김을 내어 분필을 쓰러뜨리려 했습니다. 그러자 그 옆에서도, 뒤에서도 입을 동그랗게 해 가지고는 제각기 '후, 후' 불어댑니다.

앞에서 서너너덧째 줄에 앉은 학생들은 무턱대고 '후, 후' 입김을 냅니다.

뒤에 앉은 놈들은 침을 튀기며 입김을 내뿜

더니, 나중에는 엉덩이를 들고 앞으로 몸을 내밀고는 연상 '후, 후' 거립니다. 그러나 분필은 새침하게 그대로 서 있습니다.

그러는 동안, 맨 뒷줄 어디서인지 지우개 조각 하나가 '탁!' 하고 칠판을 때렸습니다.

그러자 잇따라서 지우개 조각, 몽땅 연필, 그밖에 총알같이 뭉친 종이 조각들이 자꾸만 날아들었습니다.

그 중에는 교탁을 때리는 놈, 칠판을 맞히는 놈, 여러가지였습니다.

수많은 것들에게 얻어맞은 칠판은 한 모퉁이가 얽은 곰보같이 되었습니다. 그때 느닷없이 슬리퍼 소리가 들렸습니다.

학생들은 다시 조용해졌습니다. 물론 책을 읽는 척하면서도, 귀는 온통 슬리퍼 소리에 가 있습니다. 선생님한테서 벼락이 떨어질 것을 미리 알고 속으로 겁내는 학생도 많았습니다.

그러나 슬리퍼 소리를 가만히 들어 보니, 그것은 교장선생님의 슬리퍼 소리였습니다.

교장 선생의 슬러퍼 소리가 교장실 쪽으로 사라지자, 아이들은 다시 때를 만난 듯이 이것 저것 마구 던졌습니다.

이럴 때면 제일 난처한 것은 반장입니다. 타일러야 아이들이 가만 있지 않을 것을 압니다. 그래서 앞으로 나가서 교탁 위의 분필을 재빨리 집어서 자기 호주머니에 집어 넣었습니다. 그러자,

"도로 갖다 둬라!"

"네가 선생이야, 뭐야?"

하고 야단법석을 부리며 반장을 욕했습니다.

바로 이때 또 슬리퍼 소리가 들렸습니다. 교실 안은 다시 조용해졌습니다. 이번에는 정말 담임 선생님의 슬리퍼 소리였습니다.

교실 안은 갑자기 조용해졌습니다. 이때를 놓칠세라 반장은 재빨리 분필을 제자리에 가져다 세웠습니다.

이윽고 선생님이 드르륵 문을 여는데, '탁!' 소리와 함께 교탁 위의 분필이 나동그라지며 산산이 부서졌습니다.

　아이들은 기겁을 하고 놀라며 뒤를 돌아다 보았습니다. 승호가 그동안 종이를 꼭꼭 씹어서 총알같이 단단히 만들어 고무총으로 쏴맞힌 것입니다. 그러나 누가 그랬는지 얼른 알 도리가 없었습니다.

　아, 이젠 정말 벼락이 떨어지나 보다 하고 아이들은 가슴이 조마조마해졌습니다. 그 북새통에 책만 읽고 있던 학생들도 이젠 영락없이 반 전체가 벌을 받고야 말겠구나 하고 생각했습니다.

　교실 안으로 썩 들어선 선생님은 부러진 분필과 칠판을 한번 훑어보고는 교단 위로 올라갑니다. 그리고 교탁 앞에 서서,

　"누가 분필을 쓰러뜨렸지?"

하고 아이들을 둘러보았습니다.

　이때 맨 뒷줄의 승호가 힘없이 손을 들며 고개를 숙였습니다.

　"뭘로 쐈나?"

　"……."

　"빨리 대답해 봐."

　"고무총으로……."

“음, 잘했어.”

선생님은 뜻밖에도 분필통에서 새 분필 하나를 꺼내더니 웃으시면서,

“칠판을 보니, 분필을 맞히려고 무척 애들을 쓴 모양인데 승호가 맞혔으니 상을 줘야지. 승호, 이리 나와.”

하고 불렀습니다.

승호는 쑥스러웠으나 앞으로 나가 절을 하고 상을 받았습니다.

아이들은 그 상보다 꾸중을 듣지 않은 것이 신기하고 다행스러워 교실이 떠나갈 듯 박수를 쳤습니다.

교실 안이 조용해지자, 선생님은 다시 입을 열었습니다.

“사실은, 나도 이번 토요일에 서울로 상을 받으러 가게 되었단다. ‘화랑도’라는 논문을 서울 어떤 잡지사에 보냈더니, 당선이 되었다는 통지가 지금 왔단 말이야.”

아이들은 또 한 번 교실이 터져 나가도록 박수를 쳤습니다.

4 문장적용 4단계

◈ 속독 도움말

활자크기가 3단계보다 작고 긴 문장으로 돼있는 예문으로 한다.

◈ 훈련 방법

1. 처음 1회째는 1분에 5페이지, 2회째는 55초만에 5페이지를 읽도록 한다.
2. 이와같은 방법으로 개인능력에 따라 2회~5회 반복한다.
3. 처음부터 내용이 이해되지 않아도 속도를 늦추지 않도록 한다.

◈ 효과적인 속독이 되려면

1. 읽고난 후 이야기 내용을 그림으로 그린다.
2. 이러한 속독 영상화 훈련을 함으로써 이야기 내용이 뇌로 빨리 전달돼 장기기억을 할 수 있다.

하나, 둘, 셋

이런 것도 이야깃 거리가 될는지, 우리 집안 일이니 우선 한번 들어 보셔요.

왜, 보물섬을 지은 분으로 유명한 스티븐슨이란 사람이 있지요. 그분의 동시집 ≪동시의 꽃밭≫을 보면, 이런 시가 있습니다.

— 노오란 부리의 작은 새 한마리

창턱에 폴짝 뛰어올라 눈총을 주면서 말하기를,

"부끄럽지도 않니. 이 잠보야!" —

이 시에서도 알 수 있듯이, 아침에 눈을 뜨고도 얼른 일어나지 않는 것은 어느 나라에나 있는 모양이지요.

내가 여기서 하려는 이야기도 우리 집 잠꾸러기랄까, 게으름뱅이랄까, 하여튼 그런 종류의 아이놈 셋의 이야기입니다.

스티븐슨은 참새소리에도 부끄러움을 느낀 모양이지만, 우리 집 맨 아래 세 놈은 참새소리는 커녕 사이렌 소리에도 막무가내랍니다.

그렇군. 우선 인물을 소개하면, 맨 윗놈이 국민학교 5학년, 다음이 3학년, 막내가 유치원에 다닙니다.

이 세 놈은 어른들이 깨어서 밥을 짓는다, 청소를 한다 하고 떠들썩하여도, 눈을 감은 채 시치미를 떼고 드러누워 있습니다. 이름을 부르며 소리를 질러도 안 깨면 흔들어 깨우기 일쑤입니다.

그런데 책상머리 벽에 보면 이렇게 써 있습니다.

'일찍 자고, 일찍 일어나자!'

그러니까 하나는 실행하고, 하나는 실행 않는 셈이지요.

그래서 이래서는 안 되겠다는 생각이 들어, 나로서는 묘한 방법을 썼지요.

아침 6시가 되면 드러누운 세 놈을 향해,

'하나, 둘, 셋!'하고 호령을 부릅니다.

'셋!'이 땅에 떨어지기 전에 일어나야 합니다.

안 일어나면 어떡하느냐구요?

물론 벌을 받아야지요. 이 벌도 내가 생각해 낸 것

입니다. 두들겨 깨워서 마당을 세 바퀴씩 돌게 합니다. 세 놈이 나란히 서서 마당 도는 것을 생각해 보셔요. 얼마나 우스운가.

마치 오줌 싼 날 아침, 키를 덮어 쓰고 소금 꾸러 가는 것 같습니다.

아직 반쯤 눈을 감고, 잠옷 바치춤에 손을 꽂고서 느릿느릿 돌아갑니다.

정 느리면 달음질을 시키기도 합니다.

그런데 이건 우리 집안 일인데, 동네에 소문이 퍼진 모양입니다.

그래서 동무들이 이놈들을 보면, "너 오늘 아침에 또 돌았니?"하고 묻습니다. 그래서 이것이 큰 효과가 있는 모양입니다.

이것은 한 달이 채 못되어 성공하기 시작했습니다. '하나, 둘, 셋!'의 '하나!'가 떨어지기 무섭게 '토끼'라는 둘째 놈이 벌떡 일어나 앉습니다. 그러면 '겁장이' 막내가 일어나고, '능구렁이'라는 맨 윗놈은 '셋!'이 떨어진 후에야 눈을 감은 채 일어나 앉습니다. 그러니 우연히 생각해 낸 '하나, 둘, 셋!'은 성공한 셈이지요.

성공했다고는 하지만, 어려운 때가 전혀 없는 것도 아닙니다. 한겨울이면 아침 7시라 해도 깜깜해서 좀처럼 일어나지 않습니다.

그래도 이것도 성공한 셈이지요.

그럼 일어나선 무얼 시키냐구요? 물론 할 일이 많지요.

큰놈은 아침에 배달되는 소년 신문을 읽고, 거기 실린 문제도 풀어보고, 둘째 놈은 바이올린 레슨 받을 준비를 하고, 유치원에 다니는 놈은 또 저대로 할 일이 있지요. 그림책을 뒤적이든가, 크레용으로 그림을 그린다거나 합니다.

그런데 한번은 이런 일이 있었답니다.

'능구렁이'가 끝끝내 일어나지 않았습니다. 그러니 혼자서 마당을 세 바퀴 돌아야 하잖겠어요?

그런데 밖에서는 소낙비가 주루룩주루룩 내리고 있었습니다. 이놈을 우산을 씌워 마당을 돌리는 것도 가엾고 하여 이렇게 했지요. 방안을 기어서 세 바퀴 돌게 했습니다.

그대로 둘 수는 없고 하여 부득이 그러는 수밖에 도리가 없었습니다.

'하나, 둘, 셋!'이 어느 정도 성공했으니, 이젠 딴 방법을 쓸까 하는 생각이 들었습니다. 가령 자명종을 머리맡에 두고, '따르릉!' 울리면 일어나게 하는 것 같은 방법을.

그러나 나는 나대로 이 '하나, 둘, 셋!'을 좀더 계속하기로 했습니다. 그것이 내 뜻대로 될지 모르지만, 이 '하나, 둘, 셋!'을 아이들 마음 속의 평생 구호로 가슴에 새겨 두고 싶은 생각이 든 것입니다. 아마 이런 것을 가리켜 부모의 욕심이라 하는가 보지요.

평생 구호란 무슨 뜻이냐구요?

이 '하나, 둘, 셋!'이 마음에 새겨졌다 합시다. 그리고 이런 경우가 있다 합시다. 해야만 할 일이 하기 싫을 때가 있겠지요. 그때면 이 '하나, 둘, 셋!'이 살아나지 않겠어요.

글쎄요, 그럴 수 있을지. 그러기에 내가 어리석은 부모의 욕심이라 하지 않았습니까?

그리고 셋 중의 한 놈이 과학자가 되었다고 합시다. 우리도 알다시피 과학의 길은 어렵지요. 얼마나 어려운 고비를 겪겠습니까? 때로는 실망도 하겠지요. 이때 이 '하나, 둘, 셋!'소리가 귀에 들린다고 합시다. 다시 연구를 계속하게 되겠지요.

또 이런 경우는 어떨까요. 한 놈이 무슨 장관 자리에 앉았다고 생각해 봅시다.

소문으로는 높은 자리일수록 위에서 압력도 심하고, 또 돈의 유혹이 많다더군요. 결재 서류를 보니 도장을 찍어서는 안 될 문제입니다. 좀더 높은 사람이 머리를 누르는 것 같고, 큰 돈이 눈앞에 오락가락하여 어지러울 지경입니다. 이때의 '하나, 둘, 셋!'은 그놈의 아버지 소리이기도 하지만, 어떨까요, 온 국민의 소리가 아니겠어요. 그러면 장관은 용기를 내어, 자기 양심대로 처리하지 않겠어요. 다시 말하지만, 이건 어리석은 아버지의 욕심이지요. 그래서 이 '하나, 둘, 셋!'정

신을 다른 데도 좀 응용해 볼까 하고 있습니다. 잠꼬
대 같은 소리가 너무 길어진 것 같군요.

어느날, 학교 때의 동창 한 사람을 만났습니다.

십여 년만에 처음 만나니 어떻게나 반가운지, 집으
로 데려와서 함께 밤을 지냈습니다. 술도 몇잔을 나누
면서 밤 깊는 줄 모르고 이야기를 주고받았습니다.

아니, 밤이 새는 줄도 몰랐다는 게 낫겠지요. 그래
서 4시가 좀 넘어서야 잠이 들었습니다. 정신없이 자
고 있는데 문 밖에서,

"하나, 둘, 셋!'하는 세 놈의 합창소리가 들립니다.

마루를 쾅쾅 구르면서 큰소리로, "하나, 둘, 셋!"
하면 소리를 지릅니다.

사실은 그것도 손님이 먼저 듣고 놀라서 나를 깨운
것입니다.

나는 아차 싶었으나, 때는 이미 늦었습니다.

그런데, 뜻밖에 밖에서는 여름비가 주루룩주루룩 쏟
아지고 있습니다. 내가 아이들에게 벌을 주면서, 아버
지라고 벌을 받지 않을 수 없습니다.

방에는 손님이 있는 까닭에 이불을 치울 수도 없고
하여 대청으로 나갔습니다. 그리고 대청을 세 바퀴 엉
금엉금 기었습니다. 손님은 눈을 둥그렇게 뜨고 나를
바라보고 세 놈은 좋아라고,

"만세! 아버지 만세!"하며 손뼉을 칩니다.

좀 창피했습니다. 창피한 것은 둘째고, 무릎이 어떻

게나 아픈지 견딜 수 없었습니다. 그렇다고 한두 바퀴만 돌 수도 없었습니다.

부엌에서 밥짓던 아내까지 뛰어나왔습니다. 얼굴을 들기가 딱했습니다. 엉금엉금 세 바퀴를 돌고 나니 숨이 찼습니다. 그러나 무엇인가 개운했습니다. 내가 정한 벌을 내가 받지 않고서야 어떻게 아이들을 벌줄 수 있겠습니까.

방으로 들어가서 친구에게 대청을 기어 돌게 된 사정을 이야기했더니 친구는, "애비 노릇도 힘드는군!" 하며 싱긋이 웃었습니다.

5 문장적응 5단계

◆ 속독 도움말
활자크기가 4단계보다 작고 긴 문장으로 돼있는 예문으로 한다.

◆ 훈련 방법
1. 처음 1회째는 1분에 5페이지, 2회째는 55초만에 5페이지를 읽도록 한다.
2. 이와같은 방법으로 개인능력에 따라 2회~5회 반복한다.
3. 처음부터 내용이 이해되지 않아도 속도를 늦추지 않도록 한다.

◆ 효과적인 속독이 되려면
1. 읽고난 후 이야기 내용을 그림으로 그린다.
2. 이러한 속독 영상화 훈련을 함으로써 이야기 내용이 뇌로 빨리 전달돼 장기기억을 할 수 있다.

팔 씨 름

전쟁이란 어느 때나 좋지 않은 일입니다. 그리고 전쟁의 원인이란 따지고 보면 하찮은 일일 경우가 많습니다.

국경이 맞붙은 두 나라 사이에 전쟁이 벌어졌습니다. 위에서 말한 것과 같이 이 두 나라 사이에 전쟁도 하찮은 일로 시작되었습니다. 이 나라는 국경을 사이에 두고 동쪽과 서쪽으로 나뉘어져 있습니다. 서쪽 나라에서는 동쪽 나라 왕자 엉덩이에 뿔이 났다는 소문이 돌고 있었습니다. 그리고 동쪽 나라에서는 서쪽 나라 공주가 언청이라는 소문이 떠돌았습니다.

말하자면 뜬소문이 두 나라에 전쟁을 일으키고 만 것입니다. 사실은 동쪽 나라는 서쪽 나라 돼지가 탐났고, 서쪽 나라는 동쪽 나라의 소가 탐난 것이었으며, 그것도 한쪽이 약하면 전쟁이 쉬 끝나겠지만, 서로 세력이 비슷하고 기껏해야 활과 창으로 싸웠기 때문에 전쟁은 질질 끌었습니다.

이 전쟁 때문에 죽는 것은 국민이었습니다. 젊은이들이 전장에서 죽습니다. 아들을 잃은 사람, 남편을 잃은 사람, 아버지를 잃은 사람의 수가 자꾸만 늘어납니다. 뿐만 아니라 농사도 마음 놓고 짓지 못하니, 두 나라 국민은 지칠 대로 지치고 말았습니다.

이웃의 작은 나라들도 어느 편이고 편들어 싸워야만 했습니다. 전쟁은 좀처럼 승부가 나지 않았습니다. 그래서 무슨 조건을 내걸더라도, 나라 체면만 세운다면 전쟁을 그만둘 생각을 하고 있었습니다.

이때였습니다.

이 두 나라에서 멀리 떨어진 나라에서 한 사람이 불쑥 두나라 임금님을 차례로 찾았습니다.

키가 자그맣고 바싹 마른 사람이었습니다. 그러나 눈만은 반짝반짝 무섭게 빛나는 사람이었습니다. 이 사람을 따라온 부하의 말을 들으면, 이 자그마한 사람은 그야말로 온몸이 슬기로 뭉쳐, 세상에서 이 사람이 해결할 수 없는 일은 없다고 하였습니다.

먼 나라에서 온 나그네는 먼저 동쪽 나라 임금님을 찾았습니다.

임금님은 무척 반가왔습니다.

"그래, 우리가 이길 수 있는 방법이라도 있겠소?"
하고 임금님은 물었습니다.
키가 자그만 나그네는 눈을 깜박거리며,
"아닙니다. 전쟁 대신에 팔씨름을 하시죠."
하고 뚱딴지 같은 소리를 하였습니다.
임금님은 어처구니가 없어,
"팔씨름? 미친 소리를!"
하고 버럭 화를 냈습니다.
그러나 나그네는 얼굴빛 하나 변하지 않고 '에헴'하고 헛기침을 하더니,
"당신들 속은 뻔한 게 아니오. 국민들은 전쟁을 싫어하고, 거기다 나라의 창고는 텅텅 비어 있고. 에헴!"
하고 말을 시작했습니다.
임금님은 그 기침소리가 어떻게나 날카롭던지 소름이 주욱 끼쳤습니다.
"임금님은 모르셔도 당신들 두 나라가 약해지길 기다려서, 저 멀리서 몇 나라가 당신들을 칠 계획을 하고 있소. 에헴!"
임금님은 그 기침소리에 또 한번 가슴이 서늘해졌습니다. 그 말에도 임금님은 대답할 말을 찾지 못했습니다.
"여보, 나그네! 팔씨름을 한다면 어떻게 한단 말이오?"
하고 묻지 않을 수 없었습니다.
"두 나라에서 장정 다섯을 뽑아 가지고, 팔씨름으로 승부를 결정하란 말이오. 에헴!"
임금님은 벌써 위엄도 체면도 없이 나그네 말에 줄줄 끌려 들어갔습니다. 그래서 이웃 나라만 승인한다면 그러마고 말하고 말았습니다.
이웃 나라 임금님도 찬성하지 않을 수 없었습니다. 이 소문이 퍼지자 두 나라 국민들은 모두들 좋아했습니다.
"전쟁이 끝났다!"
"아, 지리하던 전쟁이 끝났다!"하고 환호성을 올렸습니다.
또 좋아하는 사람들이 있었습니다. 힘깨나 쓰는 두 나라 장사들이었습니다. 이리하여 두 나라에서는 지루하던 전쟁이 그치고 팔씨름으로

승부를 겨루기로 하였습니다.

두 나라에서는 이런 새로운 소문이 퍼졌습니다.

"우리를 살려 준 거나 다름없는 그 나그네는 말이야, 하늘이 보낸 사람이래. 그분은 밤이면 턱을 괴고 하늘을 쳐다본대. 그러면 별 같은 생각이, 즉 슬기로운 지혜가 머리 속에 떠오른대. 그리고 어려운 일이 생기면 두 손으로 턱을 괴고 보름달을 쳐다본대. 그러면 아무리 어려운 일이라도 해결할 방책이 솟아난대. 정말 하늘이 보낸 분이야. 아, 우리를 살려 줬으니 얼마나 훌륭한 사람인가 말야."

이런 소문이 퍼지고 나서부터 두 나라에서는 두손으로 턱을 괴고 하늘을 쳐다보는 사람이 날로 늘어갔습니다.

팔씨름은 여섯 달 후로 미뤘습니다.

나그네는 석 달 동안은 동쪽 나라에서 머물고, 석 달 동안은 서쪽 나라에서 머물게 했습니다.

두 나라에서는 나그네를 극진히 대접하였습니다. 임금님의 대접은 말할 것도 없고, 국민들도 다투어 음식이며 선물을 갖다 바쳤습니다.

그래서 몇 달 안가서 바싹 말랐던 나그네는 얼굴에 번질번질 기름이 흐르게 되었습니다. 몸집도 불어 뚱보가 되었습니다.

두 나라에서는 팔씨름꾼을 모집했습니다. 나라의 운명을 걸머질 장사들이라 해서 전국에서 모이기로 했습니다.

마을에서 장사를 뽑고, 마지막에는 임금님이 참석한 자리에서 전국대표를 뽑았습니다.

장사들은 먹어야만 했습니다. 쌀을 거둬라! 소를 잡아 오너라! 돼지를 잡아 오너라! 웬놈의 쌀과 고기를 그렇게 먹는지 알수 없었습니다. 여섯 달 줄곧 성화를 받고 보니, 차라리 전쟁을 하는 편이 낫겠다는 사람도 있었습니다.

동쪽에서는 소가 귀해지고, 서쪽에서는 그 많던 돼지가 귀해졌습니다. 그러는 동안, 이럭저럭 여섯 달이 지나고, 드디어 팔씨름으로 승부를 결정할 날이 다가왔습니다.

임금님을 비롯하여 고관 대작들이 양쪽에 늘어앉았습니다. 구경꾼도 구름같이 모여 있었습니다. 장사들은 시커먼 털로 온몸이 덮여, 자칫하면 무슨 짐승으로 잘못 알아볼 것 같았습니다.

팔을 구부렸다 폈다 할 때마다 불룩불룩 힘살이 솟아올랐습니다.

과연 어느 편이, 어느 나라 장사가 이겼을까요? 슬기로운 나그네가 양쪽의 심판관으로 나와 앉아 있었습니다. 팔씨름이 시작됐습니다.

아, 그런데 슬기로운 나그네로서도 예측 못할 일이 벌어지고 말았습니다. 서쪽 나라 사람들은 오른팔을 내미는데, 동쪽 나라 사람들은 왼팔을 내밀었습니다.

동쪽나라 사람은 왼손잡이고, 서쪽 나라 사람들은 오른손잡이였기 때문입니다. 양쪽에서는 서로 왼팔로 하자, 오른팔로 하자, 하고 서로 고집을 부렸습니다. 이 통에 난처해진 것은 심판관인 나그네였습니다. 장사들뿐 아니라 구경꾼들도 떠들기 시작했습니다.

"왼팔로 해야지!"

"오른팔로 하잔 말야!"

나그네는 다시 한 번 날카롭게,

"에헴!" 기침을 하고 나서,

"이건 여간 어려운 일이 아니니, 보름달이 뜰 때까지 연기한다."

하고 선언했습니다.

이리하여 팔씨름은 다시 한달을 더 연기하기로 했습니다. 슬기로운 나그네는 매일같이 두손으로 턱을 괴고 하늘을 쳐다보았습니다.

그러나 살이 찐 탓일까요, 아무런 생각도 떠오르지 않았습니다. 한달이 지나고 보름달이 떠올랐습니다. 그러나 보름달도 아무 소용이 없었습니다. 뺑소니를 치려 해도 어려운 일이었습니다. 좌우간 무슨 결정이라도 내려야만 했습니다. 가까스로 한 가지 생각이 떠올랐습니다.

한 번을 오른팔로 하고, 또 한번을 왼팔로 하는 것이었습니다. 이것은 누가 들어도 공평한 일이라 생각됐습니다.

이 말에 사람들은,

"과연 슬기로운 분이다!" 하고 칭찬했습니다.

연기됐던 팔씨름이 다시 시작했습니다.

결과야 뻔한 일이 아니겠습니까!

오른팔로 할 때는 서쪽 나라가, 왼팔로 겨룰 때는 동쪽 나라가 이겼습니다. 그러고 보니, 팔씨름으로는 도저히 승부를 가릴 수가 없게 됐습니다.

슬기로운 사람이란 아무것도 아니다 하는 생각이 들었습니다. 장사들은 가만 있지 않았습니다.

"저놈은 엉터리다!"

"사기꾼이다!"

"한 번 속지 두 번 속지 않는다!"

나그네는, "에헴!"

하고 날카로운 기침을 했으나, 다음 말이 나오지 않았습니다. 아무도 그 기침을 대단히 여기지 않았습니다.

고슴도치같이 시커먼 털의 무식한 장사들을 보니, 머리가 아찔했습니다.

슬기로운 나그네의 몸이 덜덜 떨리기 시작했습니다. 나그네는 초라하고 가엾어 보였습니다.

"팔씨름은 그만두고 서로 치고 박기로 하자!"

"그거 좋다!"하고 장사들이 힘이 쓰고 싶어 들먹들먹하였습니다.

군중들은 군중들대로 손에 돌을 집어 들고 던질 차비를 하고 있었습니다. 그런데 장사 중에 성미 급한 사람 하나가 썩 나서더니, 뚱뚱한 나그네를 한 팔로 번쩍 치켜 올려서 공중으로 빙빙 돌렸습니다.

내 힘이 얼마나 장사냐 하는 뜻이었습니다. 그 장사가 나그네를 내려 놓자, 상대방 장사 하나가 거의 죽게 된 나그네의 허리띠를 잡아서, 다시 한 바퀴를 돌리더니 저 멀리로 던져 버렸습니다. 역시 내 힘이 어떤가 보아 달라는 것이었습니다.

공기가 점점 험악해졌습니다.

장사들과 관중들은 무슨 트집을 잡아서라도 서로 싸우려는 급박한 형편이었습니다.

이때 전쟁을 싫어하는 두 임금님은 군중들을 무마하고 나서 회합을 가졌습니다.

우선 팔씨름은 연기하고, 다름 무슨 방법을 알아보자는 것이었습니다.

"그러는 게 어떻소"하고 한 임금님이 묻자,

"그 엉덩이에 뿔이 난 왕자를 언청이 공주와 결혼시키는게 좋겠다."

글쎄, 그렇게 함으로써 양쪽 나라가 평화스러워졌을까요?

　나그네의 생각을 알 도리가 없었으니, 생각해 보지도 않은 것이었습니다.

　나그네의 부하는 그래도 자기 주인이 소중했습니다. 그는 아직도 그 슬기로운 분은 하늘에서 내려온 사람이라고 믿었습니다.

　다음 보름달이 뜰 때까지만 기다렸던들 하고 원통해 했습니다. 그래서 숨이 끊어진 주인을 업고 저 멀리로 달아났습니다.

　"그게 좋을까 하오!"

　하고 또 한 임금님이 찬성했습니다.

　그런데 장사들이 그렇게 성미가 급하지 않았더라면 슬기로운 사람의 마지막 말을 들었을지도 모릅니다. 나그네는 공중에서 빙빙 돌려지자, 갑자기 한 생각이 떠올랐던 것입니다.

제 8 장

이해능력개발육성훈련

· · · · ·

1 이해능력 개발육성훈련 1단계 (예)

천대받는 꽃

들판이나 개천 옆에는 알 수 없는 많은 꽃들이 피어 있습니다. 사람들이 쳐다보고서도 그냥 무심코 지나쳐 버리는 꽃들 말입니다.

사과나무 가지는 이런 가엾은 꽃들에게 동정심이 생겼습니다.

울퉁불퉁하고 거칠은 돌 사이에서도 단단한 뿌리를 내리고 마치 잡초처럼 강한 생명력을 지닌 민들레꽃에게는 '마귀의 젖병'이라

◆ 속독 도움말

1. 활자가 크고 내용이 쉬운 동화책부터 시작한다.

2. 이해능력개발육성훈련은 이해예비훈련과는 달리 1회 읽고 이야기 내용을 100% 이해하고 60% 이상 기억해야 한다.

3. 글자를 하나하나 찍어보지 말고 시지각훈련단계와 같이 눈으로 보고 뇌로 빨리 감지해야한다.

2 이해능력 개발육성훈련 2단계 (예)

예쁜 사과나무

차가운 바람이 부는 추운 계절이 다 지나고 따뜻한 봄바람이 머리칼을 가볍게 날리는 5월이었습니다. 그러나 때때로 쌀쌀하게 바람이 부는 날도 있었습니다.

"아! 이젠 정말 봄이야!" 라고, 개나리도 진달래도 환성을 지르며 말했습니다.

목장의 젖소들은 가끔 풀밭으로 나와 유유히 풀을 뜯어먹기도 했습니다.

아름다운 꽃봉오리들이 울타리 위까지 활짝 피어 미소짓고 있었습니다. 봄이 되면 가장 먼저 선을 보이는

◆ 효과적인 속독이 되려면

1. 책을 읽은 후 책 내용을 그림으로 그린다.

2. 독후감을 반드시 쓴다. 독후감 쓰기는 책 내용을 다시 한번 기억하면서 논리적인 사고와 표현력을 길러주는데 효과적이다.

3. 책을 읽고 그자리에서 발표한다.

4. 책 내용에 대한 객관식과 주관식 문제 (10~20문제) 를 푼다.

3 이해능력 개발육성훈련 3단계 (예)

날아다니는 가방

옛날 어느 곳에 돈이 굉장히 많고, 또 그만큼이나 잘 쓰는 젊은 부자가 있었습니다.

그는 날마다 구경을 다니며 그 많은 돈을 주로 흥미를 느끼는 데에 많이 썼습니다.

그의 주위에 있는 친구들은 단지 그가 돈을 많이 가지고 있다는 사실 때문에 사귀게 된 친구였습니다.

그러나 돈을 물 쓰듯 하니 그것이 오래 갈 리가 없었지요.

결국 그 젊은이에게 돈이 떨어지자 친구들 역시 그와 멀어지게 되었습니다.

그렇게 젊은이의 비위를 맞추려고 굽실거리던 친구들이 이제는 길에서 만나도 아는 척 하지 않았습니다.

그런데 오직 한 친구가 그를 찾아와서 커다란 가방 하나를 주고 가 버렸습니다.

그 가방에는 '물건을 넣으시오.' 하고 쓰여있었지만 젊은이는 거기에 들어갈 짐이 없었습니다.

방 안을 샅샅이 살펴봤지만 집어 넣을만한 물건이 없기에,

4 이해능력 개발육성훈련 4단계 (예)

전 나 무

햇빛이 따뜻하게 비치고 바람이 잘 통하는 숲 속에 연약하고 예쁘게 생긴 조그만 전나무가 한 그루 서 있었습니다.

이 전나무의 곁에서는 훨씬 키가 큰 나무들이 많았습니다. 전나무뿐 아니라 소나무도, 잣나무도 있었습니다.

그런데, 이 작은 전나무에게는 한 가지 작은 소망이 있어요.

그것은 하루 빨리 큰 나무로 자라는 것이었습니다.

성장에의 열렬한 바람 때문에 전나무는 따뜻한 온기를 주는 해님의 고마움도 바람의 시원함도 전혀 관심을 갖지 않았습니다.

개구장이 동네 아이들이 산딸기를 따러 숲으로 와서 장난치기도 하고 술래잡기를 하며 떠들어댈 때는, 작은 전나무는 고개를 돌리고 못 본 체 하였습니다.

화창한 날 아이들은 때때로 꽃을 가득히 담은 꽃바구니 틈에 소복이 산딸기를 담아 가지고는, 보릿짚에 딸기를 나란히 꿰곤 하였습니다.

어느날 양갈래 머리를 가지런히 딴 귀여운 소녀가 전나무 옆에 앉아서

"오, 정말 귀엽고 예쁜 나무네! 세상의 나무들이 모두 이렇게 예쁘다면 얼마나 좋을까. 아! 정말 예쁘구나."

하고 말했습니다.

5 이해능력 개발육성훈련 5단계 (예)

메 밀

이 이야기는 참새에게 들은 이야기예요.

한여름, 졸음이 꼬박꼬박 오는 오후에 참새에게 이야기를 해달라고 졸랐거든요.

그랬더니 참새는 수양버들에게 들은 얘기라면서 제게 해 주었어요. 그 수양버들은 지금도 저쪽 들판으로 가면 의젓하게 서 있지요.

천둥 벼락이 무섭게 몰아친 후에, 메밀이 나 있는 밭 근처를 지나가면, 약간은 깜짝 놀라게 되는 광경을 볼 수 있습니다.

그것은 메밀이 새까맣게 타서 고개를 푹 숙이고 시들어 있는 것이지요.

마치 시뻘건 불길이 그 위를 활활 태우고 지나간 것 같습니다. 밭을 일구러 온 농부들은,

"벼락을 맞았네. 저걸 어쩌지."

하고 근심섞인 말을 합니다.

이야기는 바로 여기서 시작되는 것입니다. 왜 메밀이 벼락을 맞았는지를 이야기하려는 것입니다.

메밀 밭 옆에는 수양버들이 서 있었습니다.

이 수양버들은 대단히 의젓하고 커다란 나무인데, 늙어서 표피는 주름투성이며, 큰 줄기의 한가운데가 갈라진 커다란 새총 모양을 하고 있었습니다.

그리고 그 갈라진 틈바구니에서는 각종 풀이랑 산딸기 덩굴이 돋아나 엉켜 있었습니다.

그 위에 꾸불꾸불하게 휘늘어진 버들가지가 드리워지고, 그 가지 끝은 땅에까지 닿아서 마치 초록빛의 긴 머리카락 같았습니다.

그 초록빛의 머리카락은 계절이 깊어감에 따라 더욱 신비스럽게 보였습니다.

그 둘레의 밭에는 메밀뿐만이 아니라 호밀이랑 보리랑 귀리들이 자라고 있었습니다.

정말 탐스러운 모습이었습니다.

귀리는 이삭이 완전히 익으면, 노란 색의 카나리아가 한 나무 위에 사뿐이 앉아 있는 것처럼 보입니다.

제 4장

초고속 전뇌 학습법
1시간 훈련방법

· · · · ·

1 기본훈련

2 시지각능력개발훈련

3 문장적응훈련

4 이해능력개발육성훈련

1 기본훈련

① 집중력 훈련
- 1단계 : 단전 호흡법 – 1분 간 실시
- 2단계 : 고정점 응시법 – 2~3분 간 실시
- 3단계 : 시점 이동법 – 2~3분 간 실시

② 시폭확대 훈련
- 1단계 : 시점 좌우 · 상하 이동법 – 1분 간 실시
- 2단계 : 시점 상하 · 좌우역행 이동법 – 1분 간 실시
- 3단계 : 시점 대각선 이동법 – 1분 간 실시
- 4단계 : 시점 페이지 연결법 – 1분 간 실시
- 5단계 : 시점 원 이동법 – 1분 간 실시

※ 각 단계 끝난 후 20초 휴식한다.

2 시지각 능력개발 훈련

① 1단계(기호훈련) – 1분 간 실시
② 2단계(문자훈련) – 1분 간 실시

※ 1단계 기호 훈련 후 20초 휴식한다.

※ 1단계 전체는 5분~7분, 2단계 전체는 7분 - 12분 동안 훈련한다.

시지각 능력 개발 훈련 완성은 1단계(기호 4,500개)를 10초, 2단계 (문자30면)를 15초 이내에 볼 수 있어야 한다.

※ 기본단계는 1,2단계를 계속 반복 훈련해야 한다.

3 문장적응 훈련

이해 단계에 들어가기 전의 적응훈련으로, 이해예비 훈련 시는 속도

와 이해를 병행시켜 1분간씩 훈련한다.

이해 예비 훈련은 단계별로 분류되어 있으며 단계가 올라갈수록 활자 크기가 작아지고 폭은 넓어지며 내용의 난이도가 조금씩 높아진다.

즉 이해 예비 훈련을 마치고 책 훈련에 들어갈 때는 이러한 형식으로 된 책으로 훈련을 하게 되는 것이다.

1. 시간은 각각 1분씩이며 인지가 되는 만큼씩 봐 나가며 이해 100%, 내용기억 60%~80% 선에서 훈련을 하도록 한다. (훈련 시 완전한 이해와 기억을 하며 훈련을 하려고 하면 종전의 자신이 책 보던 습관 때문에 시간단축이 어렵다)

2. 1분 동안 보고 나서 (또는 1분이 안되어 끝날 수도 있다) 이해훈련 기록 카드의 소요시간 칸에 시간을 기록하고 집중력과 이해도는 내용기억 칸에 각각 기록한다.

3. 1단계가 끝나면 2단계를 하고, 이런 식으로 번갈아가며 5단계까지 한다.

4. 3, 4, 5 단계도 위 방법과 동일하다.

5. 각 단계가 끝날 때마다 내용을 써 보거나 눈을 감고 영상화 훈련을 하거나 또는 내용을 상상하며 그림을 그려 보도록 한다.

4 이해 능력 개발 육성

기본단계가 끝나고 이해단계 훈련 시에는 약 1분 간 단전호흡을 실시한다. 1분 동안 책명, 글자수, 기타 등을 적고 나머지 시간은 단계별로 책을 읽는다.

1. 책명, 글자수를 기록한다.

2. 책을 읽기 전 책의 흐름을 파악하며 1분 정도 훑어보기를 한 뒤 기억나는 단어들을 뇌기능 활성화 훈련란에 기록한다.

3. 목차도 훑어 본다.

4. 몇 분안에 읽겠다라는 목표를 정환 뒤 초침시계로 시간을 재며 읽는다.

5. 소요시간 란에 읽은 시간의 분·초를 기록한다.

6. 독후감 쓰기, 그림 그리기, 영상화 처리 등의 방법으로 읽은 책 내용을 정리해 본다.

7. 단계별로 책 300~500권까지 읽을 목표로 훈련한다.

제 10 장

초고속정독법을 배우고 나서

∙
∙
∙

- H초등학교 6년 김장현
- H고등학교 3년 박주영
- H대학교 3년 이정한
- 영국 이민 2세 그레이스 전(15세)
- 가정주부 김영애(52세)

"일어단어 50개를 5~6분 내에 암기"

☞ K초등학교 6학년 김장현

광명시에 사는 나는 종로2가에 있는 학원까지 매일같이 다녀야 한다는 게 무척이나 싫었다. 멀기도 했지만 방학동안 학원에서만 시간을 보낸다는 것이 재미없는 일이었다. 동생과 난 어머니의 손에 이끌려 한 달 동안을 학원에 다녔다.

처음엔 할 수 없이 시작했지만 점점 재미가 있었다. 다른 친구들은 몇시간씩 걸려서 읽는 책도 난 짧은 시간에 읽을 수가 있었고 영어나 일어단어를 외우는 것도 다른 아이들보다 빨리 외울 수 있게 되었다.

학교공부에다 학원공부에다 해야 할 것은 점점 늘어만 가고. 매일같이 우리를 데리고 왔다갔다 하는 어머니의 고생도 많았지만 방학이 끝나갈 무렵, 나는 책을 읽는 속도도 빨라졌지만 뭔가를 외우는 속도 역시 빨라졌다. 초고속정독을 배우고 나서 하루에 한 권 이상의 책을 매일 읽고 있으며 영어 및 일어단어 50개를 5~6분이면 다 외울 수 있게 되었다. 게다가 연대 학술대회에 참가해 시범을 보이기도 했는데 많은 사람들이 나를 부러워하는 눈치여서 속으론 무척이나 뿌듯했다.

방학동안 놀지도 못하고 힘은 들었지만 학교 공부나 숙제 등을 쉽게 끝낼 수 있게 되었고 읽고 싶은 책은 남들보다 더 많이 읽을 수 있게 되었다. 내게는 참으로 보람된 방학이었다.

전뇌학습법을 보다 많은 친구들이 배울 수 있다면 참 좋겠다는 생각을 해본다. 공부하는 시간에만 붙잡혀 있는 친구들이 전뇌학습법을 배운다면 공부도 빨리 끝내고 놀 수 있는 시간도 가질 수 있을 것이란 생각을 했다.

"수능준비 부담 줄고 많은 양도 금방"

☞ H고등학교 3년 박주영

수능을 준비해야 하는 내가 다른 것에 시간을 투자해야 한다는 것은 실로 고민이 될 수밖에 없었다. 왜냐면 수능 과목을 공부하기에도 촉박하다는 부담을 안고 있었기에. 하지만 선배의 권유로 알게 된 전뇌학습법은 이런 나의 부담을 덜어주기에 충분한 것이었다.

전뇌학습법의 초급과정인 초고속정독을 일주일만에 마스터한 나는 수능을 준비하는데 있어 그보다 더 많은 시간을 벌 수 있었다. 게다가 학습에 적용하고 활용할 수 있는 중고급과정의 학습요령까지 마친 다음에는 더 많은 양의 공부에 욕심을 낼 수 있었다.

교과목이 많아도 전보다 단축된 시간안에 공부를 마칠 수 있음은 물론 더 많은 양의 공부를 할 수 있게 되었기 때문이다. 수능준비가 아닌 다른 것에 시간을 쏟는다는 것이 처음엔 어렵기만 했지만 지금은 오히려 전뇌학습법을 익혀 수능을 준비할 수 있게 된 것을 무척이나 다행으로 여기고 있다. 모의고사 점수가 전보다 60점이나 상승했으며 시험시간에도 문제를 다 풀고 나서도 시간이 남아돌아 두세번씩 다시 볼 수 있는 시간이 되었다.

시간이 부족하다고 말하는 학생들에게 그래서 전뇌학습법을 배우라고 권하고 싶다. 배우지 않았을 때보다 배웠을 때 더 많은 시간을 벌 수 있고 더 많은 양의 공부를 할 수 있었기 때문이다. 또한 공부나 생활에 있어서 자신감을 얻을 수 있었다는 것이 내겐 더할나위 없는 변화라면 변화였다.

"수능과목, 하루에 한과목씩 마스터"

☞ K 대학교 3학년 이정한(22세)

대학에 다니고 있는 나는 대학을 다니면서 수능을 준비해야 했다. 수능을 다시 보고 내가 원하는 대학에 가고 싶은 마음에 이중으로 학습을 한 것이다. 이중으로 공부를 할려니 문제가 없는 것도 아니었다.

대학 공부는 대학공부대로 수능시험은 수능시험대로 준비를 해야했다. 한마디로 할 것은 많고 시간은 부족한 상황이었다. 고민이 될 수밖에 없었다. 이왕에 하는 거 난 내가 원하는 대학에 가고 싶었다. 그런 나에게 큰 도움이 되어준 것은 다름아닌 전뇌학습법이었다.

그 많은 공부를 어떻게 효율적으로 할 수 있을까 하는 것이 내 과제였다. 부담이 안되는 것도 아니지만 그래도 내겐 할 수 있다는 희망이 있었다.

그날의 스포츠투데이 신문을 보지 않았더라면 나는 영영 이런 걸 모르고 넘어갔을 것이다. 하지만 운좋게도 난 신문에 연재되고 있었던 김용진 박사님의 'IQ, 150만들기'란 코너의 전뇌학습법과 만나게 되었던 것이다.

그 길로 나는 전뇌학습법을 배우기 위해 등록을 했고 초급과정과 중고급과정을 한달만에 마스터했다. 그후 나의 수능준비는 차질없이 진행되어갔다. 하루에 한 권의 교과서를 마스터 할 수 있는 능력이 내게 생겼기 때문이다. 현재 내 모의고사 점수는 385점이다. 10점 정도만 더 올릴 수 있다면 서울대의 희망학과에 갈 수 있다.

짧은 시간안에 많은 양의 학습을 할 수 있음은 물론 기억의 장기화까지 도모해 가면서 틈틈이 수능과목을 준비할 수 있을 정도가 되었다. 내겐 정말 행운이 아닐 수 없었다.

"초고속정독 익힌 후 독서속도, 80(영문)배나 빨라져"
☞ 영국 이민 2세, 그레이스 전(15세)

영국에서 학교를 다니는 나는 평소 책 읽는 속도가 무척이나 느렸다. 한 권의 책을 보는데도 며칠씩 걸려 읽다가 중단하는 경우도 많았다. 그러던 차에 아버지가 중국의 학술세미나에 참석했다가 전뇌학습법이란 것을 알아가지고 오셨다. 전뇌학습법은 한국의 김용진 박사님께서 창안한 것이라고 하셨다. 영국에서 살지만 부모님은 한국인이시다. 방학을 이용해 한국에 나온 아버지는 나를 전뇌학습법과 만나게 해주셨다.

창안자이신 김용진 박사님의 말씀대로 처음엔 그저 믿고 따라하기만 했다. 그러던 것이 시간이 지날수록 책을 빨리 볼 수 있는 능력이 생기기 시작했다. 부모님은 믿기지 않는다며 눈을 동그랗게 뜨고 날 쳐다보셨다. 그렇게 한 달이 지나고 초고속정독 과정을 끝내고 시험을 보았는데 1분간 책장 넘기고 단어쓰기는 처음 5단어에서 1014단어를 기억해 내었으며 책 읽는 속도는 80배나 빨라져 5단을 땄다. 영문 문고판 200쪽 분량을 1분에 읽을 수 있게 되었고 이는 보통 사람의 200배나 높은 속도라 하셨다.

부모님은 결국 두 동생들마저 전뇌학습법에 참여시키셨다. 한국에 머무는 동안 우리는 이렇게 해서 3남매가 전뇌학습법 익히는 일에 함께 했고 나의 경우는 책 읽는 것을 두려워하지 않게 되었다. 짧은 시간에 책을 읽을 수 있게 되었다는 것은 그만큼 내겐 큰 기쁨이었다.

처음엔 영문자 980자를 읽던 것에서 전뇌학습법 훈련후, 시험을 본 결과 1분에 8만자를 읽는 수준이 되었다. 한 권의 책을 읽기 위해 내가 낭비했던 긴 시간들을 떠올린다면 지금은 책 읽는 시간들이 너무나 즐겁기만 하다.

"세계에서 최고라는 거, 그냥 기분 좋네요!"

☞ 가정주부 김영애(52세)

    책읽기를 유난히 좋아하는 아들을 볼때마다 나도 책을 읽고 싶다는 생각을 하게 되었다. 2~3시간이면 한 권의 책을 다 읽는 우리 아들. 아니 솔직히 말하자면 아들에게 나도 뭔가를 보여주고 싶었다. 그러던 차에 우연히 지나던 길에서 전뇌학습이란 간판을 보게 되었다. 집과 가까운 탓에 매일같이 와서 훈련을 했다. 처음, 나의 능력은 1분에 240자를 기억하는 수준이었다. 초고속정독 과정이 끝나고 시험을 치렀다. 300쪽 분량의 책을 27분만에 다 읽었다. 책 한 권을 읽기 위해 아니 손에 쥐기까지도 수많은 시간을 그냥 흘려보냈었는데. 30분도 안되어 책 한 권을 다 읽게 되었다는 사실은 내게 충격이자 또다른 기쁨이었던 것이다.

    그때부터 나의 책읽기 훈련은 본격적으로 들어갔다. 하루도 빠지지 않고 책 읽는 재미에 푹 빠졌다. 20분, 10분, 5분, 1분 나의 책 읽기는 점점 그 속도가 더해 300쪽 분량의 단행본을 1분이면 다 볼 수 있는 능력이 생긴 것이다. 일년쯤하고 났을 때의 일이었다.

    지금의 내 목표는 1분에 내용기억도 100%로 하는 것이다. 사실 천천히 읽고서도 내용을 70%정도 기억한다는 것은 어려운 일이다. 그럼에도 난 단시간내에 내용을 읽고 기억하니 어떤 때는 그 책을 쓴 작가들에게 미안할 때도 종종 있다. 오랜 시간 공들여서 썼을 그 책을 1분만에 읽고 마니, 그들에겐 어쩜 허망함일 수 있을 것이리라.

    미안함도 잠시, 세계에서 가장 빠르게 책 읽는 사람이 되어 김용진 박사님께서 세계기네스북 등재를 신청해 주셨고 세계에서 최고라는 그 사실이 믿기진 않지만 생각할수록 기분 좋은 것은 어쩔 수 없었다.

초고속전뇌학습법 강의 안내

세계적인 초고속전뇌학습법의 권위자,
세계속독협회 김용진 회장 직접 지도!
누구나 한 달이면 책 읽는 속도가
10배, 20배 이상 빨라집니다.

♣기초 훈련반
초고속전뇌학습법은 처음 배울 때 기초 훈련이 중요합니다. 초고속전뇌학습법 강의에서는 초고속정독의 원리에 근거를 둔 집중력 개발훈련 ▷시폭 확대훈련 ▷시지각능력 계발훈련 ▷뇌기능 활성화 훈련 ▷이해 예비훈련 ▷이해능력 육성훈련 단계를 체계적으로 가르칩니다.

♣교과서 초고속전뇌학습반
기초훈련을 마친 후 초·중·고등학생들은 교과서 초고속전뇌학습에 들어갑니다. 교과서를 10회 이상 초고속정독하고 내용을 100% 이해, 기억하며, 1시간 안에 영어단어 100개 이상 암기하게 됩니다. 전과목에 초고속전뇌학습법을 적용함으로써 성적이 올라갑니다.

♣전문·전공서적 초고속전뇌학습반
사법·행정고시, 입사시험 및 공무원 시험을 준비하는 일반인들은 전문서적과 전공서적 초고속전뇌학습법으로 높은 합격률을 보장합니다.

♣그룹 초고속전뇌학습법 교육반
주위의 몇 명이 모여 그룹별로 초고속전뇌학습법을 배우고자 할 때 초고속전뇌학습법 기초 훈련부터 교과서 초고속전뇌학습법까지 책임 지도합니다.

♣단체 초고속전뇌학습법 교육반
입시학원이나 종합학원에서의 단체 초고속전뇌학습법 강의를 진행합니다.

♣VIP 특별지도반
시간이 없는 분, 꼭 초고속전뇌학습법을 배워야 할 분들은 위해 VIP 특별지도반을 운영합니다.

세계속독협회 총 본부
세계전뇌학습아카데미

문의전화 722-3133
연 구 실 723-5548
팩   스 722-4709

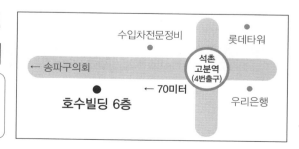

수입차전문정비
롯데타워
← 송파구의회
석촌
고분역
(4번출구)
← 70미터
호수빌딩 6층
우리은행

고속전뇌학습법 〈일반과정〉

저　　자 : 김 용 진
인 쇄 일 : 1980년　7월　8일　초판　인쇄
발 행 일 : 1980년　7월　15일　초판　발행
　　　　　1981년　2월　17일　7판　발행
　　　　　　　　　(1차 개정증보)
　　　　　1982년　7월　18일　19판　발행
　　　　　　　　　(2차 개정증보)
　　　　　1984년　3월　25일　25판　발행
　　　　　　　　　(3차 개정증보)
　　　　　1988년　4월　29일　29판　발행
　　　　　　　　　(4차 개정증보)
　　　　　1991년　6월　28일　32판　발행
　　　　　　　　　(5차 개정증보)
　　　　　1992년　1월　3일　33판　발행
　　　　　1992년　10월　10일　34판　발행
　　　　　1993년　2월　3일　35판　발행
　　　　　　　　　(6차 개정증보)
　　　　　1993년　12월　8일　36판　발행
　　　　　1994년　4월　3일　37판　발행
　　　　　1995년　10월　10일　38판　발행
　　　　　1998년　12월　23일　39판　발행
　　　　　2000년　8월　13일　40판　발행
　　　　　2001년　8월　5일　41판　발행
　　　　　2002년　1월　22일　42판　발행

2002년　4월　17일　43판　발행
2002년　10월　27일　44판　발행
2003년　1월　7일　45판　발행
2003년　4월　8일　46판　발행
2003년　7월　19일　47판　발행
2003년　11월　1일　48판　발행
2004년　4월　28일　49판　발행
2005년　3월　22일　50판　발행
2006년　3월　15일　51판　발행
2007년　1월　2일　52판　발행
2007년　2월　21일　53판　발행
2008년　2월　3일　54판　발행
2009년　5월　28일　55판　발행
2010년　7월　13일　56판　발행
2011년　11월　21일　57판　발행
2013년　8월　8일　58판　발행
2015년　1월　23일　59판　발행
2016년　9월　4일　60판　발행
2017년　10월　12일　61판　발행
2019년　1월　30일　62판　발행
2020년　1월　27일　63판　발행
2023년　4월　14일　64판　발행
2024년　9월　12일　65판　발행

출판등록 : 1977년 7월 23일(1-222호)
발 행 처 : 새로운문화사
발 행 인 : 김 용 진
주　　소 : 서울 송파구 백제고분로 264 6층(삼전동, 호수빌딩)
Homepage : www.allbrain.co.kr
연 구 실 : 02-723-5548　　　편 집 실 : 02-722-4711
상 담 실 : 02-722-3133　　　팩시밀리 : 02-722-4709

정 가 : 25,000원

天才 1명은 1천만 명의 生命을 보장한다.
전뇌계발로 인간한계에 도전하는 全腦 학습법의 전당!

세계전뇌학습아카데미

학과성적의 향상, 전뇌학습이면 확실합니다.
교육문의 및 상담은
02-722-3133 으로!!